Wandern
in
Schottland

Scheuble & Baumgartner
Verlag für Reiseliteratur
ISBN 3-924852-06-5

Satz: Satzinform, Berlin
Druck: Oktoberdruck, Berlin
Fadenheftung: Fa. Micolai, Berlin
Übersetzt aus dem Englischen von Hildegard Kroker
und Irmgard Heisler
Foto S. 218/219: Lothar Peter
Sonstige Fotos: Cameron McNeish & Roger Smith

Wandern in Schottland

von
Cameron McNeish &
Roger Smith

Scheuble &
Baumgartner

Der Aonach Beag – nur für sehr erfahrene Wanderer geeignet

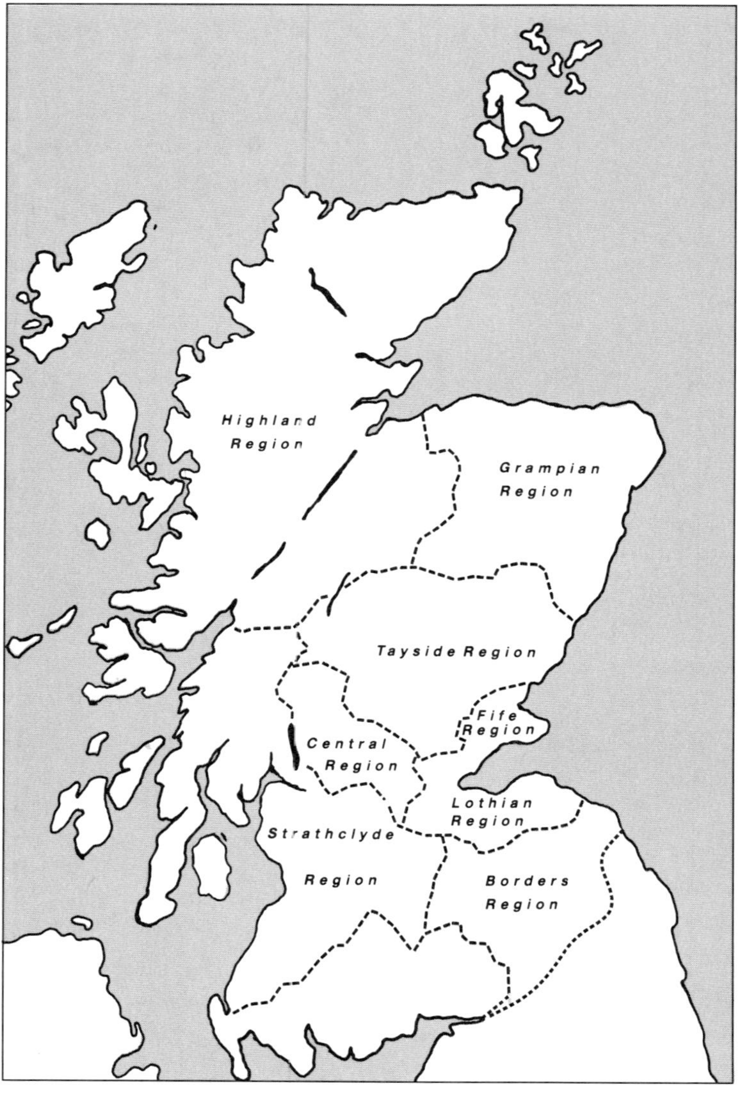
Highland Region
Grampian Region
Tayside Region
Fife Region
Central Region
Lothian Region
Strathclyde Region
Borders Region

Inhalt

Einleitung

Trotz seiner weitläufigen Landschaft stellt Schottland nur knapp 10% der britischen Bevölkerung. Der Großteil davon lebt in dem zentralen Gürtel zwischen Edinburgh und Glasgow, so daß das sich anschließende ausgedehnte Berg- und Lochland sehr dünn besiedelt ist.

Ein Menschenleben dürfte wohl kaum genügen, um auch nur zu erahnen, was Schottland dem Wanderer zu bieten hat. Man kann Jahre damit verbringen, dieselbe Berglandschaft zu erkunden, sie aus verschiedenen Richtungen besteigen, sie zu allen Jahreszeiten und unter den unterschiedlichsten Wetterbedingungen aufsuchen — jede dieser Wanderungen würde neue Entdeckungen und andere Aspekte des Bergsteigens mitsichbringen.

Das Ziel dieses Buches ist es, Ihnen die klassischen schottischen Wanderrouten vorzustellen. Viele der Strecken sind sehr populär, andere wiederum sind kaum bekannt. Es war unser Bestreben, eine größtmögliche Auswahl an schwer- und leichtzubewältigenden Wanderrouten zusammenzustellen, um den Fähigkeiten und Erfahrungen eines jeden gerecht zu werden. Zu jeder Route wurde eine Karte abgedruckt. Die Karten und Wegbeschreibungen dienen allerdings nur dazu, dem Leser eine Reihe von Möglichkeiten aufzuzeigen. Sie sollten auf jeden Fall immer die entsprechende Ordnance Survey-Karte (OS) mit sich führen. Zu wissen, wie man eine Karte liest und einen Kompaß benutzt, sind unerläßliche Voraussetzungen und tragen unermeßlich zur Erweiterung Ihrer Möglichkeiten und letztendlich zum Genuß Ihrer Wanderung bei.

Beachten Sie, daß die beschriebenen Wanderrouten auf sommerliche Wetterbedingungen zugeschnitten sind, wo nicht, wird ausdrücklich darauf hingewiesen. Viele der Routen werden im Winter zu ernsthaften Bergsteigertouren und sollten nur mit entsprechender Erfahrung durchgeführt werden. Wo auch immer Sie sich in Schottland aufhalten, Sie sind nie weit von einem idealen Wandergebiet entfernt. Ob Sie sich für Küsten, Lochs (gällischer Ausdruck für Seen und Fjorde), Glens (Hochtäler) oder Gipfel begeistern — Sie werden immer etwas finden, das Ihrem Interesse entspricht.

Schottische Wandertradition

Schon vor undenkbaren Zeiten sind die Menschen auf die Berge Schottlands gestiegen. Die meisten Straßen, die wir heute so selbstverständlich benutzen, wurden erst vor weniger als 200 Jahren geschaffen. Davor existierten, wenn überhaupt, nur schmale Pfade. Schafhirten, Viehhändler und auch Gutsherren gingen zu Fuß oder ritten bestenfalls auf Ponys, wenn sie sich auf Reisen begeben mußten.

Die Erinnerung an diese lange Tradition des „Fußgängertums" ist heute noch überall präsent. Vielleicht ist dies ein Grund dafür, daß die Paralleltradition, das Bergsteigen, mit so viel Mißtrauen betrachtet wird. Aus demselben Grund wohl kommt den ausgeschilderten Pfaden und durch Steinpyramiden gekennzeichneten Strecken weitaus weniger Traditionsbewußtsein zu.

Nach den Straßen kamen die Landvermesser und Wissenschaftler und damit die ersten großen Bergwanderer nach Schottland. Männer wie James Robertson, ein Botaniker aus Edinburgh, erkundeten um 1770 viele der bedeutenderen Bergregionen.

Trotz der Bemühungen Robertsons und seiner Kollegen, sowie der frühen Anwesenheit von Landvermessern — ganz abgesehen von den Wanderern selbst — blieb die Topographie Schottlands weitgehend unbekannt. Bis zum Ende des 19. Jahrhunderts nahm man allgemein an, daß höchstens 50 Berge über 3000 ft (914 m) hoch seien. Der Mann, der diesem Irrglauben ein Ende setzte, war Sir Hugh Munro of Lindertis, Gründungsmitglied und 3. Präsident des Scottish Mountaineering Clubs.

1891 veröffentlichte er seine „Tables of Heights over 3000 Feet", die nicht 50, sondern fast 300 Berge verzeichnete. Die Auflistung erschien in der 2. Auflage des SMC-Jounals und wurde von da an ständig ergänzt. Die erste vollständige Fassung erschien 1981.

Der Mann, der die 276 Gipfel liebte und zählte, verlieh ihnen auch seinen Namen: Sie sind weithin als Munros bekannt. Er selbst schaffte es jedoch nie, sie alle zu besteigen. Am Innaccessible Pinnacle, einem felsigen Gipfel im Cullin of Skye, scheiterte er mehrmals.

Als erster Munroist gilt Rev. A. E. Robertson. Seine Liste von 1901 enthielt schon über 500 Berge. Einige Wandersleute haben es tatsächlich geschafft, sie alle in einer einzigen Tour zu bewältigen — sogar im Winter.

Munro-bagging kann vom einfa-

Die Culra-Lodge – eine willkommene Unterkunft auf der Wanderung von Dalwhinnie nach Fort William

chen Zeitvertreib bis enthusiastischer Leidenschaft reichen. Im Grunde bedeutet es aber nicht mehr als das Erkunden einer unbekannten Landschaft, das durch Freeclimbing in herrlichem Bergland gekrönt wird. Man muß keinen einzigen Munro besteigen, um Spaß am Wandern in Schottland zu haben. Um jedoch die Schönheit des „Landes der Berge und des Wassers“ voll einschätzen zu können, scheint zumindest die Besteigung eines Munro unserer Meinung nach unerläßlich zu sein.

Wegerecht

In Schottland gilt ein anderes Wegerecht als in England oder Wales. Wegerecht in Schottland besteht auf der Verbindungsstrecke zwischen zwei öffentlichen Plätzen, die für die Dauer von mindestens zwanzig Jahren regelmäßig benutzt wurde. Das Wegerecht erlischt wieder, wenn nachgewiesen werden kann, daß die Strecke während eines gleich langen Zeitraums nicht in Anspruch genommen wurde. Da es kaum reines Agrarland gibt, existieren – im Gegensatz zu England und Wales – keine Karten, die das Wegerecht exakt verzeichnen, schon gar nicht für jede Region oder jeden Verwaltungsbezirk. Eine Edition, die solchen Karten am nächsten kommt, erhalten Sie bei der Scottish Rights of Way Society, einer Organisation, die seit über hundert Jahren ein strenges Auge auf das Wegerecht hat. Auf Ihrer Wanderung werden Sie zwangsläufig auf ihre unverkennbaren metallenen Wegweiser treffen. Auch einige Bezirksverwaltungen halten Karten bereit, in die das Wegerecht eingetragen ist.

Neben den Karten der Society ist das zweibändige Werk von D. G. Moir „Scottish Hill Tracks" empfehlenswert. Grundsätzlich kann man sagen, daß auf einem deutlich erkennbaren Pfad, der zwei Orte oder Plätze miteinander verbindet, Wegerecht besteht, obgleich es einen Disput darüber gab, ob Berggipfel als öffentliche Plätze anzusehen sind! An sonnigen Wochenenden sind es einige von ihnen mit Sicherheit!

Wie überall gab es in Schottland Kämpfe um das klassische Wegerecht. Einer der berühmtesten dürfte die Schlacht bei Glen Tilt im Jahre 1847 gewesen sein. Der Duke of Atholl versuchte damals Professor John Balfour und eine Ausflugsgesellschaft aus Edinburgh daran zu hindern, eine bekannte Durchgangsstrecke zu benutzen. Nach einem aufsehenerregenden Skandal verlor der Duke seine Adelstitel und die herrliche Route von Blair Atholl nach Aviemore ist der Öffentlichkeit bis heute zugänglich.

In diesem Führer werden Sie auf viele Wanderrouten stoßen, die auf solchen Wegen längsführen, und mit Hilfe der entsprechenden OS-Karten können Sie weitere ausarbeiten.

Abgesehen vom Wegerecht gibt es kaum Zutrittsbeschränkungen. Wie bereits erwähnt wurde, kann Schottland auf eine lange Wandertradition zurückblicken, die bis in die heutigen Tage erhalten blieb.

Während der Lammungszeit von Mitte März bis Mai und während der Pirschzeit von August bis Oktober ist das Betreten bestimmter Gebiete verboten. In diesen Zeiträumen holen Sie sich die Informationen am besten vor Ort. Die Vorschriften sollten auf jeden Fall eingehalten werden, da die Jagd in vielen Highlandregionen immer noch zu den Haupteinnahmequellen zählt. Die Polizei und die Grundbesitzer können Ihnen im allgemeinen Alternativrouten nennen.

Viele Gegenden Schottlands stehen unter dem Schutz des National Trust for Scotland, des Nature Conservancy Council und der Forestry Commission. Auch hier be-

steht freier Zugang. Informationen erhalten Sie bei den Visitors bzw. Information Centres, die man in den meisten dieser Gegenden antrifft.
Wir können dieses Kapitel natürlich nicht schließen, ohne auf die zahlreichen Drove Roads und Military Roads hinzuweisen. In der zweiten Hälfte des 18. Jahrhunderts planten und bauten englische Vermessungsbeamte, vor allem General Wade und sein Nachfolger Caulfeild, das erste Straßennetz in den Highlands. Dies geschah hauptsächlich, damit die Armee die rebellischen Clans besser unter Kontrolle halten konnte.
Viele dieser alten Straßen sind heutzutage Bergpfade und ermöglichen herrliche Wanderungen auf solidem Belag. Auf den Karten sind sie als „Old Military Roads" oder als „General Wade Roads" eingezeichnet. Der Corrieyairack-Paß von Laggan nach Fort Augustus ist eines der bekanntesten Beispiele.
Die „Drove Roads" sind weniger oft in den Karten eingetragen, man kann sie jedoch mit Hilfe von Reiseführern ausfindig machen. Auch in diesem Band sind einige davon erwähnt. Die Route von Peebles nach Craig Douglas in den Borders und die Glen Tilt-Route verlaufen zum Beispiel auf solchen Straßen.

Klima und Wetter

Es wird oft behauptet, die Briten hätten kein Klima, sondern nur Wetter und dies gelte erst recht für Schottland. Wir haben Dezembertage erlebt, an denen es möglich war, auf den Gipfeln in der Sonne zu baden und Junitage, an denen Schneestürme über uns hereinbrachen. Der Winter kommt meist früh und bleibt lange und der Sommer bringt manchmal eine fürchterliche Hitze mit sich. Doch sicher ist nur eines: Es ist nahezu unmöglich, das Wetter genau vorherzusagen, so daß man immer auf einen plötzlichen Umschwung eingestellt sein muß.
Das schönste oder zumindest das beständigste Wetter herrscht gewöhnlich im Frühjahr. April, Mai und Juni können lange Sonnenperioden und damit die besten Wandervoraussetzungen mit sich bringen. Manchmal liegt auf den Gipfeln noch Schnee, während die Bäume in den Tälern bereits in voller Blüte stehen. Es ist die große Zeit des Wanderns oder anders ausgedrückt, die Zeit, die man in der Natur verbringen sollte.

In so manchem Jahr ist Frühling ein äußerst relativer Ausdruck, dann nämlich, wenn zwischen Winter und Sommer kaum eine Zwischenperiode zu sein scheint. Der Mai ist mit Abstand der schönste Monat in Schottland. Einer seiner Vorteile ist, daß die Mücken noch nicht aufgetaucht sind.

Die Sommermonate, also Juni bis August, sind mit extrem langen Tagen gesegnet und im hohen Norden wird es um Mittsommer so gut wie gar nicht dunkel. Der Wanderer erhält so die Möglichkeit, die zwei magischen Augenblicke des Tages mitzuerleben, indem er entweder sehr früh aufbricht oder bis in die späten Abendstunden wandert. Die Sonnenauf- und untergänge, vor allem an der Westküste und auf den Inseln, sind unvergleichlich.

Im Juni tauchen die Mücken auf und diese kleine „Pest" sticht mit wahrer Begeisterung um sich bis sie vom ersten Herbstfrost wieder verjagt wird. Die Mücken können eine absolute Plage sein, die allerdings in Kauf genommen werden muß. Lassen Sie sich dadurch aber nicht den Urlaub verderben. Schützen Sie sich durch Insektensalbe und vergessen Sie nie das Moskitonetz am Zelteingang.

Das Wetter in den Sommermonaten ist sehr unterschiedlich, wobei längere beständige Perioden eher die Ausnahme als die Regel sind. Doch auch in den Wetterunbeständigkeiten kann ein gewisser Reiz liegen: Sonnenschein nach dem Regen, Berge, die durch Regenwolken schimmern, Regenbogen und das Gefühl, etwas Besonderes zu erleben, wenn man in den Genuß einer Gut-Wetter-Periode kommt.

Der Herbst ist eine unglaublich schöne Zeit. Es haftet ihm eine ganz andere Faszination an als dem Frühjahr, zumal die Tage allmählich kürzer werden. Und doch ist es die Jahreszeit, die am meisten zu bieten hat: klare Tage, an denen manchmal schon ein Hauch von Schnee auf den Gipfeln zu beobachten ist, mit leuchtendem Farnkraut überzogene Hänge und herbstlich gefärbte Wälder in den Tälern. Der Kontrast von schneebedeckten Gipfeln und goldfarbenen Tälern ist so atemberaubend, daß Sie die ganze Mühe, die Sie das Erreichen ihres Aussichtspunkts gekostet hat, vergessen werden. Selbst wenn Sie nicht hoch hinauf wollen, zeigt sich Ihnen eine herrliche Landschaft und in den Tälern wird Sie das „Urgeschrei" brunftender Hirsche begleiten. Im Gegensatz zu den Frühlingstagen enden die Herbsttage derart plötzlich und abrupt, daß die Heimkehr zu einem warmen Ofen und einem Glas Whiskey schnellstens herbeigewünscht wird. Um diese Zeit sind die meisten Touristen wieder abgereist, was für den Wanderer natürlich ideal ist. Bis in den November hinein kann es warme Tage geben, an denen die Luft klar und die Aussicht gewaltig ist. Wenn die letzten Spuren der warmen Jahreszeit verschwunden sind, sieht sich der Wanderer völlig anderen Bedingungen und Anforderungen gegenübergestellt. Fünf Monate lang sind die Tage kurz und der Unternehmungsgeist muß entsprechend gezügelt werden. Während dieser Zeit sollten wirklich nur erfahrene Wanderer längere und anspruchsvollere Routen angehen. Natürlich hat auch der Winter seinen Reiz. Gegen die Naturgewalten anzugehen und den Herausforderungen zu trotzen kann äußerst befriedigend sein. Die Hütten, die auch zu dieser Jahreszeit geöffnet haben, sind gleichzeitig Wegweiser für den winterlichen Wandersmann. Dort weiß man auch um seine Probleme, kennt seinen Appetit und hilft ihm seine nasse Ausrüstung zu trocknen.

Jede Jahreszeit hat ihre Vor- und Nachteile. Berücksichtigen Sie sie und planen Sie entsprechend, so daß Sie Ihren Wanderurlaub in Schottland voll genießen können.

Eine gut ausgerüstete Wandergruppe auf dem Weg nach Braerich

Ausrüstung

Der Vergleich der Jahreszeiten und ihrer Eigenheiten führt natürlich dazu, über die erforderliche Ausrüstung nachzudenken.

Das Wetter ist, wie gesagt, unbeständig und Schlecht-Wetter-Perioden können, vor allem in den höheren Regionen, zu jeder Jahreszeit angetroffen werden. Wenn Sie lediglich die kurzen Talrouten nehmen wollen, sind ein Paar leichte Wanderschuhe und Wind- bzw. Regenschutzkleidung das einzige, was Sie wirklich benötigen.

Heutzutage sind viele Marken leichtgewichtiger Wanderstiefel auf dem Markt und an die meisten von ihnen kann man sich rasch gewöhnen. Viele Wanderer sind aber auch mit einem Paar guter Sportschuhe zufrieden und auch unserer Meinung nach sind sie den billigeren Wanderstiefeln im Hinblick auf Bequemlichkeit und Halt vorzuziehen. Wenn überhaupt etwas so wichtig ist wie Schuhe, dann sind es Socken. Schlecht sitzende oder abgetragene Strümpfe können zur Qual werden und einem den Wanderurlaub schon am ersten Tag verderben. Wollsocken sind natürlich das Beste.

Bei Regenkleidung bekommen Sie nur das, was Sie dafür bezahlen. Jacken und Überhosen besserer Qualität bieten hervorragenden Windschutz. Dies kann auf den Höhenrouten lebenswichtig sein. Es gibt wohl kaum einen Zweifel daran, daß die Gore-Tex-Anzüge immer noch die beste Kombination von wasserabweisendem und luftdurchlässigem Material sind.

Denken Sie daran, daß die Extremitäten, also Kopf und Hände, schneller an Wärme verlieren als die anderen Körperteile. Selbst im Sommer sollten Sie sich nie ohne Wollmütze und Handschuhe in die Berge begeben.

Sicherheit

Die Notruffrage stellt sich nur in den höheren Regionen. Wenn Sie nur Talwanderungen unternehmen und sich an die Wege halten, werden Sie kaum in ernsthafte Schwierigkeiten geraten.

Uns Wanderern bietet man im Namen der Sicherheit so viel Hilfe an, daß wir uns oft fragen, ob wir überhaupt starten sollen. Selbstverständlich sollte man die Richtlinien für sicheres Wandern kennen und wissen, was zu tun ist, wenn irgendetwas schief läuft.

Was im Tal nach einem warmen und sonnigen Tag aussieht, kann sich auf den Gipfeln ins Gegenteil verwandeln. Mit der Höhe sinkt die Temperatur und hinzu kommt der Wind. Scheuen Sie niemals davor zurück, umzukehren, wenn Sie unsicher werden. Morgen ist auch noch ein Tag und die Berge laufen Ihnen nicht davon.
„Gehen Sie niemals allein" ist die Regel des Bergsteigercodes, die wahrscheinlich die meisten Probleme aufwirft. Viele sind nämlich davon überzeugt, daß gerade im Alleingang das wahre Wandererlebnis liegt oder erachten es als einzige Möglichkeit, zu wirklicher Bergsteigererfahrung zu kommen. Dem Ungeübten ist jedoch anzuraten, mit einem Begleiter loszuziehen, am besten mit einem, der etwas mehr Erfahrung hat.
Wenn Sie sich alleine in die Berge begeben, hinterlassen Sie Ihre Routenplanung sowie den voraussichtlichen Zeitpunkt Ihrer Rückkehr einer Person Ihres Vertrauens, wenn nötig sogar der Polizei. Sollten Sie wirklich in Gefahr geraten, kann so rechtzeitig Alarm ausgelöst werden. Dies mag übertrieben klingen, ist aber mit Sicherheit besser als in Schwierigkeiten zu kommen, ohne daß jemand weiß, wo Sie stecken könnten.
Schottland verfügt über einen sehr hilfsbereiten und leistungsfähigen Bergrettungsdienst, der sich hauptsächlich aus freiwilligen Helfern zusammensetzt. Wir hoffen, daß Sie seine Hilfe nie in Anspruch nehmen müssen. Sollte der Fall jedoch eintreten, wählen Sie falls möglich einfach die 999 und verlangen Sie die Polizei. Sagen Sie, daß Sie die Bergrettungsmannschaft brauchen. Geben Sie an, wo sich die in Not geratene Person befindet bzw. wo sie sich befinden könnte. Teilen Sie auch alles Weitere mit, was hilfreich sein könnte, z.B. die Farbe der Kleidung.
Eine der wichtigsten Voraussetzungen, gefährliche Situationen in den Bergen zu vermeiden, ist die Fähigkeit mit Kompaß und Karte umzugehen. Wenn Sie nicht wissen, wie man sie benutzt — lernen Sie es. Es könnte Ihnen das Leben retten. Wenn Sie über diese Grundvoraussetzungen nicht verfügen und in tiefhängende Wolken oder Nebel geraten, sind Sie möglicherweise verloren.
Wir hoffen sehr, daß Sie die Vorschläge dieses Führers zu einem erholsamen Wanderurlaub in Schottland anregen und Ihren Bedürfnissen und Erfahrungen angemessen sind, so daß Sie immer wieder hierher zurückkehren werden. Um Probleme zu vermeiden, sollten Sie die Schwierigkeitsgrade der Wanderungen nach und nach steigern.

Long Distance Paths – Weitwanderwege

Die schottischen „Long Distance Paths“ lassen sich in zwei Kategorien einteilen. Die einen wurden von der Countryside Commission offiziell zu solchen erklärt. Die anderen wurden von örtlichen Behörden, Vereinen oder Einzelpersonen ausgearbeitet. In England und Wales gibt es mindestens 100 solcher Routen. Eine derartige Begeisterung für solche Routen haben die Schotten nie aufgebracht. Traditionsgemäß arbeiten sich hier Wandersmann und Wandersfrau ihre Routen selbst aus und machen ihren Weg von den äußeren Gegebenheiten und ihrer augenblicklichen Stimmung abhängig. Wie auch immer, die schottische Countryside Commission hat drei Weitwanderwege eingerichtet: den West Highland Way von Glasgow nach Fort William, den Southern Upland Way von Portpatrick in Galloway nach St. Abbs Head in Berwickshire und den Speyside Way von Speymouth in Morayshire nach Glenmore in Inverness-shire.

Von diesen drei Routen kommt eigentlich nur der West Highland Way einer „klassischen“ Wanderung nahe. Er ist allerdings derart überlaufen, daß wir ihn kaum empfehlen können. Das offizielle „Weitwanderpfadprogramm“ ist von den meisten schottischen Wanderern nur halbherzig akzepiert worden und man kann nur hoffen, daß die Countryside Commisssion nicht noch mehr davon plant.

Verkehrsverbindungen

Abgesehen von den völlig abgelegenen Regionen kann man sich in Schottland gut mit öffentlichen Verkehrsmitteln fortbewegen. Die Straßen sind in den letzten zwanzig Jahren beachtlich ausgebaut worden. Einige der übelsten Kurven und Steigungen wurden entschärft und das Autobahnnetz in Zentralschottland wurde fertiggestellt. Es erlaubt eine rasche Durchfahrt nach Sterling und Perth, den Toren zu den Highlands.

Auch die Straßen im Norden und Westen sind in gutem Zustand und wenn Sie Ihr Tempo drosseln, können Sie bereits während Ihrer Fahrt die Schönheit des Landes kennenlernen und bewundern.

Dem Nicht-Motorisierten steht ein weit ausgebautes Eisenbahn-

Ausblick vom Gipfel des Stob Coir'an Albannaich

netz zur Verfügung. Man kann auch beides miteinander verbinden und bis Perth, Stirling oder Inverness den Autoreisezug nehmen. Sie können aber auch nach Schottland fliegen und für die Dauer Ihres Urlaubs ein Auto mieten.

Die Eisenbahnlinien reichen bis zur Westküste bei Mallaig, Fort William und Kyle of Lochalsh. Die West Highland Line kann auf eine lange Traditon zurückblicken und wer mit der Bahn zu einem ihrer berühmten Zielbahnhöfe wie Lochailort, Corrour, Morar oder Lairg fährt, hat gleichzeitig einen idealen Ausgangspunkt für seinen Wanderurlaub.

Auch die Reise hoch zur Ostküste nach Aberdeen ist lohnenswert und das Nordlicht Wick hat ein einmaliges Flavour.

Das Flugnetz ist erstaunlich weit entwickelt. Vom Süden aus gibt es reguläre Flüge nach Glasgow, Edinburgh, Aberdeen und Inverness. Innerhalb Schottlands und zu den Inseln bestehen verzweigte Nahverbindungen.

Wer die Inseln besuchen möchte, bevorzugt jedoch im allgemeinen die traditionellere Reisemöglichkeit, die Fähren. Der Name Caledonian MacBrayne, der Hauptunternehmer der Branche, ist überall bekannt. Die Fähren verkehren fast das ganze Jahr über auf allen

Strecken. Im Sommer können Sie die Hebriden auch mit der Autofähre erreichen. Sie fahren dann mit dem Zug nach Oban oder Mallaig und mit der Fähre weiter nach Arran, Mull, Skye usw.
Auch die Busunternehmen bieten Verbindungen im Nah- und Fernverkehr an. Von Glasgow oder Edinburgh aus können Sie bis Invernesss, Aberdeen oder Fort William reisen. Auf dem Land haben die Postbusse die Aufgabe der Personenbeförderung übernommen. Sie fahren zu den entlegensten Orten, sogar nach Cape Wrath! Wo Sie die Fahrpläne erhalten, können Sie in der Regel bei den Postämtern erfragen.

Übernachtung

Schottland steht bei den Touristen hoch im Kurs, so daß die Übernachtungsfrage kaum ein Problem sein dürfte. Das Angebot reicht vom Fünf-Sterne-Hotel bis zur einfachen Hütte. Vorplanung macht sich auf jeden Fall bezahlt! Der schottischen Gastfreundlichkeit begegnet man überall in den Hotels und Gästehäusern; vor allem in den abgelegeneren Gegenden wartet man nur darauf, Sie „ceude mile failte", also hunderttausend Mal willkommen zu heißen.
Städte und größere Dörfer bieten eine Vielfalt von Übernachtungsmöglichkeiten an, die allen Portemonnaies gerecht werden. Die vielen Touristeninformationszentren haben den ganzen Sommer über geöffnet und führen einen gut organisierten Bettennachweis. Mit ihrer Hilfe finden Sie fast immer ein Bett. In den meisten Cottages und Chalets bestehen Selbstversorgungsmöglichkeiten. Informationen können Sie den entsprechenden Publikationen des Scottish Tourist Board entnehmen.
Ein Mangel herrscht allerdings an gut ausgestatteten Campingplätzen. Oft ist es aber auch möglich, sein Zelt auf einer Farm aufzuschlagen und abgesehen von der Lammungszeit und der Jagdsaison ist Wildcampen so gut wie überall erlaubt.
Der schottische Jugendherbergsverband unterhält über ganz Schottland und die Inseln verteilt eine Kette von 80 Hostels. Gegen einen geringen Mitgliedsbeitrag können Sie sich dieser Einrichtungen bedienen. Es sind durchweg ideale Ausgangspunkte für einen Wanderurlaub.

Informationsquellen

Scottish Tourist Board, 23 Ravelston Terrace, Edinburgh, EH 4 3EU (0313322433). London Office 5/6 Pall Mall East, SW1(01 930 86661/2/3).

Der STB veröffentlicht ein breites Spektrum an Broschüren und Fahrplänen. Dazu zählen unter anderem „Where to stay in Scotland", „Selfcatering Accommodation in Scotland" und „Scotland for Hillwalking". Eine Liste der Publikationen ist auf Anfrage erhältlich.

Es ist auf jeden Fall lohnenswert, vor Ihrem Urlaub Kontakt mit den regionalen Touristenbüros aufzunehmen, um an detaillierte Informationen über das betreffende Gebiet heranzukommen.

Borders Regional Council, Tourism Dept, Newtown St. Boswells, Roxburghshire (083 52 3301).

Umfries and Galloway Tourist Association, Douglas House, Newton Stewart, Kirkudbrightshire (0671 2549).

Lothian Regional Council, Dept of Recreation and Tourism, 40 Torphichen Street, Edinburgh EH3 8JJJ (031 229 9292).

Strathclyde Regional Council, Dept. of Leisure and Recreation, Viceroy House, India Street, Glasgow (041204 2900).

Fife Tourist Authority, Fife House, North Street, Glenrothes, Fife (0592 75441).

Central Regional Council, Tourism Depatment, Viewforth, Stirling 0786 3111).

Tayside Regional Council, Dept of Recreation and Tourism, Tayside House, 26/28 Crichton Street, Dundee DD1 3RD (0382 23281).

Grampian Regional Council, Tourism Departement, Woodmill House, Ashgrove Road West,Aberdeen AB9 2LU (0224 682222).

Highlands and Islands Development Board, Bridge House, 27 Bank Street, Inverness IV1 1QR (0463 34171).

Fahrpläne

„Getting Around the Highlands and Islands", das vom Highlands and Islands Development Board (Adresse siehe oben) herausgegeben und ständig aktualisiert wird, ist das Standardwerk für jeden Schottlandreisenden. Darin sind alle Bahn-, See-, Luft- und Busverbindungen aufgelistet. Zusätzliche Informationen erhalten Sie bei den unten aufgeführten Institutionen.

British Airways, 85, Buchanan Street, Glasgow G1 3HQ (041 332 96666).
British Caledonien Airways, 127 Buchanan Street, Glasgow G1 2 (041 889 3181).
Loganair, St. Andrews Drive, Glasgow Airport, Abbotsinch, Glasgow (041 889 3181).
British Rail, Buchanan House, 58 Port Dundas Road, Glasgow G4 0HG (041 221 3223); Auskünfte erteilt auch jeder andere größere Bahnhof.
Scottish Omnibuses, Bus Station, St. Andrews Square, Edinburgh (031 556 8231).
Scottish Postal Board, Operations Division (Postbusse), West Port House, 102, West Port, Edinburgh EH3 9HS.
Caledonian MacBrayne, The Pier, Gourock, Renfrewshire PA19 1QP (0475 33755).
Western Ferries, Kennacraig, West Lock Tarbert, Argyll PA 29 6 (088 073 271/2).
P&O Ferries, Jamieson's Quay, Aberdeen (0224 572615) (Fährverbindungen zu den Orkneys und Shetlands).

Gälische Ausdrücke

Die meisten schottischen Berge, Lochs, Schlösser und Dörfer tragen phantasievolle und wohlklingende Namen. Das Erlernen der gälischen Sprache ist äußerst schwierig. Es lohnt sich jedoch, sich zumindest einige Grundbegriffe anzueignen und sei es nur, um zu begreifen, warum es so viele Ben Mores gibt!
In dem vorliegenden Führer werden auch die gälischen Eigennamen der Berge benutzt. Die unten aufgeführten Vokabeln sollen Ihnen helfen, den einen oder andern auch zu verstehen.

Aber: Flußmündung
Abhain: Fluß (sprich aven)
Allt: Strom, Bach
Aonach: Höhenzug, Bergkamm
Ard: Höhe, Vorgebirge
Ban: weiß
Bealach: Paß
Beg oder beag: klein
Ben, bheinn, beinn: Berg, Hügel
Breac, vrackie: gesprenckelt, bunt
Cairn, carn: Hügel
Creag: Fels
Dearg: rot (sprich jerak)
Druim, drum: Hochland
Dubh: schwarz, dunkel (sprich doo)
Eilein: Insel (sprich ellan)
Fionne; fionn, fyne: weiß, leuchtend (sprich feen)
Garbbh: rauh (sprich garve)
Inver: Mund, Mündung
Knoc: Hügel
Lairig: Paß
Liath: grau
Linn oder Linnhe: Teich, See

Meall oder mheall: runder Berg
Mor, mhor, more: groß
Na, nam an: der, die, das; des, von dem
Ru, rhu, rua: Punkt
Sgurr: Gipfel
Stob: Gipfel
Strath: breites Tal
Tarbet oder Tarbert: Landenge
Uaine: grün (sprich ooina)
Uamh: Höhle (sprich ooav)

Bergsteigercode

1. Respektieren Sie Privatbesitz und halten Sie sich beim Durchwandern von Grundbesitz an die Wege. Klettern Sie nicht über Mauern und Einzäunungen und schließen Sie jedes Tor, das Sie geöffnet haben. Hinterlassen Sie keine Abfälle.
2. Erkundigen Sie sich während der Lammungszeit (März bis Mai) und der Pirschzeit (Mitte August bis in den Oktober) bei Grundbesitzern, Farmern oder Behörden (z.B. der Polizei), ob bestimmte Vorschriften zu beachten sind.
3. Halten Sie sich in den Wäldern an die Wege. Rauchen Sie nicht und entfachen Sie kein Feuer. Achten Sie besonders auf junge Bäume.
4. Erfahrung und Kondition aller Teilnehmer/innen und das Wetter haben bei Ihrer Routenplanung im Vordergrund zu stehen. Rechnen Sie genügend Zeit ein.
5. Kleiden Sie sich der Jahreszeit entsprechend und nehmen Sie genügend Vorräte mit.
6. Hinterlassen Sie einer Person Ihres Vertrauens Ihre Routenplanung, die Namen der Teilnehmer/innen, den voraussichtlichen Zeitpunkt Ihrer Rückkehr usw.
7. Scheuen Sie sich nicht umzukehren, wenn das Wetter umschlägt oder sich ihre Gruppe überfordert fühlt.
8. Vorsicht ist vor allem beim Abstieg geboten, erst recht, wenn Ihnen die Route nicht vertraut ist. Es ist immer am sichersten auf der Anstiegsroute zurückzukehren.
9. Im Falle eines Unfalls, der den Einsatz einer Rettungsmannschaft erfordert, sollte einer der Gruppe beim Verletzten bleiben, während die andern losziehen, um Hilfe zu holen. Sollte die Gruppe nur aus zwei Wanderern bestehen, hinterlassen Sie dem Verletzten alle Ihre entbehrlichen Kleidungsstücke und sämtliche Vorräte, bevor Sie losgehen, um Hilfe zu holen. Die Bergrettungsmannschaft erreichen Sie, wenn Sie die 999 wählen und die Polizei verlangen.

1 Von Peebles nach Moffat
2 Die Berge und Lochs der Pentlands
3 Die Gipfel der Ochils
4 Ben Lomond
5 Ben Venue, Trossachs
6 Ben A'an, Trossachs
7 Ben Ledi
8 Die Fifeküste
9 Der Cobbler
10 Gradwanderung auf dem Clachlet
11 Buachaille Etive Mor
12 Beinn A'Bheithir
13 Die Comyn's Road
14 Loch an Eilein und Rothiemurchus
15 Die Western Mamores
16 Die Lochaber Viertausender
17 Von Glenfinnan nach Glengarry
18 Von Dalwhinnie nach Fort William
19 Creag Meagaidh
20 Der Corrieyairack
21 Der Trotternishkamm auf Skye
22 Beinn Alligin of Torridon
23 Sandwood Bay
24 Vom Cairngorm zum Ben Macdui
25 Braeriach und Cairn Toul
26 Das Herz der Cairngorms
27 Von Braemar auf den Morrone
28 Loch Brandy und Ben Tirran
29 Von Braemar zur Küste
30 Ben Vrackie und der Paß von Killiecrankie

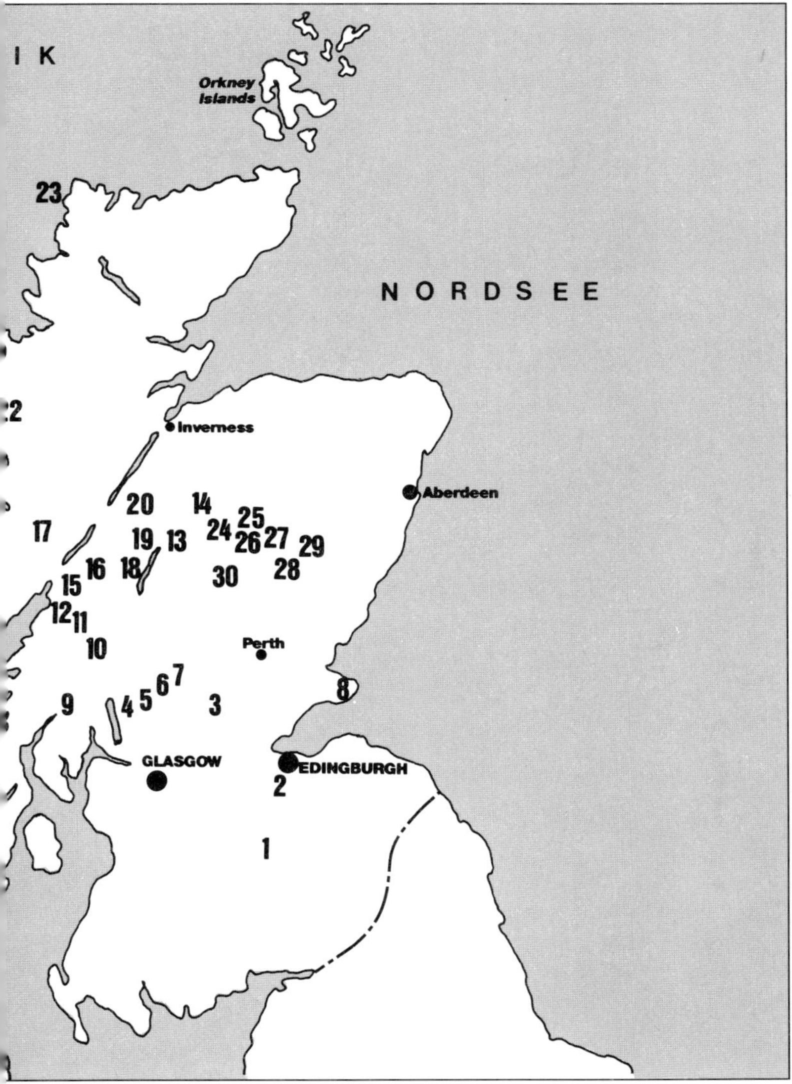
I K
Orkney Islands
NORDSEE
23
Inverness
Aberdeen
20
14
25
24
17
19
13
26
27
29
16
18
28
30
15
12
11
10
Perth
7
6
5
4
9
3
8
GLASGOW
EDINGBURGH
2
1

Blick auf den Capel Fell

Borders Region

Von Peebles nach Moffat

Roger Smith

Entfernung: 56 km (35 Meilen)
Anstieg: 1890 m (6200 ft)
Ausgangspunkt: Peebles
Endpunkt: Moffat
Karte: OS 1: 50.000, Blatt 73, 78 und 79

Kurzbeschreibung: Bergpfade, kleinere Straßen, z.T. freier Anstieg. Verläuft hauptsächlich auf Gras, manchmal auf torfigem Untergrund. Die Hauptanstiege sind jeweils am Beginn des Tages zu bewältigen, bringen aber keine größeren Schwierigkeiten mit sich. Führt streckenweise durch Wälder.
Sehenswürdigkeiten: Lange Durchwanderung von historischem Bordergebiet mit alten Städten als Ausgangs- und Endpunkt. Großartige kahle Berge, auf deren Rücken man längswandert.

Als ich das erste Mal nach Schottland kam, lebte ich eine Zeitlang in Peebels. Dies gab mir die Gelegenheit, das faszinierende und ausgedehnte Bergland rund um die Stadt kennenzulernen. Die Berge im Süden reichen sogar bis hinab zur Grenze und auf der folgenden Wanderung werden Sie auch in diesen Teil der Borders geführt.
Die Wanderung nimmt nicht die direkte und populärere Route über Braod Law, Loch Skeen und Hart Fell. Sie ist kurvenreicher und verläuft im Halbrund, d.h. sie startet am ersten Tag in südlicher Richtung und macht dann am zweiten Tag eine Westkehre. Sie müssen zwei volle, aber herrliche Tage einplanen. Am Ende des ersten Tages können Sie entweder in einem der historischen Gasthöfe übernachten oder in den Bergen ein Zelt aufschlagen.
Auch Ausgangs- und Endpunkt machen die Wanderung attraktiv. Sowohl Peebles als auch Moffat sind historische Borderstädte. Obwohl Peebles ein ganzes Stück von der heutigen schottisch-englischen Grenze entfernt ist, ist es eine Borderstadt im klassischen Sinn, vielleicht, weil es am Tweed, dem Borderfluß par excellance, liegt. Bei Neidpath,

ca. 800 m westlich der Stadt, befindet sich eine Festung, die auf der Tagesordnung jedes Besuchers stehen sollte. Auf einem Fels hoch über dem Tweed steht eine Burg aus dem 15. Jahrhundert, die sich durch 3,5 m dicke Mauern auszeichnet. Im 17. Jahrhundert wurde sie zum Wohnhaus umfunktioniert und ist daher gut erhalten. Sie kann von Ostern bis Oktober besichtigt werden.
Nigel Tranter hat Peebles die „gemütliche und immer noch gut aussehende Matrone der Borders“ genannt. Die Hauptstraße ist breit und hat sich ihren alten Charakter voll bewahrt. Der moderne Wohnungsbau wurde weitestgehend auf die südliche Seite des Tweed beschränkt. In diese Richtung, über die sehenswerte Brücke und auf der Straße ins Glen Sax, startet unsere Wanderung.

Erster Tag

Nehmen Sie am Ende der Straße nicht den Pfad, der ins Glen Sax führt, sondern gehen Sie auf dem manchmal etwas sumpfigen Pfad weiter gerade aus. Er leitet durch das im Volksmund „fairy glen“ genannte Tal. Ein Steg bringt Sie über einen Bach, von dessen Steilufer aus Sie eine weitreichende Sicht haben. Sie befinden sich nun auf einer alten Viehtreiberroute, auf der riesige Herden zu den Märkten im Süden getrieben wurden.
Etwas weiter oben veranschaulichen die beiden Bruchsteinmauern die immense Breite der ehemaligen Route und damit das Mühsal der Viehtreiber. In Peebles gab es zwar eine geeignete Brücke über den Tweed, es mußten jedoch Zollgebühren bezahlt werden. Ca. 800 m westlich davon, dort, wo heute der Hay Lodge Park ist, befindet sich die Cow Ford, die man mit dem Vieh gebührenfrei passieren konnte.
Der deutlich erkennnbare Pfad steigt allmählich den Kailzie hoch, wo Sie zum westlichsten und damit höchstgelegenen Teil des Cadrenawaldes gelangen. Schon bald haben Sie einen vollen Blick auf die Strecke, die über Ihnen bzw. vor Ihnen liegt. Unter Ihnen dehnt sich das liebenswerte Glen Sax aus, für das Sie sich ein anderes Mal Zeit nehmen sollten.
Bei der Wanderung über den Birkscairn Hill und den Stake Law bleiben Sie immer auf dem Höhenrücken. Der nächste kurze Anstieg nach dem Stake Law bringt Sie auf den Dun Rig, der mit 742 m (2435 ft) der höchste Punkt des Tages ist. Wenn das Wetter mitspielt, haben Sie von

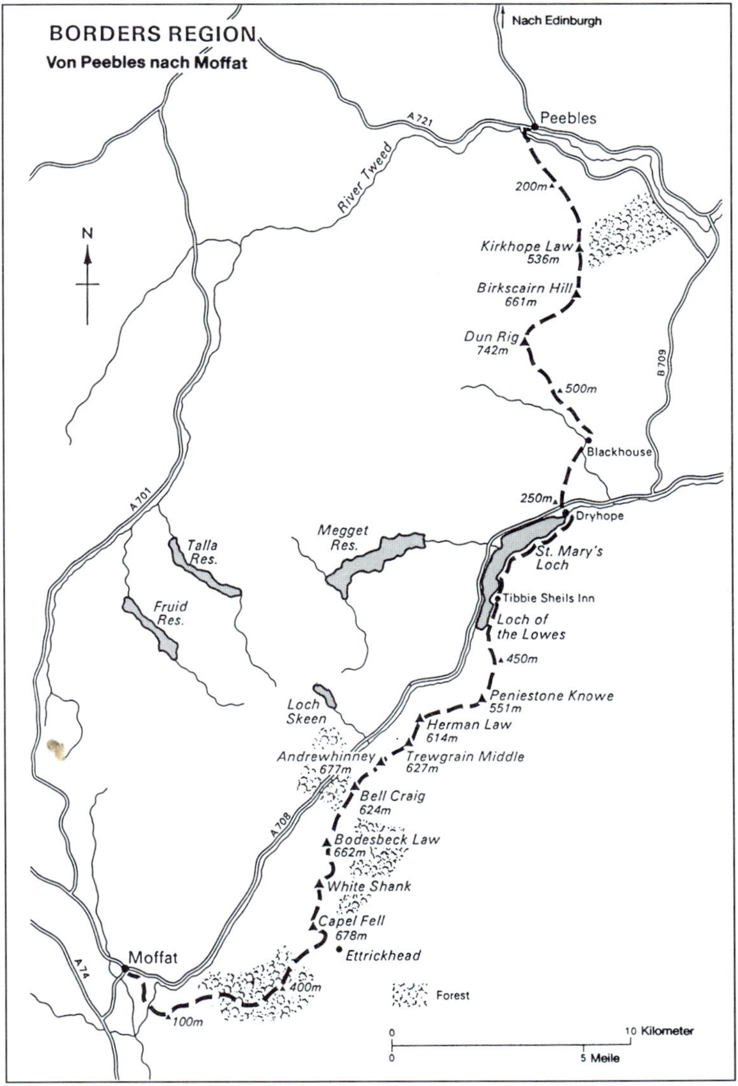
BORDERS REGION
Von Peebles nach Moffat
Nach Edinburgh
Peebles
A 721
River Tweed
N
200m
Kirkhope Law
536m
Birkscairn Hill
661m
Dun Rig
742m
500m
B 709
Blackhouse
A 701
250m
Dryhope
Megget
Res.
Talla
Res.
St. Mary's
Loch
Tibbie Sheils Inn
Fruid
Res.
Loch of
the Lowes
450m
Peniestone Knowe
551m
Loch
Skeen
Herman Law
614m
Andrewhinney
677m
Trewgrain Middle
627m
Bell Craig
624m
A 708
Bodesbeck Law
662m
White Shank
Capel Fell
678m
Ettrickhead
Moffat
A 74
400m
100m
Forest
0
10 Kilometer
0
5 Meile

hier oben eine Aussicht, die Sie zum Anhalten zwingen wird. Das ganze Borderland liegt vor Ihnen ausgebreitet. Im Osten zeigt sich die unverkennbare Dreiergruppe der Edian Hills. Im Südwesten können Sie die Rundfunkstation auf dem Gipfel des Braod Law sehen. Mit 830 m (2723 ft) ist er der höchste Berg der Gegend. Im Norden liegt das Tweedtal. Die Berge dahinter fallen in Richtung Edinburgh und Forth Estuary ab. Es ist ein überwältigendes Panorama und ein Beweis dafür, daß nicht alle der schönsten schottischen Berge nördlich der Highland Line liegen.

Für diesen Tag haben Sie den größten Teil des Anstiegs bereits geschafft. Von dem schmucken Pfeiler auf dem Dun Rig leitet ein alter Grenzpfad auf dem deutlich erkennbaren Kamm nach Südosten hinab. Folgen Sie ihm, bis Sie auf einen glatteren Untergrund gelangen.

Gehen Sie über den Whiteknowe Head und begeben Sie sich dann hinab in das kleine Tal zwischen dem Bught Rig und dem Brakehope Rig. Folgen Sie dem Pfad, bis er am Douglas Burn auf einen anderen stößt. Halten Sie sich hier links, nach ca. 800 m gelangen Sie zum Blackhouse. Sie befinden sich jetzt in einer ehemals dicht besiedelten Gegend. Auch der Douglas Clan, erbrechtlicher Besitzer des Ettrick Forest, hatte hier eine Residenz. Auf einer Fläche von wenigen Quadratkilometern befinden sich sechs Festungen, eindeutiger Beweis für die einst turbulenten Zeiten und die vielen Kämpfe, die damals ausgetragen wurden.

Unser nächstes Ziel ist der St. Mary's Loch. Überqueren Sie den Douglas Burn und gehen Sie dann auf dem Berg nach Südwesten. Sie befinden sich jetzt auf einem Abschnitt des Southern Upland Way und finden entsprechende Markierungen vor. Nach ca. 2,5 km stoßen Sie auf einen Weg, der vom Dryhope Burn herabkommt und zum Dryhope selbst führt, wo eine weitere Festung steht.

Überqueren Sie die A 708 und dann auf der Brücke den Yarrow, der aus dem St. Mary's Loch fließt. Folgen Sie dem Pfad an der Südseite des Lochs (Sie befinden sich immer noch auf dem Southern Upland Way) und lassen Sie das Bowerhope Gehöft hinter sich. Der Loch ist einer der größten der Borders und auf Grund seiner Schönheit weit über die Grenzen Schottlands hinaus bekannt. Die Photos zeigen ihn meist als völlig ruhigen und friedlichen See, der die Berge der Umgebung reflektiert. An rauhen Wintertagen aber peitscht der Wind die Wellen derart hoch, daß die Segler in ihrem Clubhaus am Westende des Lochs festsitzen.

Die 7,5 km lange Wanderung entlang des Lochs gleicht eher einem Spaziergang, der durch das rege Vogelleben bereichert wird. Außerdem ist das Ende der Wanderung in greifbare Nähe gerückt. Am Westende des Lochs steht das zwei Jahrhunderte alte Tibbie Shiels Inn. Das Gasthaus ist nach der Frau eines Schäfers benannt, die es im 19. Jahrhundert völlig autokratisch geführt hat, bis sie 1878 im Alter von 95 Jahren starb. Zu ihren Stammgästen konnte sie sogar Walter Scott zählen. Neben dem Gasthaus befindet sich ein Café, in dem ebenfalls Erfrischungen erhältlich sind, sowie ein James Hogg gewidmetes Denkmal. Als Ettrick Shepherd wurde er über die Grenzen Schottlands hinaus bekannt.

Das Ettricktal ist außergewöhnlich lang (40 km/25 Meilen). Es reicht von Ettrickhead bis Selkirk. Am zweiten Tag dieser Tour werden Sie auf seinen oberen Ebenen wandern. Wir wollen jedoch schon an dieser Stelle etwas über seinen wahrscheinlich berühmtesten Sohn erzählen.

James Hogg wurde 1770 in Ettrick geboren. Obwohl er keine formale Ausbildung erhielt, legte er schon sehr früh ein großes schriftstellerisches Talent an den Tag. In Edinburgh hatte er großen Erfolg und kam zu beachtlichem Ruhm. Ein Prosawerk mit dem banalen Titel „An Essay on Sheep“ brachte ihm die stattliche Summe von 300 Pfund ein und von einem seiner Lyrikbände wurden allein in den USA 10 000 Exemplare verkauft. Er war ein begeisterter Wanderer und nicht zu Unrecht wird behauptet, daß er die Borders in- und auswendig kannte. Sowohl seine Schriften über die Borders als auch „A Tour in the Highlands “ sind außergewöhnlich lebendige Reisebeschreibungen und können nur empfohlen werden.

Sie können im Tibbie Shiels Inn übernachten oder in der Nähe ein Zelt aufschlagen. Geeignete Campingstellen gibt es genug.

Zweiter Tag

Zu Beginn des zweiten Tages wandern Sie auf dem Southern Upland Way weiter, der vom Ostufer des Loch of the Lowes bergauf leitet. Der kleine See war früher mit dem St. Mary's Loch verbunden. Durch das Geröll, das im Osten vom Thirlestane Burn und vom Crosscleuch Burn und im Westen vom Oxcleuch Burn von den Bergen herabgeschwemmt wurde, wurde er nach und nach von ihm abgetrennt.

Der Pfad leitet in südlicher Richtung zum Ettricktal. Verlassen Sie ihn am Pikestone Rig und wan-

dern Sie in westwestsüdlicher Richtung den Peniestone Knowe hoch. Am Südwestende des Bergs wird Ihr Gleichgewichtssinn gefordert, um über den Höhenrücken zu den Hängen des Herrman Law zu balancieren. Bei Nebel ist dies gar nicht so einfach, dürfte bei klarer Sicht aber unproblematisch sein. Es besteht natürlich auch die Versuchung über den Carse Hill ins Ettricktal hinabzuwandern.
Tun Sie es nicht — Sie wären um den schönsten Teil der Wanderung betrogen. Diesen läßt der Southern Uplandway nämlich aus und gibt seltsamerweise einer Straßenwanderung den Vorzug. Der Vorteil der Sache ist natürlich, daß unsere Strecke, abgesehen von der Gegend um St. Mary's Loch, nicht so überlaufen ist. Tatsächlich werden Sie kaum Wandergenossen treffen. Auch dies macht die wellenförmigen Borderberge so attraktiv.
Vom Herman Law dehnen Sie sich nach Südwesten aus und laden zu einer 10 km langen, herrlichen Gratwanderung ein. Die Höhen differieren nur zwischen 550 m und 670 m (1800 ft und 2200 ft), die Tour ist also für jeden Wandersmann ein Vergnügen.
Auch die Namen längs des Weges klingen prächtig. Nach dem Herman Law überqueren Sie den Trowgrain Middle, den Mid Rid, den Andrewshinney Hill, den Bell Craig und den Bodesbeck Law. Im Südwesten fallen die Berge sanft zum oberen Ettricktal ab, während sie sich im Nordwesten abrupt 450 m (1500 ft) weit zum Moffat hinabziehen.
Ein Halt auf dem Andrewshinney ist obligatorisch. Mit 677 m (2221 ft) ist er der höchste Gipfel des Höhenzugs. Was Sie jedoch mehr interessieren wird, befindet sich jenseits des Tales im Nordwesten. Dort liegt in einer Höhe von 520 m (1700 ftg) der Loch Skeen – ein klassisches Beispiel eines Lochs in einem Hängetal und während der Eiszeit vor ca. 12 000 Jahren entstanden.
Im Gegensatz zu dem darunterliegenden Tal wird er jedoch kaum besucht. Das läßt sich leicht erklären. Als der Loch entstand, nahm der aus ihm fließende Bach, der Tail Burn, die bequemste Fluchtroute und ergoß sich als Wasserfall ins Tal. Er wurde natürlich zur vielbesuchten Sehenswürdigkeit und steht seit 1962 unter der Obhut des National Trust for Scotland. Erst vor kurzem wurde in mühevoller Arbeit der Pfad ausgebessert, der am Wasserfall hochführt. Er ist sehr steil und war bereits bedenklich zerfressen. Natürlich ist es viel schöner und bequemer, den Wasserfall von der gegenüberliegenden Talseite, vom Gipfel des Andrewshinney, aus zu bewundern. Ganz zu schweigen von dem umfassenderen Panorama, das sich zusammen mit dem Loch ergibt.

Im Süden und im Osten liegen die weiten, ausgedehnten Waldgebiete von Craik und Eskdalemuir. Gehen Sie nach dieser Pause auf dem Andrewshinney auf dem Höhenrücken weiter zum Bodesbeck Law und seiner berühmten Steinpyramide. Um auf dem Kamm zu bleiben, müssen Sie jetzt in südöstlicher Richtung zu dem deutlich erkennbaren Paß unter Ihnen wandern und dann nach Nordwesten zum Nordende des White Shank zurückgehen. Die Hänge, die zum Moffat abfallen, sind schnell erreicht. Das unter Ihnen liegende Tal wird nun grüner und waldreicher. Bald haben Sie den Capel, der den Andrewshinney gerade um einen halben Meter überragt, erreicht. Die Wanderung neigt sich bereits ihrem Ende zu. Bis Moffat haben Sie nur noch 11 – 12 km zu gehen. Folgen Sie dem alten Grenzpfad südöstlich des Capel Fell. Bei Ettrickhead folgen Sie rechterhand dem alten Pfad, der nach Moffat führt. Diese Route — wieder Teil des Southern Upland Ways — nimmt man, um die beachtlichen Felszacken am Südende des Capel Fell zu umgehen. Sie stellen eine ungewöhnliche Erscheinung in den Borders dar. Dort wo die Glens zusammentreffen, gehen Sie nach links und wandern durch den Wald unterhalb des Croft Head, auf dem sich ebenfalls Felsspitzen zeigen. Nach weiteren 1,5 km machen Sie eine scharfe Rechtskehre, um auf den Pfad zu gelangen, der durch die Wälder des Gateshaw Rig leitet. Vergewissern Sie sich, ob Sie sich auf der richtigen Route befinden. Es kann nämlich leicht passieren, daß Sie längs des Big Strushel Burn ins Esktal hinabwandern. Dieses ist zwar sehr anziehend, aber keineswegs Ihr Ziel. Der Wendepunkt ist mit Southern Upland Way-Wegweisern gekennzeichnet.
Die nächsten 5 km (3 Meilen) folgen Sie dem Pfad, der fast immer am Cornal Burn längsführt. Abgesehen von einem ganz kurzen Anstieg geht es jetzt immer abwärts. Der Pfad bleibt die ganze Zeit über im Wald, was die Wanderung zusätzlich bereichert. Ich muß jedoch gestehen, daß ich kein großer Liebhaber dieser Massenanpflanzungen bestimmter Nadelbaumarten bin, die heutzutage so viele Hänge Schottlands bedekken.
Diese „neuen Wälder" machen einen düsteren, um nicht zu sagen schwermütigen Eindruck, der durch die dichte Anpflanzung der Bäume und die Ähnlichkeit der Wälder hervorgerufen wird. Meistens bestehen sie aus Rottannen und Kiefern. Wenige von ihnen sind mit Lärchen durchsetzt, um das Ganze etwas aufzulokkern. Erst im Lauf der Jahre werden die Wälder ansehnlicher. Momentan sind die meisten von ihnen jedoch noch recht jung

und nur von geringem Erholungswert.
Wenn Sie die Hauptplanzung verlassen, macht der Pfad bei einer älteren Baumgruppe eine Linkskehre (Sie sehen hier eine weitere Festung), überquert zwei kleine Bäche und gelangt dann an eine Gabelung. Der kürzere Weg nach Moffat geht hier rechts ab, bringt aber einige Kilometer auf der Hauptstraße mit sich und ist somit nicht empfehlenswert. Gehen Sie deshalb nach links. Auf dem Pfad müssen Sie ein weiteres Mal links abbiegen, bevor Sie sich nach rechts wenden, um den Moffat auf einer Brücke zu überschreiten.
Eine Meile weiter unten mündet der Fluß in den Annan, was „ruhiges Wasser" bedeutet. Die Geschichte Annandales war jedoch alles andere als ruhig. Sogar in der turbulenten Geschichte der Borders steht es als Symbol für Blutvergießen und Fehden. Familien wie die Maxwells, Bruces und Johnstones scheinen sich bei jeder Gelegenheit bekämpft zu haben. Die Johnstones kennzeichneten im Mittelalter ihre Opfer durch Einkerbungen im Gesicht, eine Praktik, die als Lockerbie Lick bekannt wurde.
Glücklicherweise geht es heutzutage um einiges friedlicher zu. Das einzige, was die Idylle trübt, ist der Umgang mit dem Vieh und den Wäldern. Besucher werden überall warmherzig und gastfreundlich empfangen. Dies trifft insbesondere auf Moffat zu, das nur noch ca. 1,5 km entfernt ist. Über Nethermiln und Holmend gelangen Sie auf die A 708. Von dieser geht es links ab direkt ins Stadtzentrum.
Trotz der modernen Fassade erkennt man in Moffat immer noch die typische Borderstadt. Auf der großen Kreuzung im Zentrum kann man sich leicht die alten Pferdekutschen anstelle der lärmenden Autos vorstellen. Mitten auf der Kreuzung, über dem Colvin Fountain, zeigt sich Moffats berühmter Widder. Einen eindeutigeren Beweis für die ökonomische Bedeutung der Schafzucht kann es wohl kaum geben.
In der Mitte des 18. Jahrhunderts wurden hier Mineralquellen entdeckt und Moffat kam als Badeort in Mode, erreichte aber nie die Berühmtheit manch anderer Kurzentren. Heutige Besucher, vor allem solche wie wir, halten nach etwas Substantiellerem als Mineralwasser Ausschau und es dürfte absolut kein Problem sein, ein gutes Ale zu bekommen.

Lothian Region

Die Berge und Lochs der Pentlands

Roger Smith

Entfernug: 19 km (12 Meilen)
Anstieg: 800 m (2600 ft)
Ausgangs- und Endpunkt: Parkplatz bei Flatterstone
Karte: OS 1:50.000, Blatt 66 und 65

Kurzbeschreibung: Bergpfade und schmale Wege. Fast der gesamte Anstieg ist am Beginn der Route zu bewältigen. Hinter dem West Kip wird die Wanderung unbeschwerlicher.
Sehenswürdigkeiten: Überquerung des Hauptkamms der Pentlands. Besteigung ihres höchsten Gipfels, des Scald Law. Ein historischer Pfad (Wegerecht) leitet zu Stauseen mit regem Vogelleben. Ein seit langen Zeiten benutzter Paß führt zum Ausgangspunkt zurück.

Weitaus bessere Schriftsteller als ich haben die Schönheit der Pentlands, der Berge Edinburgs, gepriesen. Man kann kaum weiter von ihnen entfernt sein als auf den Samoainseln im Pazifik. Doch genau auf dieser tropischen Inselgruppe schrieb Robert Louis Stevenson über seine Kindheit am Fuße der Pentlands und gab ihnen den Namen „the hills of home". Und genau das werden sie für Millionen Edinburgher immer sein.
Auch Sir Walter Scott, obwohl Borderer, wußte sie zu schätzen: „Ich hatte nie etwas Schöneres gesehen als den Carnethykamm, dessen Gipfel und Hänge sich an einem klaren und frostigen Horizont abzeichneten. Die Berge glühten wie ein purpurfarbener Ametyst und der Himmel war topas- und zinnoberrot. Es kann keine schönere Kulisse als die Pentlands geben, obwohl sie weder felsig noch hoch sind."
Die Wanderung führt Sie über die Gipfel zu den Lochs im Nordwesten des Hauptzugs und über einen sehenswerten Paß zurück zum Ausgangspunkt. Die Berge sind nicht hoch, wie Scott schon sagte. Der höchste von ihnen, der Scald Law, bringt es nur auf etwas über 580 m (1900 ft). Die Strecke vom Turnhouse bis zum Westkip ist aber vom Charakter

ganz eindeutig eine Bergwanderung. Das ewige Auf und Ab wird Ihnen ganz schön in die Knie gehen.

Die Wanderung beginnt und endet an der A 702 bei Flatterstone, wo sich (gegenüber des Gasthauses) ein Parkplatz befindet. Gleich daneben ist ein kleines Informationszentrum, in dem sehr gute Literatur über die Gegend angeboten wird. Das Gasthaus hat jeden Tag geöffnet. Widerstehen Sie aber der Versuchung, es gleich aufzusuchen und warten Sie lieber bis zum Ende der Wanderung. Es wird Sie nämlich Überwindung kosten, es wieder zu verlassen.

Die ganze Pentlandregion wurde vor kurzem zum Regionalpark erklärt. Ich habe dazu wenig zu sagen, sondern kann nur die Hoffnung äußern, daß dies keinen wesentlichen Einfluß auf den Charakter der Berge nimmt. Angebliches Ziel ist es, ein einheitliches Management zu schaffen. Ob dies erreicht wird und wozu es führt wird sich erst mit der Zeit zeigen. Ich habe da so meine Zweifel. Das „Management" wird sich wahrscheinlich auf die Nordflanken konzentrieren, wo sich bei Hillend und Bonaly bereits Country Parks befinden. Der erstere zeichnet sich durch den längsten künstlichen Skihang Großbritanniens aus.

Doch zurück zur Wanderung. Das erste Ziel ist der Turnhouse Hill. Verlassen Sie den Pfad, der westlich vom Parkplatz wegführt, nach ca. 400 m linkerhand und gehen Sie zu dem deutlich erkennbaren Kamm hoch. Auf den Hängen zu Ihrer Linken wurde am 28. November 1666 der Battle of Rullion Green ausgetragen. Eine kleine Gedenktafel soll daran erinnern.

Der Weg zum Turnhouse Hill hoch gilt als sogenannter „fair pech". Der Pfad nimmt die direkte Route bis die Steigung nahe des Bergrückens geringer wird. Auf all diesen Bergen werden Sie mit Sicherheit schwarze Schafe, die hier vorherrschende Rasse, zu Gesicht bekommen. Auf zwei Morgen kommt ein Mutterschaf, eine recht hohe Rate für Schottland. Das Vogelleben wird hauptsächlich von Feldlärchen und Sperlingen repräsentiert. Vom Frühjahr bis in den Herbst hinein können Kiebitze beobachtet werden.

Auf dem Gipfel des Turnhouse zeigt sich Ihnen ein herrliches Panorama. Im Westen sehen Sie den Kamm zwischen dem Bell's Hill und dem Black Hill. Der letztere ist mittlerweile von einem häßlichen, planierten Weg verschandelt worden. Darunter liegen die Stauseen Glencorse und Loganlea. Dies sind jedoch nur zwei der insgesamt 13 Stauseen der Pentlands, von denen täglich 18 Millionen Liter Wasser nach Edinburgh befördert werden. Die

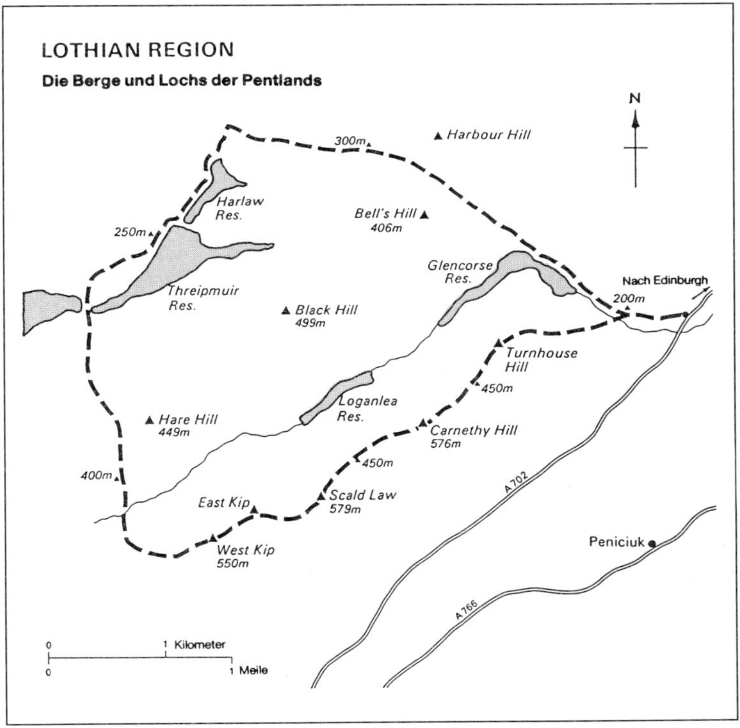

Zahl hört sich unheimlich hoch an. Es handelt sich aber nur um 10% der Gesamtmenge, die tagtäglich in der Stadt verbraucht wird.

Ihr Auge wird unvermeidlich von dem Höhenrücken, den Sie jetzt erreicht haben, angezogen werden. Er erstreckt sich in einer deutlich erkennbaren Linie ca. 6 km (4 Meilen) weit nach Südwesten zu dem hervorstechenden Gipfel des West Kip. Genau dieser Linie folgt die Wanderung. Jeder der Berge auf dem Zug hat seinen eigenen, unverkennbaren Charakter, so daß An- und Abstieg jedesmal einen neuen Reiz mit sich bringen und sich die Anstrengung auszahlt.

Nach einer kurzen, horizontal verlaufenden Gratwanderung steigt der Pfad vom Turnhouse Hill zu einem Paß ab, bevor er ziemlich steil auf den Carnety Hill hochführt. Carnethy ist ein keltischer

Name, den man als Carneddau in Nordwales wiederfindet. Er verweist auf den Eigennamen Edda, der häufig von Stammesführern getragen wurde. Der Carnethy war früher von großer Bedeutung für die Einheimischen. Auf seinem Gipfel befindet sich eine große Steinpyramide, die wahrscheinlich der Überrest einer Festung ist. Zum Wechsel der Jahreszeiten wurden hier Sonnenanbetungen abgehalten.

Der Bergrücken des Carnethy ist länger als der des Turnhouse. Folgen Sie ihm bis Sie ein plötzlich beginnender Abstieg zum Paß unterhalb des Scald Law bringt. Über diesen verläuft der Pfad, der Penicuik mit Balerno verbindet. Gehen Sie hoch zum Scald Law, der, abgesehen von seinem dreieckigen Pfeiler, dem höchsten Punkt der Pentlands, nicht sonderlich attraktiv ist. Machen Sie hier Halt, um die Aussicht zu genießen und wieder zu Atem zu kommen. Sie werden bemerkt haben, daß die Glens in den Pentlands im allgemeinen klar abgegrenzt sind und in etwa die gleiche Gestalt haben. Dies ist das Resultat der Vergletscherung vor ca. 60 000 Jahren. Da die Pentlands am Rande des vergletscherten Gebiets liegen, sind die Auswirkungen der Eiszeit hier allerdings weniger gravierend als weiter oben im Norden.

Vor viel geringerer Zeit haben ganz offensichtlich die Menschen in die Natur eingegriffen. Wälder und Büsche wurden abgeholzt und durch Moorlandgras ersetzt. Der ganze Prozeß wurde durch die Einführung der Schafe intensiviert und weiter vorangetrieben. Versuche in der Nähe von West Linton haben gezeigt, daß sich die natürlichen Wälder neu bilden, wenn die Fläche vor den grasenden Tieren geschützt wird. Ich sehe keinen Grund, weshalb dies nicht auch an anderer Stelle praktiziert werden sollte und würde gerne mehr von diesen natürlichen Waldbeständen in den Bergen sehen.

Achten Sie darauf, den Bergrükken des Scald Law in westlicher Richtung zu verlassen, – die Versuchung dem Hauptkamm nach Süden zu folgen ist verständlich, – um zum West Kip zu gelangen. Der letzte wirkliche Anstieg der Wanderung bringt Sie auf dessen Gipfel.

Als Berg, der am Ende einer Hügelkette liegt, gewährt er natürlich eine herrliche Aussicht über West Lothian. Im Westen liegt eine ausgedehnte Berg- und Moorlandschaft, die Sie an einem anderen Tag erkunden sollten. Im Süden sehen Sie die weitläufigen Ebenen Hare Moss und Auchencorth Moss, die zwischen den Pentlands und den höheren Bergen des Upper Tweeddale eingebettet sind. Steil steigen Sie vom West Kip ab, um auf den Pfad (Wegerecht) zu gelangen, der erst

Turnhouse, Scald Law und Carnethy Hill

in westlicher und dann in nördlicher Richtung nach Balerno führt. Kurz nachdem der Pfad seine markante Nordwende gemacht hat, bietet eine kleine Brücke über den Logan Burn die Gelegenheit nochmals auf den Höhenzug zurückzublicken, auf dem Sie eben längsgegangen sind.

Von der Brücke aus besteigen Sie die Westflanke des Hare Hill, um die Distriktgrenze zu überschreiten. Mit dem Abstieg beginnt der zweite Teil der Wanderung, der Sie zu den Stauseen bringt. Der Pfad führt Sie durch ein Tor in einen kleinen Wald. Wenn Sie auf einen weiteren Pfad stoßen, gehen Sie zunächst nach rechts und nach ca. 100 Meter nach links und wandern auf einer „Allee" weiter. Durch die Bäume zu Ihrer Rechten können Sie bereits den Threipmuir schimmern sehen.

Eine Brücke bringt Sie über einen schmalen Abschnitt des Stausees. Es lohnt sich hier Halt zu machen und das Vogelleben zu beobachten. Der Threipmuir umfaßt eine Fläche von 220 Morgen und das Wasser ist größtenteils klar. Es gibt jedoch auch sumpfige Abschnitte, die den Wasservögeln als Nist- und Brutplätze dienen. Mit etwas Glück können

Sie hier die prächtig gefiederten Seetaucher beim Fischen entdecken. Außerdem tummeln sich Wasserhühner, Teichhühner, Schwäne und verschiedene Entenarten.

Auf einer Winterwanderung am Threipmuir können Sie sogar Krickenten, Pfeifenten und Singschwäne sehen. Das gesamte Gebiet wurde zum „Class I Site of Special Scientific Interest“ erklärt.

Nachdem Sie die Brücke überquert haben, verläßt die Route das Wasser für kurze Zeit. Folgen Sie ca. 400 m weit dem Waldweg und biegen Sie dann rechterhand auf einen Pfad ab (kleiner Parkplatz auf der linken Seite). Im Westen liegt das Red Moss Nature Reserve, das unter der Obhut des Scottish Wildlife Trust steht und ebenfalls ein bedeutendes Vogelgebiet ist. Nach kurzer Zeit verbreitert sich der Pfad und leitet rechts zur Bavelaw Farm. Gehen Sie weiter gerade aus, so daß Sie wieder an den Stausee gelangen, dem Sie etwa 800 m am Ufer entlang folgen.

Der Threipmuir ist nicht nur wegen seines artenreichen Vogellebens bekannt. An seinem Ufer wurden fast 80 verschiedene Pflanzenarten gezählt. Obwohl in der ganzen Region ein großer Besucherandrang herrscht, ist es gelungen, dem Naturschutz Priorität einzuräumen.

Am Ende des Stausees gehen Sie kurz nach rechts und dann vor(!) dem kleinen Bach nach links auf den deutlich erkannbaren Pfad, der zum Harlaw Reservoir führt. Obwohl der See streckenweise von den Bäumen verdeckt ist, werden Sie wahrscheinlich auch hier Enten und andere Wasservögel zu Gesicht bekommen.

Am Nordende des Harlaw wenden Sie sich nach rechts, überschreiten den Damm und passieren ein kleines Cottage. Gehen Sie nach links (Wegweiser), dann nach rechts und folgen Sie der Straße, die auf der linken Seite vom Wald umsäumt ist. Sie entfernen sich für kurze Zeit von den Bergen, doch an der Stelle, wo die Straße nach links leitet (Parkplatz), biegen Sie rechts auf einen Pfad ab und haben die Berge wieder voll im Blick.

Sie haben jetzt noch ungefähr 6,5 km zu gehen. Die ersten 1 – 2 km sind nicht sonderlich ansprechend und der Untergrund ist je nach Wetterlage morastig. 180 m (200 Yard) nach Verlassen der Straße wählen Sie an der Gabelung den linken Pfad. Er bringt Sie auf einem Hang hoch zu dem deutlich erkennbaren Paß zwischen dem Harbour Hill und dem Bell's Hill. Rechts davon steht das heute nicht mehr bewohnte Cottage of Craigentarrie. Es muß ein schöner einsamer und abgeschiedener Wohnsitz gewesen sein, obwohl das Leben im Winter sicherlich hart war.

Am Paß wird wieder die Distriktgrenze überschritten und damit verändert sich auch sofort die Landschaft — Sie sind ganz eindeutig wieder in den Bergen. Beim Abstieg sind Sie rechts und links von Plantagen umgeben. Am Ufer des Glencorse Reservoir kommen Sie wieder auf die Straße, die Sie zurück nach Flatterstone bringt.
Den letzten Abschnitt der Wanderung werden Sie mühelos bewältigen. Gehen Sie zunächst am Wasser entlang. Dabei sehen Sie die Hänge des Castlelaw Hill, die für Militärübungen und als Schießgelände genutzt werden. Auf den unteren Hängen steht eine Festung aus der Eisenzeit, die besichtigt werden kann. Sie ist durch zwei Grabensysteme charakterisiert, von denen eines über ein „Souterrain" bzw. Erdhaus verfügt. Man nimmt an, daß sie bis ins zweite Jahrhundert n. Chr. bewohnt war.
Ein letzter, leicht zu bewältigender Kilometer bringt Sie zurück zum Parkplatz bei Flatterstone und damit zum Ende der Wanderung.

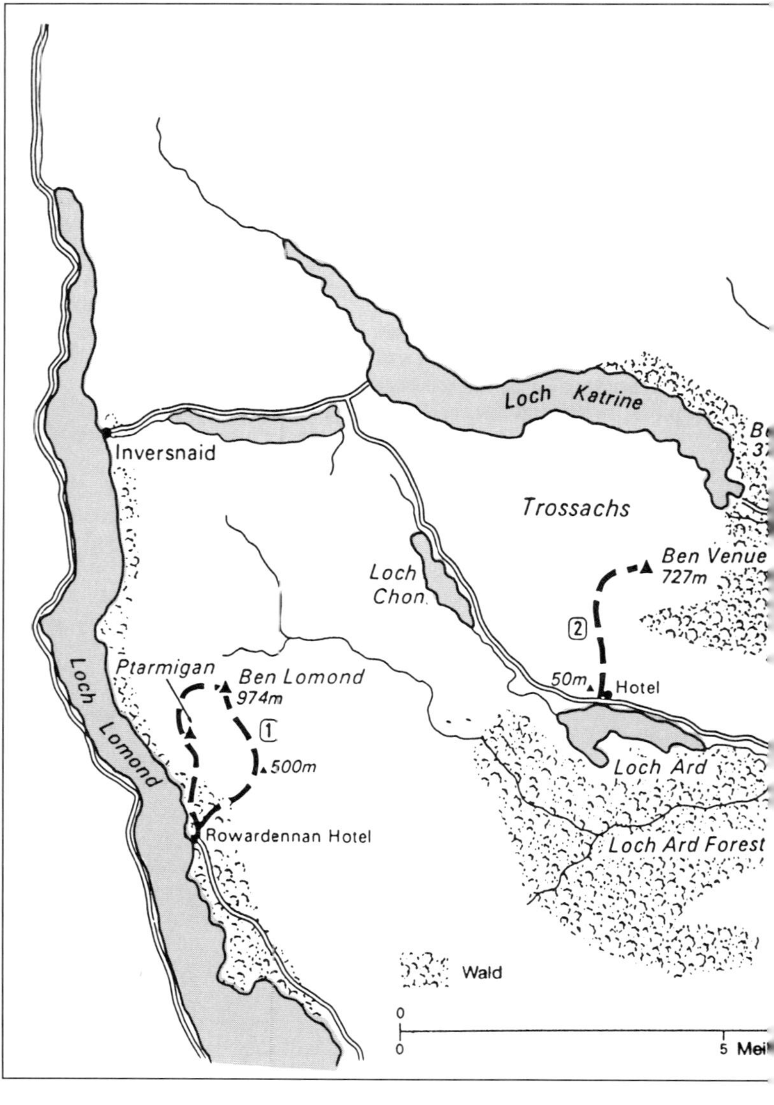
Loch Katrine
Inversnaid
Trossachs
Ben Venue
727m
Loch
Chon
2
Loch
Lomond
Ptarmigan
Ben Lomond
974m
1
500m
50m
Hotel
Loch Ard
Rowardennan Hotel
Loch Ard Forest
Wald
0
0
5

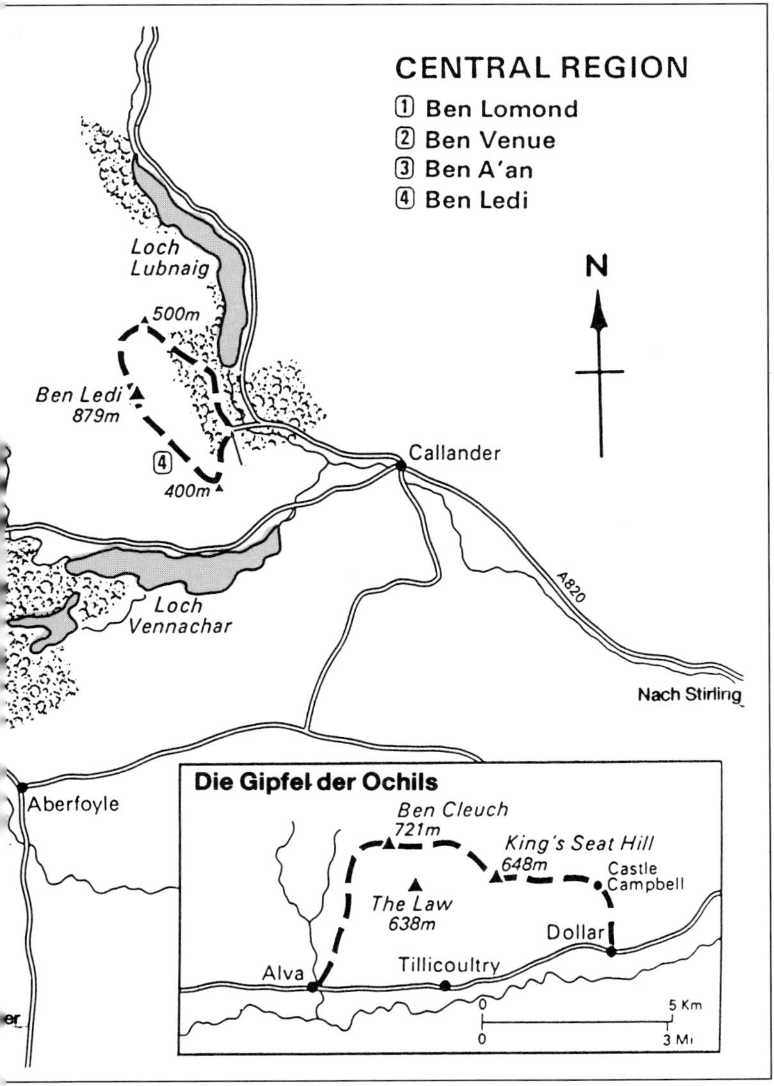
CENTRAL REGION
1 Ben Lomond
2 Ben Venue
3 Ben A'an
4 Ben Ledi
N
Loch Lubnaig
500m
Ben Ledi 879m
4
400m
Callander
A820
Nach Stirling
Loch Vennachar
Aberfoyle
Die Gipfel der Ochils
Ben Cleuch 721m
King's Seat Hill 648m
Castle Campbell
The Law 638m
Dollar
Alva
Tillicoultry
0
5 Km
0
3 Mi

Der Ben Cleuch ist mit 2330 ft der höchste Gipfel im Ochilgebirge

Central Region

Die Gipfel der Ochils

Roger Smith

Entfernung: 16 km (10 Meilen)
Anstieg: 900 m (3000 ft)
Ausgangspunkt: Glockenturm in Dollar
Endpunkt: Stirling Street in Alva
Karte: OS 1:50.000, Blatt 58
Verkehrsverbindung: Die Buslinie 23 (Stirling – St. Andrews) verkehrt täglich alle zwei Stunden zwischen Alva und Dollar.

Kurzbeschreibung: Die Wanderung beginnt und endet auf soliden Wegen. Der Hauptteil verläuft auf Bergpfaden und rauhem Untergrund. Keine nennenswerten Schwierigkeiten.
Sehenswürdigkeiten: Castle Campbell (Festung aus dem 15. Jahrhundert); King's Seat Hill (Panorama); Ben Cleuch (höchster Gipfel der Ochils).

Trotz des schroffen Steilabfalls im Süden sind die Ochils sehr anziehende Berge, die dem Wanderer keine großen Schwierigkeiten bereiten. Vom Süden, also von der Flußebene des schlaufenreichen Forth aus gesehen, geben die Ochils ein fast abschreckendes Bild ab. Wenn Sie sich aber erst auf ihren grünen Höhen befinden, können Sie kilometerweit wandern, ohne von einer wesentlichen Steigung oder einem unwegsamen Hang geplagt zu werden. Sie können zwischen unzähligen Routen wählen und wenn Sie mit den Bergen erst einmal einigermaßen vertraut sind, werden Sie immer mehr abgelegene Plätze entdecken, an denen Sie in Ruhe rasten können.
Die Berge sind nicht gerade überwältigend hoch. Selbst ihr höchster Gipfel, der Ben Cleuch, liegt immer noch unter 750 m (2500 ft) und insgesamt sind nur ungefähr ein Dutzend dieser Berge über 600 m (2000 ft) hoch. Es gibt kaum kahlen Fels, dafür aber großartige Glens auf der Südseite, von denen herrliche Schluchten wegführen. Eine davon durchwandern Sie gleich zu Beginn der folgenden Wanderung.
Sie kann aus mehreren Gründen

als „klassische“ Wanderung bezeichnet werden. Die Tour leitet zum höchsten Gipfel eines Bergzugs, zu einem seiner schönsten Hochtäler, einer eindrucksvollen Burg und gewährt herrliche Rundblicke. Zwischen Anfangs- und Endpunkt besteht eine Busverbindung und da keine größeren Schwierigkeiten zu erwarten sind, kann die Strecke auch von Wandersleuten mit wenig Erfahrung zurückgelegt werden. Bei Nebel ist etwas Orientierungssinn notwendig, es sind jedoch auch genügend „Geländer“ vorhanden.
Im allgemeinen werden die Ochils von Osten nach Westen durchwandert, gelten also eher als Durchgangsstation zu den größeren Herausforderungen im Norden und Westen. Meinetwegen kann dies gerne so bleiben. Ein Mehr an Popularität würde den Bergen nur schaden.
Die Wanderung beginnt aus mehreren Gründen in Dollar. Zum einen ist die Stadt selbst sehr reizvoll, zum anderen führt von dort aus eine relativ leicht zu bewältigende Route in die Berge. Außerdem können Sie Ihr Auto in Alva, dem Ziel der Wanderung, abstellen und per Bus (Linie 23) nach Dollar fahren.
Folgen Sie vom Glockenturm im Zentrum Dollars aus dem Bach in Richtung Berge. An der ersten Brücke sehen Sie eine Gedenktafel für Andrew Mylne, dem ersten Rektor der Dollar Academy, der Secondary School, die 1818 gegründet wurde. Gegenüber des Academy Place steht ein Trinkbrunnen, der „mit dem Erlös einer Industrieausstellung“, die 1890 in Dollar stattfand, errichtet wurde. Inhalt und Zweck dieser Ausstellung sind nicht überliefert, sie muß für die damalige Zeit jedoch etwas Außerordentliches gewesen sein.
Überqueren Sie eine Straße und begeben Sie sich in das Dollar Glen. Es steht heute unter der Obhut des National Trust for Scotland, dem es 1950 von J.E. Kerr übereignet wurde. Mr. Kerr war der Gutsherr von Harviestoun, einem Grundbesitz im Westen der Stadt. Zu diesem Besitz hatte der Schriftsteller Robert Burns eine enge Verbindung. Während einem seiner zahlreichen Besuche schrieb er ein Gedicht, um nicht zu sagen ein Loblied, auf den Devon, der die Ebenen südlich der Ochils durchzieht und bei Alloa in den Forth mündet.
Der Pfad steigt steil das Glen hoch. Streckenweise sind zur Erleichterung des Aufstiegs Bretterverschläge angebracht, auf denen bei Regen und Schnee äußerste Vorsicht geboten ist. Während Sie das Glen hochwandern wird die Landschaft immer eindrucksvoller. Nach einer Linkskehre an der Long Bridge gelangen Sie zu einer schmalen Passage, die Windy Edge genannt wird. Von

dort bringt Sie die Glencairn Bridge zu einer Kluft, durch die zu Ihrer Linken das Wasser hinabschießt.

Oben auf dem Hang steht Castle Campbell, das Sie unbedingt besichtigen sollten. Es ist jeden Tag geöffnet. Die Burg wurde gegen Ende des 15. Jahrhunderts von dem damaligen Earl of Argyll erbaut und unter dem Namen „Castle Gloom" bekannt. Auch heute noch heißen die beiden Bäche, die das Dollar Glen durchziehen, Burn of Gloom und Burn of Sorrow. In der Mitte des 17. Jahrhunderts wurde die Burg größtenteils von dem Brand zerstört, den die Truppen Cromwells gelegt hatten. Doch auch die „Überreste" sind noch sehenswert und die Lage über der Flußebene des Forth ist einfach überwältigend.

Verlassen Sie die Burg und wählen Sie den Pfad, der Sie auf die linke Seite des Hügels über Ihnen und zum Burn of Sorrow bringt. Wandern Sie ca. 500 m an dessen Ufer hoch, bis Sie zum ersten linken Nebenbach kommen. Dort wenden Sie sich nach links und wandern auf einem Ausläufer zum King'Seat. Der Aufstieg ist etwas langweilig und mühselig, aber keineswegs schwierig.

Im Frühling und im Frühsommer können Sie das artenreiche Vogelleben bewundern. Sie werden mit Sicherheit den Gesang der Feldlärchen, Brachvögel und Kuckucke vernehmen und am Bach Tauchenten und Bachstelzen sehen. Im Winter ziehen die glatten Hänge natürlich die Skilangläufer an.

Der Gipfel liegt, was ungewöhnlich ist, erst am Ende des Bergrückens und ist durch eine große Steinpyramide gekennzeichnet. Rechterhand (Norden) liegt der lange Whitewisp-Tarmangie-Kamm und im Westen können Sie fast die ganze restliche Strecke der Wanderung überblicken. Der Andrew Gannell, der Ben Cleuch, der Law und der Wood Hill ragen deutlich heraus. Wenn Sie zurückschauen, erkennen Sie (vorausgesetzt das Wetter spielt mit) das Kingsdom of Fife und das breite Mündungsbecken des Forth. Bei außergewöhnlich klarer Sicht sind von hier aus selbst der Bass Rock im Osten und die Arrocher im Westen auszumachen.

Folgen Sie jetzt einem deutlich erkennbaren Pfad nach Nordwesten, verlassen ihn aber nach 400 m wieder. Wenden Sie sich nach links (Westen) und gehen Sie auf die Umzäunung zu, die Sie auf dem Andrew Gannell Hill deutlich sehen können. Steigen Sie steil zu dem Paß, an dem der Gannell Burn entspringt, ab. Auf diesem Paß kreuzen Sie den alten Handelspfad (Wegerecht), der früher von Webern aus Tillicoultry und Schustern aus Blackford benutzt wurde.

Wandern Sie zum Andrew Gannell Hill hoch. Der Berg ist keineswegs nach einer Person benannt. Es handelt sich vielmehr um eine Zusammensetzung gälischer Worte und bedeutet „Bach auf sandfarbenem Grund“. Nahe des Gipfels leitet ein Zaun zu dem flachen Paß zwischen dem Law (links) und dem Ben Cleuch (rechts). An einer Zaungabelung biegen Sie rechts ab und beginnen den letzten, leicht zu bewältigenden Anstieg, der Sie auf den Ben Cleuch bringt.

In der Nähe seines Gipfels befand sich ein häßlicher Funkmast, der aber vor einigen Jahren auf Grund massiver Proteste der ortsansässigen Naturschützer entfernt wurde. Er war zwar auf eine Art eine Orientierungshilfe, fügte sich aber überhaupt nicht in die Landschaft ein. Der Weg ist aber auch so leicht zu finden. Der Pfad ist gut ausgetreten und an seiner rechten Seite verläuft ein Zaun.

Der Gipfel des Ben Cleuch, mit 720 m (2330 ft) der höchste Punkt der Ochils, ist eine der wenigen Stellen auf dieser Wanderung, an der Sie mit Sicherheit auf Wandergenossen treffen werden. Er ist nicht genau auszumachen, worauf schon sein Name hindeutet. Ben Cleuch heißt langgezogener Berg und genau das ist er auch. Wie auch immer, die Aussicht, vor allem nach Norden, kann faszinierend sein. Auf einer ziemlich verwitterten Hinweistafel sind die Namen der Berge, die Sie sehen können, aufgelistet. Am bekanntesten sind der Ben Vorlich, der Stuc a’Chroin, der Ben Ledi, der Ben Moore und der Stobinian.

Ein deutlich erkennbarer Pfad verläßt den Ben Cleuch nach Nordwesten und bildet bald eine Linie mit dem Zaun, der vom Ben Buck herabkommt. Der Abstieg ist steil, aber nicht anstrengend. An einer Zaungabelung passieren Sie einen Durchgang, wenden sich dann halblinks und besteigen den Ben Ever.

Von jetzt an geht es immer bergab. Bevor Sie jedoch die Gipfel der Ochils verlassen, sollten Sie einen letzten Blick auf diese herrliche, friedliche Hügelkette werfen. Weitere Berge, die Sie auf dieser Wanderung nicht kennengelernt haben, sind durchaus einen Besuch wert. Wenn Sie vorhaben, noch einige Zeit in der Gegend zu verweilen, sollten Sie sie unbedingt besteigen. Sehr empfehlenswert sind der Blairdenon, der Craig Leith, der Colsnaur, der Whitewisp und der Tarmangie.

Verlassen Sie den Ben Ever in südlicher Richtung. Achten Sie darauf, daß Sie den kleinen Salzwassersee am rechten(!) Ufer passieren, sonst landen Sie möglicherweise auf dem Wood Hill. Wenn Sie weiter bergab gehen, stoßen Sie an den Hängen des Nebit auf den breiten, deutlich erkennbaren Pfad. Linkerhand liegt das Silver Glen, in dem im 18. und frühen 19. Jahrhundert Silber gefunden wurde. Natürlich sind die Lagerstätten längst erschöpft.

Nachdem Sie durch ein Tor gegangen sind, folgen Sie nicht den Serpentinen, sondern dem schmalen, umzäunten Pfad zu Ihrer Linken. Dieser Pfad ist der ältere von beiden und der Abstieg auf dieser Route ist weitaus schöner. Er leitet durch eine enge Felsrinne und gelangt hinter einem abgestorbenen Baum auf den neueren Pfad. Von hier aus können Sie bereits Alva, das Ziel Ihrer Wanderung sehen.

An der nächsten Gabelung schlagen Sie den Pfad zu Ihrer Rechten ein und folgen ihm bis zu einem kleinen Tor neben der Ummauerung der Rhoddersfarm. Der Weg ist von Stechginstersträuchen umsäumt. Im späten Frühjahr und im Frühsommer werden Sie von deren leuchtender Farbe fasziniert sein. Gehen Sie durch das Tor und passieren Sie ein „Water Board“, um unterhalb einer großen Wasserleitung (sie transportiert das Wasser von den Bergen hinab in die Stadt) in das untere Alva Glen zu wandern.

Es folgt eine sehr populäre, kurze Wanderung durch das Glen, für die sich der kleine Umweg auf jeden Fall lohnt. Der Pfad ist oberhalb einer Schlucht in den Hang eingehauen. Wenn Sie auf diesem Weg gehen, können Sie sich vielleicht vorstellen, wie dieser tiefe Riß über die Jahrtausende in den Fels eingefräst wurde. Das braune, schäumende Wasser schießt förmlich die Schlucht hinab und ergießt sich mit einer unglaublichen Geschwindigkeit in die Talebene.

Vom Glen aus bringt Sie eine kurze Wanderung ins Stadtzentrum von Aloa. Bevor Sie das Tal verlassen, sollten Sie noch einen Blick auf das links über Ihnen liegende Gebäude werfen. Es ist die Strude Mill, die weitaus schönste der Mühlen, die in diesen Städten am Fuße der Berge noch existieren. Die Mühle wurde 1820 erbaut, zu einer Zeit also, in der die Webkunst mechanisiert wurde. Die Uhr und die Glocke an ihrer Spitze wurden angebracht, um den Arbeiter/innen den Beginn ihres langen Arbeitstages anzukündigen. In der Mitte des 19. Jahrhunderts wurden in diesem Landstrich ein Viertel aller schottischen Mühlen errichtet.

Die Wanderung zeigte Ihnen die schönsten Gegenden Clackmannanshires, der kleinsten Grafschaft Schottlands. Unter dem Motto „Look Aboot Ye“ lädt sie dazu ein, ihre Berge kennenzulernen. Dieser Einladung folgend, kommen die Besucher immer wieder hierher. Ich selbst tue es jedenfalls und sehe die Ochils jedesmal mit neuen Augen.

Ben Lomond

Cameron McNeish

Entfernung: 11 km (7 Meilen)
Anstieg: 900 m (3000 ft)
Ausgangs- und Endpunkt: Rowardennan Hotel bei Balmaha am Ufer des Loch Lomond
Karten: OS 1:50.000, Blatt 56; OS 1:63.360 Tourist Map – Loch Lomond and the Trossachs

Kurzbeschreibung: Direkte und leicht zu bewältigende Wanderung. Es tauchen keine Orientierungsschwierigkeiten auf, da man fast die ganze Zeit dem Pfad folgt. Besondere Vorsicht ist im Winter geboten, da das Wetter fast arktisch werden kann. Im Sommer kann der Boden sehr schlammig sein.
Sehenswürdigkeiten: Großartiger Blick auf den Loch Lomond und die Inselgruppe an seinem Südende. Wildgänse, Steinadler, Schneehühner und Wild können beobachtet werden. Der Ben Lomond liegt etwas nördlich der Highland Line, so daß Sie von seinem Gipfel aus sowohl die Landschaft im Süden als auch die höheren Berge im Norden überblicken können.

Bonny Ben Lomond, der Beacon Hill, war völlig untergetaucht. Sein Gipfel war von einem dunkelgrauen Wolkenmeer umhüllt und seine Bäche und Ströme ergossen sich stürmisch, fast ungeduldig in die Täler. Der Wind fegte durch die riesigen Eichen, Lärchen und Fichten am Ufer des Loch Lomond und peitschte die Wellen auf dem See hoch. Auf der Wasseroberfläche schäumte die Gischt und der ganze Loch war von einer großen Dunstglocke überzogen. Nicht gerade der ideale Tag für eine Wanderung. Ich war jedoch seit Wochen nicht mehr unterwegs gewesen und es zog mich hinaus in die Natur.
Es ist schon zehn Jahre her, daß ich auf dem Ben Lomond war. In der Zwischenzeit kam die ganze Gegend um den Loch Lomond unter die Obhut öffentlicher Organisationen und verschiedene Pläne für einen Nationalpark wurden vorgelegt. Nachdem auf den Nordflanken des Ben planierte Wege geschaffen wurden, stellte der National Trust for Scotland (NTS) den Berg unter seinen Schutz. Das erste Anzeichen für die Verwaltungstätigkeit des NTS, das Sie entdecken werden,

ist eine Tafel, die Sie dazu anhält, Ihren Hund an der Leine zu führen — und das ist typisch für diese Institutionen. Sie scheinen geradezu davon besessen zu sein, überall Verbots- und Hinweisschilder aufzustellen.

Abgesehen von dieser merkwürdigen Angewohnheit leisten die Naturschutzorganisationen bemerkenswert gute Arbeit. Der NTS hat zum Beispiel den Wanderpfad, der von Rowardennan auf den breiten, walförmigen Rükken des Ben führt, hervorragend ausgebessert. Der morastige Pfad wurde trockengelegt und eingeebnet. Dabei wurde darauf geachtet, daß er nicht zu sehr aus der Landschaft heraussticht und gleichzeitig den großen Besucherscharen (der Ben Lomond ist bei den Touristen einer der beliebtesten schottischen Berge) gerecht wird.

Der Pfad zum Gipfel des Ben Lomond beginnt gegenüber des Rowardennan Hotels. Er bringt Sie durch Birken- und Eichenwälder, Dickicht und Farnkraut schnell die unteren Hänge hoch. Zu Ihrer Linken sehen Sie, vorausgesetzt, es ist nicht neblig, den Gipfel, der fast geduckt auf den breiten Schultern des Ben hockt. Er läßt sich wohl am treffendsten als bogenförmiger Kamm von etwa einer halben Meile Länge beschreiben. Nach Norden und Osten fallen Felswände ab.

Bald können Sie hinter sich über die Fichten- und Lärchenanpflanzungen hinweg zum Loch Lomond blicken. Er ist der größte und vermutlich auch der schönste Binnensee des Landes. Seine Anziehungskraft liegt meiner Meinung nach in der Tatsache, daß er Wasser, Berge und Wälder auf eine einmalige Art und Weise miteinder verbindet und ein herrliches Landschaftsbild entstehen läßt. Die Bäume, vor allem die Eichen, Birken und Kastanienbäume, charakterisiert ein sattes Grün und die Hänge um den Loch wurden nicht zu übertrieben aufgeforstet.

Der untere Teil des Loch Lomond liegt in den Lowlands, während der obere Teil bereits in die Berge der Highlands eingebettet ist. Von den breiten Schultern des Ben aus zeigt sich Ihnen im Süden ein typischen Lowland-Panorama: Flache vulkanartige Berge dehnen sich wellenförmig bis in den Industriedunst Clysides hinein aus. Bei klarer Sicht können Sie sogar über Clyside hinweg bis zum Meer blicken. Dort erkennen Sie das gebirgsartige Profil der Insel Arran und den Alisa Craig, der auf halber Strecke zwischen Schottland und Irland liegt.

Der Pfad dreht bald nach Norden und der Anstieg auf dem langen Walrückenkamm, der Sie zur Steinpyramide am Gipfel bringt, wird um einiges steiler. Zu Ihrer Rechten sehen Sie jetzt die Trossachs, den Ben Venue und den darunterliegenden, langgestreckten Loch Ard. Linkerhand, jenseits der kuppelförmigen Lussberge zeigen sich die Arrocher Alpen. Eindeutig auszumachen sind der Cobbler, der Ben Narnain, der Ben Vane und der Ben Vorlich.

Es folgt eine kurze, flache Gratwanderung, bevor Sie einige Serpentinen zum Gipfel führen. Sie winden sich als Trampelpfad um die nördlichen Schluchten. Diese ziehen sich hinab zum Comer und dem silbernen Bächlein, das im weiteren Verlauf zum Strom Forth anwächst.

Im Winter kann diese Strecke vereist sein, so daß Sie auf dem Weg zum Gipfel äußerst vorsichtig sein müssen. Für Winterkletterer sind die nördlichen Schluchten natürlich sehr reizvoll. Bei Schnee und Eis können sie sich an über 90 m (300 ft) hohen Felswänden austoben.

Auf der eingangs erwähnten Wanderung war ich richtig erleichtert, als ich endlich den schneebedeckten, in Wolken getauchten und sturmumbrausten Gipfel erreicht hatte und über den Ptarmigankamm meine Rückkehr nach Rowardennan antreten konnte.

Sie sehen jetzt das „Herzstück“ des Berges vor sich: die Felshänge, die sich in die Abgeschiedenheit der Cailnessschlucht, dem Paradies des Wilds, der freilaufenden Schafe und der Adler, hinabziehen. Und es gibt keinen einzigen Pfad, der die Idylle trübt.

Mit der Schaffung des West Highland Ways, wurde das Ostufer des Loch Lomond natürlich sehr populär. Früher traf man auf dem rauhen Pfad von Rowardennan nach Inversnaid nur höchstselten Wandergenossen. Viel wahrscheinlicher war es, einer Schafherde zu begegnen. Damals herrschte am Ostufer noch eine Atmoshäre von Einsamkeit und Abgeschiedenheit, die inzwischen vom West Highland Way völlig zerstört wurde. Dies mag bösartig klingen, zumal der Weg Tausenden von Menschen die Möglichkeit gibt, auf einem gut ausgebauten Weitwanderpfad zu wandern. Zudem bekommen viele Touristen, die sich sonst nicht bis hierher vorwagen würden, die Gelegenheit, die Gegend kennenzulernen. Doch trotz — oder gerade wegen — dieser Vorteile ist durch den West Highland Way etwas Unwiederbringliches verloren gegangen.

An einigen Abschnitten des alten Pfades, der sich früher zwischen Birken und Eichen wand, wurden Geländer angebracht. Über kleine Bäche, die man fast überspringen kann, wurden Brücken gebaut. Teile des Pfades, die einst mit dem Laub von Jahrzehnten bedeckt waren, sind durch die vielen Füße sumpfig und morastig geworden. Ich bin mir

sicher, daß dieser Landstrich immer noch so schön wie vor zwanzig Jahren wäre, wenn die Countryside Commission for Scotland nicht den West Highland Way geschaffen und propagiert hätte.
Auch der Cailness wurde durch einen planierten Weg verschandelt. Dieser leitet hinter John Groomes altem Cottage den Berg hoch. John Groom war einer der angesehensten Ornithologen in der Gegend und ein großer Freund aller Wanderer und Bergsteiger. Niemand kam an seiner Hütte vorbei, ohne freundlich von ihm gegrüßt zu werden. Die kleinen Hinweistafeln, die er selbst anfertigte und längs des Pfades aufstellte, brachten viele Wandersleute auf dem Weg nach Inversnaid zum Schmunzeln. Leider kaufte ein neuer Gutsherr große Teile dieser Gegend auf und John hatte sein Cottage, das er in ein gemütliches Heim verwandelt hatte, zu verlassen. Als dieses Buch entstand, lebte er in der Nähe von Gartocharn. Der neue Eigentümer hat sich bei den Naturschützern sehr schnell unbeliebt gemacht.
Die Wanderung auf dem Kamm fällt leicht und eröffnet herrliche Ausblicke auf die Inseln am Südufer des graugefärbten Loch Lomond im Norden und auf mehrere tobende Wasserfälle, die sich direkt vom Kamm ins Tal hinabstürzen. Auf dieser Route vom Ben abzusteigen ist weitaus schöner und reizvoller als auf der „Touristenroute", die zum Gipfel hochführt. Sie leitet nicht auf direktem Weg ins Tal, sondern läuft in zahlreichen Schlaufen bergauf und -ab und zählt zu den „klassischen" schottischen Bergwanderungen.
Der Kamm flacht bald ab und wenn Sie jetzt durch ein Tor und hinter einigen Hütten vorbei gehen, gelangen Sie in der Nähe der Jugendherberge auf die Rowardennanstraße. Noch eine kurze Wanderung und Sie sind wieder bei Ihrem Auto am Rowardennan Hotel und ohne Zweifel reif für ein kühles Getränk oder je nach Jahreszeit für eine Tasse Tee und einen Teller heiße Suppe.

Ben Venue, Trossachs

Cameron McNeish

Entfernung: 14 km (9 Meilen) zum Gipfel und zurück; 7 Meilen (14 km) von Ledard über den Gipfel hinweg in die Trossachs
Ausgangspunkt: Ledard Farm an der B 829 (Aberfoyle – Inversnaid-Straße)
Endpunkt: Ledard Farm oder Loch Achray Hotel in den Trossachs
Karte: OS 1:50.000, zweite Auflage, Blatt 57

Kurzbeschreibung: Direkte Bergwanderung zum Gipfel des Ben Venue auf einem gut angelegten Pfad. Wenn Sie den Gipfel überschreiten und bis in die Trossachs weitergehen wollen, müssen Sie beim Abstieg vorsichtig sein, da die Hänge teilweise sehr steil sind und der Pfad nicht so deutlich erkennbar ist wie auf der Ledardseite.
Sehenswürdigkeiten: Die Trossachs sind eng mit Walter Scott und seinen Werken verbunden. Sie sind Schauplatz seiner Werke „Rob Roy“ und „The Lady of the Lake“. Obwohl der Ben Venue ein relativ niedriger Berg ist, hat man von seinem Gipfel aus eine großartige Aussicht, vor allem auf seine höheren Nachbarn im Norden.

Der Ben Venue, der Berg der Höhlen, ist einer der schönsten „winzigen Berge“ in den südlichen Highlands. Mit seinem Zwillingsgipfel, seinen Westausläufern und seinem zerklüfteten Aussehen „herrscht“ er über die Felslandschaft der Trossachs und ist trotzdem leicht zu bewältigen. Mit einer Höhe von 729 m (2 393 ft) über dem Meeresspiegel ist er nicht gerade ein hoher Berg, dafür aber viel reizvoller als so mancher Munro. In die Hänge, die zum Ufer des Loch Katrine abfallen, ist der Bealach nam Bo (Paß des Viehs) eingebettet. Über ihn verlief eine alte Handelsroute, auf der das Vieh nach Falkirk getrieben wurde. In umgekehrter Richtung wurde der Paß vom McGregorclan benutzt, um das Vieh, das er auf seinen Raubzügen erbeutet hatte, in Sicherheit zu bringen.
Ganz in der Nähe befindet sich die Coire na Urisgean (Schlucht der Kobolde), die Sie auf der Ben A'An-Wanderung kennenlernen werden. Sir Walter Scott, der sich häufig in dieser Gegend aufhielt und sich dort für viele seiner Werke inspirieren ließ, wählte die Schlucht als Schauplatz für sein Poem „The Lady of the Lake“. Sie dient dort als Versteck für Ellen Douglas und ihren Vater, nachdem sie von der Festung Rode-

Die Ledard Farm ist einer der wenigen Bauernhöfe in Schottland, die Kaschmirwolle produzieren

rick Dhus auf eine Insel im Loch Katrine geflohen waren. Diese Episode aus „The Lady of the Lake" ist nur eine der Szenen, an die Sie auf der Wanderung in den Trossachs erinnert werden, wenn Sie sich im Werk Scotts einigermaßen auskennen. Zwar ist es möglich, den Berg über die Felsausläufer der den Trossachs zugewandten Ostseite zu besteigen, günstiger ist es jedoch, mit dem Auto über den Dukespaß und dann am Loch Ardside nach Aberfoyle zu fahren und in der Nähe der Ledard Farm zu parken. Ein Wegweiser zeigt den Beginn der Route an und veranschlagt für die Wanderung in die Trossachs via Gipfel des Ben Venue 11 km.

Den Berg auf dieser Route zu besteigen ist relativ einfach. Von der Entfernung her ist sie zwar länger als die anderen Aufstiege, steigt aber langsam und immer im selben Maß an. Gerade das Richtige für weniger trainierte Wanderer. Gruppen mit zwei Autos ist zu empfehlen, ein Fahrzeug beim Loch Achray Hotel auf der Trossachseite des Ben Venue abzustellen und auf der anderen Seite des Gipfels durch die Goblin's Corrie zum Pier am Loch Katrine hinabzuwandern. Diese Tour vermittelt einen umfassenden Eindruck von der Topographie des

Berges und zeigt die Gegensätzlichkeit der beiden Seiten. Die eine Seite ist sehr glatt und kahl, während die andere bewaldet, felsig und von Farnkraut „durchwachsen" ist.

Nachdem Sie den Wagen abgestellt haben, wandern Sie auf dem Pfad los, der an der Ledard Farm vorbeiführt. Heutzutage werden dort Cashmereschafe gezüchtet. Walter Scott wohnte in diesem Gebäude als er „Rob Roy" und „Waverly" schrieb. Hinter der Farm, ganz in der Nähe des Pfads, befinden sich ein Teich und ein Wasserfall, bei denen Scott bei gutem Wetter nachweislich arbeitete. Man kann sich leicht vorstellen, wie er auf einem dem Süden zugewandten Platz saß, die Sonne genoß und dabei von früheren Zeiten träumte, in denen die Menschen und natürlich auch die Landschaft weitaus wilder waren.

Der deutlich erkennbare Pfad läuft zunächst am Ledard Burn entlang und leitet dann die Osthänge des Beinn Bhreac — ein Ausläufer des Ben Venue — hoch. Wenn Sie genügend Zeit haben, sollten Sie unbedingt den Beinn Bhreackamm erklimmen und auf ihm zu dem Paß zwischen seinen Osthängen und dem Ben Venue wandern. Wenn nicht, haben Sie lediglich dem Trampelpfad zu folgen, der bald den Wald verläßt und Sie zu einer Schlucht bringt, die sich zu dem

Der Pfad von der Ledard Farm steigt auf langer Distanz sanft an

selben Paß hochzieht. Auf der ganzen Wanderung kommen Sie an mehreren kleinen, tiefen Schluchten vorbei, in die sich die Bergbäche ergießen. Der Pfad steigt fast unmerklich an und bevor Sie wissen, wo Sie sind, haben Sie schon den breiten Paß erreicht, der Sie auf die felsigen Hänge des Ben Venue bringt. An dieser Stelle zeigt sich Ihnen das erste Panorama des Tages.

Im Westen erstreckt sich der Loch Katrine. Einer seiner ehemaligen Arme ist heute durch den Landstrich bei Stronachlachar abgetrennt und bildet den heutigen Loch Arklet. Er läuft in einer diagonalen Linie vom Loch Katrine fast bis zum Ufer des Loch Lomond. Im Norden beugen die Crianlarichberge ihre Häupter vor den höheren Gipfeln des Stobinian und des Ben More. Im Osten überragen die Ben Lawers die benachbarten Tarmanachs als wären es winzige Zwerge. Eine beeindruckende Szenerie in allen Himmelsrichtungen.

Nach einiger Zeit erreichen Sie den Gipfelkamm, von dem sich ein Ausblick auf weit entfernte Berggipfel eröffnet. Reizvoll ist aber auch die unmittelbare Umgebung mit den langgezogenen Seen der Trossachs, die in farblichem Kontrast zu den ausgedehnten Nadelwäldern und Birkenanpflanzungen stehen.

Ben A'an, Trossachs

Cameron McNeish

Entfernung: 6,5 km (4 Meilen)
Anstieg: 370 m (1200 ft)
Ausgangs- und Endpunkt: Parkplatz der Forestry Commission beim Trossachshotel.

Kurzbeschreibung: Kurze, leicht zu bewältigende Wanderung. Der Boden ist streckenweise feucht und unwegsam, die Route ist jedoch von jedem Wanderer, der einigermaßen Kondition hat, zu bewältigen.
Sehenswürdigkeiten: Die Trossachs spielten eine große Rolle in der schottischen Geschichte. Außerdem sind sie Schauplatz von Walter Scotts Novelle „Rob Roy", in der sich auch eine großartige Landschaftsbeschreibung findet. Auf Grund ihrer großen Laubwälder sind die Trossachs im Herbst natürlich besonders attraktiv.

Loch Katrine im Hintergrund

Fahren Sie von Aberfoyle in Stirlingshire auf der steilen und kurvenreichen Straße (Duke's Pass) nach Norden und halten Sie an ihrem höchsten Punkt kurz an. Vor Ihnen liegt eine wundervolle, rauhe Landschaft. Fichten, Lärchen, Eichen und Buchen bilden prächtige Mischwälder. Felsvorsprünge und zerklüftete Ausläufer kennzeichnen die Berge und in die Hänge sind tiefe Schluchten eingefräst.

„High on the south huge Ben Venue
Down on the lake in masses threw
Crags, knolls and mounds, confusedly hurled
The fragments of an earlier world."

So beschrieb Walter Scott die Trossachs. Das Wort selbst kommt von „Trosaichen", was frei übersetzt „Tal, das zwei andere Täler überschneidet" bedeutet. Diese Umschreibung trifft auf das Herzstück der Trossachs, dieses „Durcheinander" von Fels und Wald, das den Loch Aray vom Loch Katrine trennt, durchaus zu.
Vor Ihnen liegt eine langgezogene Hügelkette, die sich von Osten her erstreckt und an deren Westende sich der unverkennbare Ben A'an erhebt, als sei er dort nachträglich aufgesetzt worden.
Der Ben A'an ist kein hoher Berg (463 m/1520 ft), aber ein nicht zu unterschätzender Felsgipfel und bietet für seine Höhe mehr als so mancher Berg, der doppelt so hoch ist. Ben A'an ist nicht sein ursprünglicher Name. Der frühere gälische Name war Am Binnein (der Felsgipfel). Wie viele andere Namen in der Gegend wurde er jedoch geändert, um ihn an das Werk Walter Scotts anzupassen. Scott hatte einen beachtlichen Einfluß auf die Gegend und seine Novelle „Rob Roy" und das Gedicht „The Lady of the Lake" gaben der ganzen Gegend ein romantisches Flair.
Am Nordufer des Loch Achray, beim Trossachshotel, schuf die Forestry Commission einen Parkplatz und brachte Wegweiser für die Ben A'an-Wanderung an. Der erste Abschnitt der Wanderung ist steil und oft morastig, gewinnt dafür aber rasch an Höhe. Nehmen Sie sich Zeit, während Sie vom Gesang der Buchfinken begleitet unter dem Laubgewölbe der Lärchen wandern. Nach einer Weile läßt die Steigung nach und ein Wegweiser schickt Sie nach links zu einem Aussichtspunkt. Von dort haben Sie den ersten Blick auf den Felsgipfel des Ben A'an und die Fichten und Lärchen zu seinen Füßen. Er wird sicherlich steil und schwer erzwingbar auf Sie wirken. Der Pfad leitet zunächst an seiner rechten Flanke hoch und bringt Sie über den Rücken zum Gipfel.
Wenn Sie aus dem Wald heraus-

kommen, öffnet sich der Blick zu den zerklüfteten Felsen und Schluchten des Ben Venue und zum Loch Katrine, dem schönsten See der Trossachs. Ende August und Anfang September leuchtet das Heidekraut purpurrot und bildet einen herrlichen Kontrast zu dem vibrierenden Grün der Bäume. Nur kurze Zeit später wird das Gras blond und die Blätter färben sich gelb und ockerfarben, rot und braun. Es beginnt die Jahreszeit, in der die Trossachs ihr schönstes Gesicht zeigen.

Gehen Sie weiter hoch, der Pfad wird wieder steiler und verläuft auf feuchtem und holprigem Grund. Weiter oben müssen Sie auf Geröll achten, vor allem nach heftigem Regen. Wandern Sie über stellenweise nasses und sumpfiges Gelände zum Bergrükken und gehen Sie dann die letzten wenigen Meter zum Gipfel hoch.

Der Ben A'an ist ein felsiger Horst, der Sie weit nach Westen und Norden schauen läßt. An klaren Tagen kann man die gesamten Arrocharberge, vom unverkennbaren Profil des Cobbler bis zum Ben Vorlich, sehen. Im Norden erkennen Sie die Crianlarichs mit den Zwillingsgipfeln des Ben More und des Stobinian. Der Loch Katrine zieht sich bis ins Land der MacGregors hinein und jenseits des Sees liegt der Bealach nam Bo, ein alter Paß. Über diesen „Paß des Viehs" trieben die MacGregors einst das gestohlene Vieh zu ihren Verstekken.

Hinter dem Paß verbirgt sich die geröllbedeckte Coire nan Uruisgean, die „Schlucht der Kobolde". Sie war angeblich der geheime Versammlungsort der schottischen Kobolde, die sich hier trafen, um Pläne zu schmieden und neue Streiche auszuhekken.

Im Südosten sehen Sie den Loch Achray, einen der Hauptseen der Trossachs. Ganz in seiner Nähe hielt der MacGregor-Clan seine traditionnellen Treffen ab, deren Rituale Scott in „The Lady of the Lake" lebhaft beschrieb.

Wenn Sie vorhaben, in die Trossachs zu fahren, sollten Sie vorher unbedingt die Werke Walter Scotts lesen. Sie werden die Besteigung des Ben A'an dann noch reizvoller finden.

Ben Ledi

Roger Smith

Entfernung: 11 km (7 Meilen)
Anstieg: 750 m (2500 ft)
Ausgangs- und Endpunkt: Parkplatz der Forestry Commission am Leny
Karte: OS 1:50.000, Blatt 57

Kurzbeschreibung: Auf- und Abstieg auf Berg- und Waldpfaden. Teilweise steil, aber nicht zu schwierig.
Sehenswürdigkeiten: Alte Wälder; riesige eiszeitliche, erratische Felsen im Stank Glen; Gipfel des Ben Ledi (hervorragende Aussicht).

Viele sind mit der Silhouette des Ben Ledi vertraut, ohne jemals einen Fuß auf ihn gesetzt zu haben oder etwa zu wissen, was sein Name bedeutet. Der Berg und sein berühmter kuppelförmiger Gipfel beherrschen nämlich von der M 9 und der M 80 bei Stirling und von der Hauptbahnlinie, die von Glasgow bzw. Edinburgh aus nach Stirling führt, das nördliche Panorama. Von dort aus gesehen erhebt sich der Ledi über die Carse (Ebene) von Stirling und wirkt wie ein Südausläufer der Highlands.

Das ist tatsächlich seine geographische Lage. Wenn Sie in nördlicher Richtung nach Callandar fahren, werden Sie eine sehr markante Landschaftsveränderung miterleben. Von einer relativ flachen und schnellen Route verwandelt sich die A 84 in eine kurvenreiche Serpentinenstraße, die sich ihren Weg durch eine enge Schlucht (Pass of the Leny) bahnt, dann am Loch Lubnaig längsführt und auf beiden Seiten von Bäumen umgeben ist.

Der Ben Ledi prägt das Landschaftsbild westlich des Loch Lubnaig und seine Besteigung lohnt sich schon allein wegen der herrvorragenden Gipfelaussicht.

Der Ben Ledi kann auf mehreren Routen bestiegen werden. Die im folgenden beschriebene nimmt, meiner Meinung nach zumindest, den schönsten Aufstieg und den schnellsten Abstieg. Sie beginnt an dem kleinen Parkplatz der Forestry Commission, unter deren Obhut der größte Teil des Berges steht. Sie erreichen ihn, indem Sie ca. 800 m hinter dem Lenypaß links abbiegen. Vom Parkplatz aus leiten zwei Straßen in nördlicher Richtung zum Loch Lubnaig (gewundener See). Nehmen Sie die linke(!) Straße. Die andere führt zu den Ferienhäusern der Forestry Commission.

Die Straße läuft an einigen Hütten

vorbei. Eine davon ist die sogenannte „Muncunian", die einst Zufluchtsstätte der Geächteten Lancashires war. Nach einer Meile geht die Straße in einen Pfad über und leitet zur Stank Farm. Dieser scheußliche Name darf nicht wörtlich genommen werden. Es gibt zwei mögliche ethymologische Bedeutungen, die beide mit Wasser zu tun haben. „Stank" bedeutet im Schottischen „Wasserlauf" oder „Flußbett". Außerdem gibt es das gälische Wort „stang", das Teich heißt. Beide Ausdrücke treffen auf diesen herrlichen Ort zu. Er liegt an einem reißenden Bach und ist von alten Bäumen umgeben.

Wandern Sie nicht ganz bis zu dem Farmgebäude, sondern nehmen Sie den Waldweg zu Ihrer Linken. An einer äußerst scharfen Haarnadelkurve sehen Sie auf einem Fels einen grünen Wegweiser, der den Beginn des Pfades, der ins Glen hochführt, anzeigt. In dem Wald wurde in den letzten Jahren viel verändert, der Pfad ist jedoch weiterhin deutlich erkennbar und windet sich durch die Bäume hoch zu einem Wasserfall.

Es ist geplant die Wälder in dieser Gegend — fast ausschließlich Nadelwälder — in den kommenden Jahren in einem rotierenden Verfahren blockweise auf- und abzuforsten. Die Forestry Commission, Initiator und Träger dieser Landschaftsveränderungen rechnet damit, daß die Arbeiten im Jahr 2025 abgeschlossen sein werden.

In 450 m (1500 ft) Höhe kommen Sie aus dem Wald heraus auf die oberen Talebenen (weiter oben gibt es noch kleinere Anpflanzungen). Normalerweise folgt man von hier aus einer halblinks verlaufenden Kehre den Hang hoch und hält sich dabei links des Creag na h-Iolaire (d.h. Adlerfels, obwohl nur noch äußerst selten welche gesichtet werden), um nicht weit vom Lochan nan Corp auf den Kamm zu gelangen.

Allerdings ist an dieser Stelle ein kleiner Umweg zu empfehlen. Folgen Sie dem schmalen Pfad am Waldrand, der Sie zu einigen erratischen Felsen – es sind Felsblöcke von immenser Größe –, die hier vom Eis „zurückgelassen" wurden und den Kletterern heutzutage herrliche Sportmöglichkeiten bieten, führt. Wenn Ihnen danach ist, können Sie hier eine Pause einlegen und sich mit Bachwasser erfrischen.

Im Norden prägt das klobige Profil des Ardnandave die Skyline. Unter Ihnen dehnt sich der Wald aus und gibt stellenweise den Blick auf den Loch Lubnaig frei. Im Südosten werden Sie Callander wiedererkennen. Wenn Sie sich hier erst einmal niedergelassen haben, ist die Versuchung groß, gar nicht mehr weiterzuwandern. Angesichts der Naturschönheiten, die weiter oben auf Sie warten, wäre das allerdings schade.

Wenn Sie weiter nach Südwesten wandern, erreichen Sie schließlich den Kamm. Sofort breitet sich ein großartiges Panorama aus. Im Norden sehen Sie den Stobinian und den Ben More, im Westen die Berge und Wälder der Trossachs. Der Kamm selbst erstreckt sich zum Ben Vane. Nur etwas weiter im Norden (vorausgesetzt Sie haben den Kamm an der üblichen Stelle erreicht) liegt der Lochan nan Corp. Er mag vielleicht ein kleiner, unbedeutender See sein, doch abgesehen davon, daß diese kleinen Naturerscheinungen die Attraktivität einer Berglandschaft immer erhöhen, spielt der Lochan auch eine Rolle in der Lokalgeschichte. „Corp" — das werden Sie wahrscheinlich schon vermutet haben — bedeutet „Körper". Angeblich liegt der See an der Route, auf der die Toten aus den Tälern im Westen über die Berge zur St. Bride's Chapel (in der Nähe des Lenypasses) getragen wurden, um dort bestattet zu werden. Im Winter soll es vorgekommen sein, daß die Leichenträger von der Route abkamen, irrtümlicherweise über den zugefrorenen See gingen und samt der Leiche einbrachen. Wer die Landschaft im Winter gesehen hat, kann sich leicht vorstellen, wie es zu diesem Mißgeschick kommen konnte.

Auf dem Kamm angelangt, finden Sie leicht den Weg zum Gipfel. Wenden Sie sich nach Süden und folgen Sie den alten Pfählen, die die Grenze zwischen zwei Grundbesitzen bildeten. Den Gipfel kennzeichnet ein ostsüdlich ausgerichteter Pfeiler. Bei klarem Wetter ist das Panorama so schön wie in den Highlands. Im entfernten Süden können Sie das unverkennbare Profil der Arrans ausmachen. Im Westen und Norden zeichnet sich eine unglaubliche Vielfalt von Gipfeln und Gipfelchen am Horizont ab. Im Osten sehen Sie die massige Ben Lawers-Gruppe und etwas dahinter ziehen die hohen Cairngorms das Auge unvermeidlich an.

In früheren Zeiten kamen die Menschen aus anderen Gründen hierher. Die Herkunft des Namens „Ledi" war unter den Sprachwissenschaftlern lange umstritten. Höchstwahrscheinlich kommt das Wort von „Beinn le Dia", dh. der Berg des Guten oder des Lichts. Es hat also den selben Ursprung wie „Beltane". So hieß das antike keltische Fest, mit dem der Beginn des Frühjahrs gefeiert wurde. Am 1. Mai — dies war der keltische Neujahrstag — stiegen die Menschen aus den nahegelegenen Dörfern (Callander, Balquhidder, Brig o'Turk usw.) auf den Ben Ledi, um auf seinem Gipfel das Beltanefeuer zu entzünden. Mit ihm wurde der Frühling, die Jahreszeit der

Wärme und des Wachstums, begrüßt. Um Mitternacht wurde in allen Häusern das Feuer in den den Öfen gelöscht und mit den Fackeln, die vom Gipfel mit herabgebracht wurden, neu entfacht.
Der Ben Ledi wird heute in der Regel aus südlicher Richtung bestiegen. Der Anstieg durch das Stank Glen ist jedoch weitaus schöner, zumal Sie kaum auf auf andere Wanderer treffen werden.
Beim Abstieg liegen die Dinge anders. Ein gut markierter und viel benutzter Pfad liegt vor Ihnen. Bei der Routenfindung wird es also keine Schwierigkeiten geben.
Einige hundert Meter unter dem Gipfel haben Sie einen herrlichen Blick auf die südlichen Highlands. Im Westen erstreckt sich der riesige Loch Venachar (der weisende See), der tatsächlich zu den Trossachs und zum Loch Achray (Feldsee) zeigt. Diese Gegend wurde durch die Reisenden und Schriftsteller des viktorianischen Zeitalters, allen voran Walter Scott, äußerst populär. Der Pfad leitet steil den Berg hinab bis der Steigungswinkel auf morastigem Grund geringer wird. Dann macht er eine scharfe Linkskurve, gelangt am oberen Waldrand an einen Zaunübergang und führt am Bach längs weiter bergab.
Schon seit einiger Zeit befinden Sie sich auf einem Abschnitt des Pfads, der auf interessante Weise ausgebessert wurde. Die Technik, die angewandt wurde, um den morastig gewordenen Pfad wieder trocken zu machen, wird „Fascining“ genannt und wurde bereits von den alten Römern praktiziert. Man fertigt aus Zweigen und Unterholz Reisigbündel an und legt sie breitseitig über das sumpfige Gelände bzw. den Pfad. Darüber kommen längsseitig Stäbe, meist werden Äste verwendet. Auf das Ganze wird Kies oder Erde gestreut, um eine erneute Sumpfbildung zu vermeiden. Es sieht gut aus, erhält den Wandersleuten ihren Pfad und der Arbeitsaufwand ist nicht zu groß.
Auch in anderen Gegenden, z. B. auf dem Ben Venue und dem Ben A'an in den Trossachs, wurden Waldwege auf diese Art und Weise trockengelegt. Außerdem wurde die Methode beim Bau der Bahnlinie durch das Rannoch Moor angewandt. Sie werden merken, wie angenehm es ist, auf diesem Untergrund zu wandern, vor allem, wenn Sie nach einer langen Bergtour müde Beine haben.
Den Rest des Abstiegs haben Sie schnell hinter sich gebracht und bald sind Sie wieder an ihrem Ausgangspunkt am Parkplatz angelangt. Dieser liegt an der ehemaligen Bahnlinie Stirling – Crianlarich, die durch Wälder und am Ufer des Loch Lubnaig längs

führte. Sie folgte einer alten Straße, die Teil des Straßennetzes war, das Wade und Caulfeild in den Jahren nach 1745 geschaffen haben.

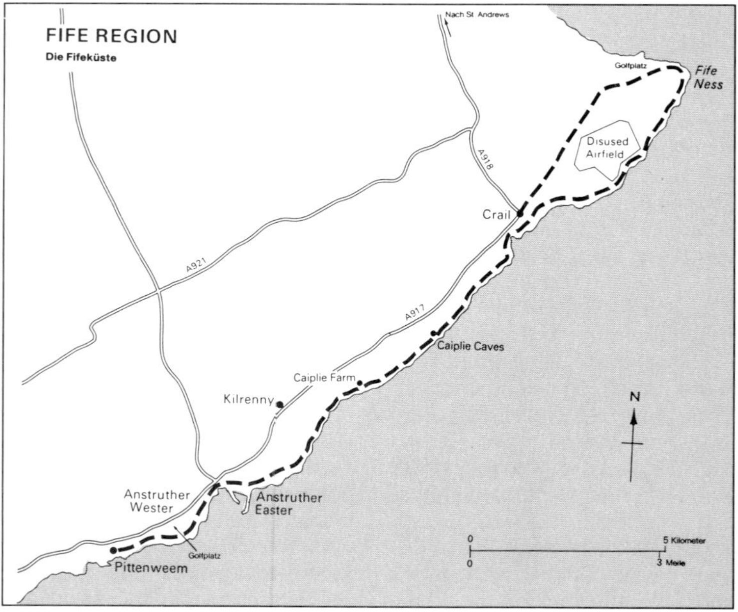

Fife Region

Die Fifeküste

Roger Smith

Entfernung: 14 km (9 Meilen)
Anstieg: 100 m (350 ft)
Ausgangspunkt: Hafen in Pittenweem
Endpunkt: Crail
Karte: OS 1:50.000, Blatt 59
Verkehrsverbindung: Von Crail nach Pittenweem fährt stündlich ein Bus (Linie 95)

Kurzbeschreibung: Küstenwanderung auf Straßen und soliden Pfaden. Unwesentliche Steigung auf der ganzen Route.
Sehenswürdigkeiten: Die Fischerdörfer Crail, Anstruther und Pittenweem; das Museum in Anstruther; die Caiplie Caves; Fife Ness.

Eine Küstenwanderung hat ihren eigenen Reiz. Die sich immer wandelnde See auf der einen Seite und die Küstenlandschaft auf der anderen Seite sind eine herrliche Kombination. Die Dörfer längs der Küste sind alle sehenswert und Sie sollten Sie unbedingt besuchen. Sie verändern sich im Lauf der Wanderung ebenso wie die Landschaft selbst.

Die folgende Route verläuft nicht gerade am bekanntesten Küstenstreifen und wird nur selten als Wanderstrecke angesehen. Ich habe sie aber als ausgesprochen schön und reizvoll empfunden und kann sie nur weiter empfehlen.

Ausgangspunkt ist Pittenweem, eines der vielen Fischerdörfer an der Fifeküste. Der Fischfang und der dazugehörige Handel waren lange die Haupteinnahmequellen der Gegend. Obwohl sich dies inzwischen wesentlich geändert hat, bildet der Hafen von Pittenweem immer noch den Mittelpunkt des Orts. Direkt am Hafen befindet sich ein Parkplatz, an dem Sie Ihren Wagen abstellen können. Bevor Sie jedoch Ihre Wanderung in östlicher Richtung beginnen, sollten Sie sich Zeit nehmen und das geschäftige Treiben am Hafen beobachten. Auf einem kleinen Abstecher nach Cave Wynd können Sie die St. Fillan's Cave, in der im 17. Jahrhundert der Missionar St. Fillan lebte, besichtigen. Die Schlüssel zu der großen Höhle mit ihrer gut erhaltenen Steintreppe, erhalten Sie im Gingerbread House, dem Kunstgewerbeladen in der High Street 9.

Vom Hafen aus wandern Sie ca. 400 m auf der Straße nach Osten. Dann nehmen Sie den Pfad zu Ihrer Rechten, der durch einen kleinen Kinderspielplatz leitet und am Rande eines Feldes längsführt. Wenn Sie ungefähr in der Mitte des Feldes angekommen sind, wenden Sie sich nach rechts und gehen auf einigen Stufen zum Golfplatz hinab. Sie können das Meer bereits „riechen". Außerdem kommt die Isle of May in Sicht, deren Anblick Sie auf der ganzen Wanderung begleiten wird.

Sie wandern jetzt ca. 1,5 km an der Küste entlang. Dann passieren Sie eine Landzunge, die sogenannte Billow Ness, um weiter nach Anstruther zu gehen. Die Vogelliebhaber werden schon einige Male angehalten haben, um die verschiedensten Seevögel zu beobachten. Gelegentlich kommt man sogar in den seltenen Genuß, einigen Tölpeln beim Fischfang zusehen zu können. Sie tauchen mit einer enormen Geschwindigkeit in das Wasser ein, um nur Sekunden später mit mit einem Fisch wieder an der Oberfläche zu erscheinen.

Der Pfad leitet hinter einem schmalen Sandstrand nach Anstruther (im Dialekt „Anster" genannt). Auf der Karte können Sie erkennen, daß es zwei Städte gibt: Anstruther Wester und Anstruther Easter. Bis 1929 waren dies zwei eigenständige königliche Städte. Als Anstruther Wester 1587 das Stadtrecht erhielt, war es die kleinste Stadt Schottlands. Es war von Anfang an bedeutender als die Oststadt und hatte schon im 12. Jahrhundert eine eigene Kirche.

Betreten Sie Anstruther Wester auf der Shore Road und biegen Sie links in die Crichton Street ein, um auf die Pittenweem Road zu gelangen. Am Elizabeth Place gehen Sie nicht auf der Brücke über den Dreel Burn, sondern biegen rechts in die Esplanade ein, steigen dann einige Stufen hinab und überqueren den Bach auf den alten Trittsteinen. Dies war früher der einzige Weg von der West- in die Oststadt. Anstruthers faszinierender Haupthafen liegt direkt vor Ihnen.

Im 16. Jahrhundert liefen hier Schiffe nach Frankreich, Spanien und England aus. Anstruther Easter erhielt das Stadtrecht bereits 1583. Zu dieser Zeit wurde in der Schule neben den üblichen Grundfächern auch Schiffahrt unterrichtet, da den meisten Schülern eine Schiffahrtslaufbahn bevorstand.

An der Ostseite des Hafens befindet sich die Lebensrettungsstation, die 1865 errichtet wurde. Das gegenwärtige Rettungsboot ist das sechste der Station und wurde 1965 vom Stapel gelassen. Es wurde der Stadt von Dr. Norah und Dr. William Allan sowie dessen Bruder James Allen gestiftet und in Anlehnung daran „The Doctors“ getauft. Das Boot wird innerhalb der nächsten fünf Jahre durch ein schnelleres und moderner ausgestattetes ersetzt werden.

Einige Meter weiter sehen Sie das Scottish Fisheries Museum, das Sie unbedingt besichtigen sollten. Das 1969 eröffnete Museum beschäftigt sich mit allen Aspekten des Fischereiwesens, einschließlich des Walfangs. Außerdem wurde eine reichhaltige Auswahl an Schiffen und Schiffsmodellen zusammengestellt. An die dunkle Seite der Schiffahrt erinnert ein Denkmal für all die schottischen Männer, die auf der See ihr Leben lassen mußten. Ein Meeresaquarium führt Ihnen die verschiedensten Meerestiere vor Augen. Das Museum ist das ganze Jahr über täglich geöffnet.

Eine weitere Sehenswürdigkeit am Hafen ist das ehemalige North Carr Feuerschiff, das hier inzwischen fest verankert ist und im Sommer besichtigt werden kann. An dieser Stelle landeten vor 400 Jahren General Juan Gomez de Medina und die anderen 250 Überlebenden der spanischen Armada.

Verlassen Sie Anstruther auf den engen Gassen, die „liebevoll“ James, John und George genannt wurden. Nach ca. 1,5 km erreichen Sie den kleinen Hafen bei Cellardykes. Sein ursprünglicher Name war Sillerdyke, weil die Netze, die dort zum Trocknen über die Mauern (dykes) gehängt wurden, im Sonnenlicht silbern glänzten. Der Hafen gehörte zu dem Städtchen Kilrenny. Angeblich hatten hier in der Mitte des 19. Jahrhunderts 140 Boote ihren festen Liegeplatz und gingen von hier aus auf Fischfang. Heute sind fast nur noch die Boote der Freizeitsegler übriggeblieben. Im Osthafen, auf der dem Meer zugewandten Seite, sehen Sie die Cardinal Steps. Diese wurden von Bischöfen und anderen hochgestellten Geistlichen benutzt, wenn Sie von Cellerdykes — wo sie ein Residenz hatten — nach St. Andrews segelten.

Am Ende der Häuserreihe befindet sich eine Tafel mit der Aufschrift „Coastal walk to Crail. Please keep to the shoreline.“ Und genau das haben wir vor! Es ist eine schöne Wanderung, auf der das Auge die ganze Zeit von der Isle of May angezogen wird. Von Anstruther aus können Sie die Insel per Boot erreichen.

Nach 1,5 km erreichen Sie die herrlich gelegenen Caipliefarm. Wenn Sie bisher Felsklippen vermißt haben, werden Sie 800 m hinter der Farm von dem plötzlichen Auftauchen einer riesigen Sandsteinklippe umso überraschter sein. Von unten sieht sie aus wie jede andere Klippe. Doch wenn Sie sie besteigen, werden Sie sehen, daß sie phantastisch errodiert ist und aus vielen Einbuchtungen und Schichten besteht. Diese großartigen Felsen können nur zu Fuß besichtigt werden.

Die Caiplie Caves (auch Carlawchy genannt) wurden vermutlich 2000 v. Chr. von Menschen bewohnt. In einer der Höhlen sehen Sie das Gemälde eines großen Tiers, aus dessen Rücken Speere herausragen. Die griechischen und lateinischen Inschriften, die entdeckt wurden, zeugen von einer langen Benutzung. Auch St. Adrian, der erste Bischof von St. Andrews, wird mit den Höhlen in Verbindung gebracht. Er wurde während des dänischen Überfall unter König Humber 870 in der Nähe ermordet. In der Mitte des 17. Jahrhunderts hielt sich der selbsternannte „Prophet“ Alexander Penn in den Höhlen auf. Er wurde allerdings von den Ortsansässigen nicht geduldet und schließlich nach Bass Rock verbannt, wo er starb.

Dem schönsten Küstenstück folgt nach ca. 1,5 km das wahrscheinlich schönste Dorf. Über eine herrliche Treppenflucht gelangen Sie nach Crail, das als „der am häufigsten photographierte Ort der schottischen Küste“ gilt. Das Dorf besteht aus niedlichen kleinen Häusern mit alten Dachpfannen. Im Shoregate oberhalb des Hafens ist das stattliche Zollhaus zu besichtigen. Der Hafen selbst ist derart faszinierend, daß man glauben könnte, eine Filmkulisse vor sich zu haben. Im Hafen wird aber immer noch gearbeitet und er ist keineswegs ein Museumsstück. Die Arbeit ist heutzutage allerdings nicht mehr so hart wie früher und die Boote, die von hier aus in See stechen, gehen hauptsächlich auf Muschelfang. In der Collegiate Church aus dem 18. Jahrhundert können Sie die feinen Holzarbeiten bewundern und in dem kleinen Museum sehen Sie ein Reliefmodell des alten Crail.

Sie haben jetzt noch drei bis vier Kilometer zu gehen. Auf der Wanderung zum Fife Ness (die Küstenlinie dreht dort nach Norden) kommen Sie am Flughafen von Crail vorbei, der im 2. Weltkrieg als Fliegerstützpunkt diente. Der Kontrollturm und ein großer Teil des Gebäudekomplexes stehen immer noch.

Kurz bevor Sie Fife Ness erreichen, kreuzen Sie den Dane'Dike, eine alte Befestigungsanlage, die noch aus der Zeit stammt, in der St. Andrian versuchte, das Christentum zu verbreiten und die Dänen das Land mit anderen Absichten überfielen.

Die Wanderung geht allmählich ihrem Ende zu. Vom Fife Ness

wandern Sie auf einer kleinen, verkehrsarmen Straße zurück nach Crail. Sie kommen jetzt an der dem Land zugewandten Seite des Flughafens vorbei. Auch heutzutage können noch Flugzeuge beobachtet werden. Die Düsenjäger und Übungsflugzeuge der RAF-Basis in Leuchars (bei St. Andrews) veranstalten hier ihre Tiefflüge. Hinzu kommen die Hubschrauber, die auf ihren immer dringend erscheinenden Missionen über Fife Ness hinwegdonnern.

Von Crail aus kommen Sie mit dem Bus (Linie 95), der stündlich verkehrt, nach Pittenweem zurück. Es ist eine schöne Fahrt von 20 Minuten.

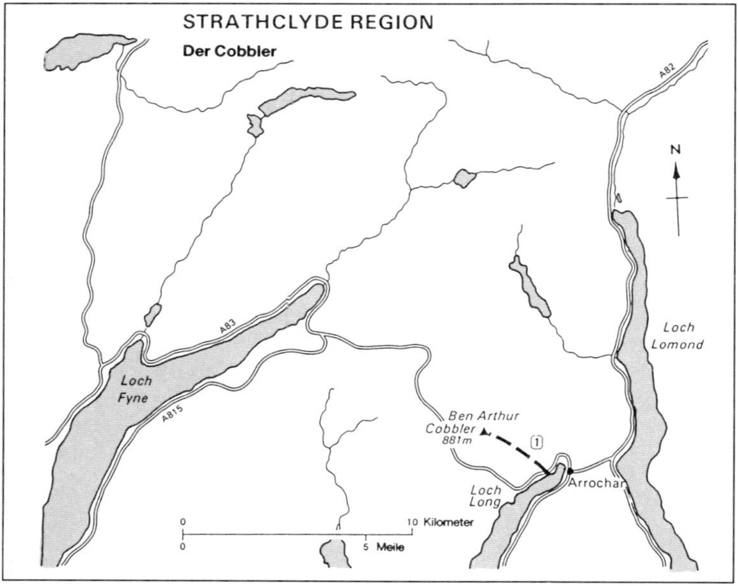
STRATHCLYDE REGION
Der Cobbler
A82
N
Loch Lomond
A83
Loch Fyne
A815
Ben Arthur
Cobbler
881m
1
Arrochar
Loch Long
0
10 Kilometer
0
5 Meile

Strathclyde Region

Der Cobbler

Cameron McNeish

Entfernung: 8 km (5 Meilen)
Anstieg: 760 m (2500 ft)
Ausgangs- und Endpunkt: Buttermilk Burn am Loch Long
Karte: OS 1:50.000, Blatt 56

Kurzbeschreibung: Kurze Bergwanderung inmitten einer Felslandschaft. Kletterpartie zum Hauptgipfel.
Sehenswürdigkeiten: Großartiger Blick auf den Ben Lomond und die Arrocher Alpen. Weitreichende Sicht über den Loch Long zu den Cowalbergen.

Offiziell heißt er Ben Arthur, doch im allgemeinen wird er nur „Cobbler" genannt. Hoch auf seinen Felsflanken werden Sie wahrscheinlich mit den breiten Vokalen des Clysider Dialekts begrüßt werden, da die Glasgower den Berg als den ihren betrachten. In den zwanziger und dreißiger Jahren kamen die Arbeiter aus Clyside scharenweise mit dem Zug angereist, um das alpine Profil des Cobbler zu bestaunen. Er war ihr kleiner Berg und er ist es heute noch.
Wenn es um ihre Berge geht, sind die Glasgower sehr eigen, fast besitzergreifend. Und so muß es sie hart getroffen haben, als das Munro-bagging in Mode kam und sie den Ben Lomond, ihren Beacon Hill, an die neue Trekkergeneration verloren haben. Der „ither" Ben — so genannt, um ihn vom Ben Nevis zu unterscheiden — wurde „kosmopolitisch".
Es ist unwahrscheinlich, daß der Cobbler dermaßen populär wird. Zwei Eigenheiten seiner Topographie sprechen dagegen: seine Höhe und seine „Unförmigkeit". Dem Cobbler fehlt die Höhe über dem Meeresspiegel, um in den Munrostatus erhoben zu werden. Mit 881 m (2891 ft) über dem Wasserspiegel des Loch Long ist er jedoch sehr hoch, wenn nicht gar so hoch wie mancher Munro, der auf Grund seiner „Landhöhe" einen Bonus hat. Aber er ist nun mal kein Munro und wird deshalb von den meisten Bergsteigern ignoriert. Nur gut so!
Der Cobbler ist auch ein unwahr-

scheinlich felsiger Berg. Möglicherweise sogar der einzige in seiner Höhe, dessen Gipfel nur über eine Kletterpartie zu erklimmen ist. Die letzten Meter haben schon viele Wandersleute dazu gezwungen, umzukehren und den niedrigeren Nordgipfel zu besteigen. Im Grunde ist der Cobbler ein Berg der Kletterer und nicht der Wanderer.

Warum aber wird er dann in einem Wanderführer vorgeschlagen? Bisher hat jeder Wanderer, den ich auf den Cobbler geführt habe, den Mut aufgebracht, die letzten Meter zum Gipfel zu klettern. Es ist tatsächlich nicht so schwierig wie man vielleicht annehmen möchte. Man muß nur schwindelfrei sein. Selbst wenn Sie es nicht bis zum Gipfel schaffen: der Cobbler ist zu attraktiv, um ihn ganz fallen zu lassen.

Doch zur Geschichte. Obwohl ihn bereits die Abrahambrüder, die berühmten Felskletterer aus dem Lake District, für sich entdeckt haben, war der Cobbler zu Anfang des Jahrhunderts weitgehend unbekannt. Dies änderte sich, als um 1930 die ersten Ausflügler aus Glasgow auf ihn stießen. Mitglieder des in Clyside angesiedelten Creag Dhu Mountaineering Club arbeiteten viele der ersten Kletterrouten aus und in der Nachkriegszeit hatte dieser Club die Routenfindung auf dem Berg völlig in der Hand.

Ich sah den Cobbler zum ersten Mal während einer Besteigung des nahegelegenen Ben Lomond. Jenseits des Loch Lomond beherrschte sein fast surrealistisches Profil die Bergkette der Arrochar Alpen. Obwohl der benachbarte Beinn Narnain viel höher ist, ist es die merkwürdige, unförmige Gestalt des Cobbler, die das Auge anzieht und die Phantasie anregt.

Diese Gestalt hat dem Cobbler auch seinen Kosenamen eingebracht. Man kann in ihm tatsächlich einen Schuster bei der Arbeit sehen. Er weist insgesamt drei deutlich auszumachende Gipfel auf. Der linke ist pyramidenförmig, während der Hauptgipfel, der eigentliche Gipfel also, ein plumper, abgeflachter Fels ist. Der rechte Gipfel (Nordgipfel) ist ein weit überhängender „Bug“, der mit seiner Hülle aus Eis und Schnee richig alpin aussieht.

Die leichteste Route zum Berg führt über Arrochar. Arrochar ist ein tristes, ziemlich heruntergekommenes Dorf am oberen Ende des Loch Long. Wie viele andere Dörfer in der Gegend leidet es unter der Anwesenheit des Ministry of Defence (MOD), das den Loch Long als Testfläche für Torpedos benutzt. Gegenüber der Torpedostation beginnt ein deutlich erkennbarer Pfad, der durch die Wälder zu den unteren Hängen des Berges führt.

Die direkteste Route zum Gipfel des Cobbler führt über den Sattel zwischen dem Nord- und dem Hauptgipfel. Folgen Sie dem deutlich erkennbaren Pfad vom Bachlauf des Buttermilk Burn, dem Sie eine Zeitlang gefolgt sind, zu den breiten Schultern des Narnain und steigen Sie dann durch die Felsschlucht weiter hoch. Spätestens jetzt werden Sie von der Felslandschaft fasziniert sein. Folgen Sie dem Pfad zum Paß, wenden Sie sich dort nach rechts und gehen Sie auf dem Trampelpfad zur flachen Plattform des Nordgipfels. Hier ist Vorsicht geboten, da der Abfall auf drei Seiten steil und abrupt ist. Hier oben ist der Endpunkt der Recess Route, einer sehr populären Felskletterroute. Sie verläuft durch eine vertikale Rinne, die mich vor einigen Jahren fast in ernsthafte Schwierigkeiten gebracht hätte.

Ich hatte die Kletterpartie, die mit „sehr schwierig“ eingestuft ist, begonnen, ohne mir klar zu machen, daß die Route nach der ersten Stufe nach rechts dreht und einem leicht zu bewältigenden Gesims folgt, dann über einen massiven Vorsprung führt und schließlich mit Leichtigkeit den Gipfel erreicht. Nach dem ersten Abschnitt kletterte ich geradeaus weiter, nahm also den direkten Weg, der mit „äußerst schwierig“ eingestuft ist. Ich glaubte an diesem Tag einfach in schlechter Form zu sein, als ich vier volle Stunden brauchte, um den letzten Abschnitt zum Gipfel zu bewältigen. Seither lese ich die Wanderführer genau.

Vom Nordgipfel haben Sie eine herrliche Aussicht in alle Richtungen. Der Ben Lomond beherrscht die Landschaft im Süden und in der unmittelbaren Umgebung zeigen sich die anderen Gipfel der Arrochar Alpen, wovon Sie vor allem der Beinn Narnain und der Beinn Ime beeindrucken werden. Jenseits der Schlucht erhebt sich der Central Peak, der höchste und eigentliche Gipfel des Berges. Unter Ihnen liegt der Loch Long, der von der See bis weit ins Landesinnere reicht.

Steigen Sie zum Paß hinab und von dort hoch zum Hauptgipfel. Bald sehen Sie im Fels ein schmales „Fenster“, das Sie durchklettern müssen. Hinter dem Spalt gelangen Sie auf ein Gesims, dem Sie nach links folgen, um an die Rückseite des Felses zu kommen. Mehrere Halterungen und Haken helfen Ihnen den Gipfel zu erreichen.

Auch am Südgipfel ist eine leichte Kletterpartie zu bewältigen, die aber von jedem, der nur ein wenig Erfahrung im Fels hat, zu schaffen ist.

Auch wer es nicht geschaft hat, den Hauptgipfel zu erklimmen, hat mit dem Cobbler einen Klassiker unter den Bergen bestiegen.

Die Karte zeigt folgende Wanderungen: Die Gradwanderung auf dem Clachlet (S. 80), die Wanderung auf den Buachaille Etive Mor (S. 82) und auf den Beinn a'Bheithir (S. 86)
Die 25 km lange Überquerung des Clachlet entspricht einer langen Gebirgswanderung, die gute Orientierungsfähigkeiten verlangt.
Der 100 m-Anstieg auf den Bauchaille Etive Mor ist für ausdauernde Wanderer geeignet.
Auf der 8 km langen Bergüberquerung des Beinn a'Bheithir werden zwei Munros bestiegen. Geringe Klettererfahrung und gute Orientierungsfähigkeiten sind auf dieser Tour von Vorteil.

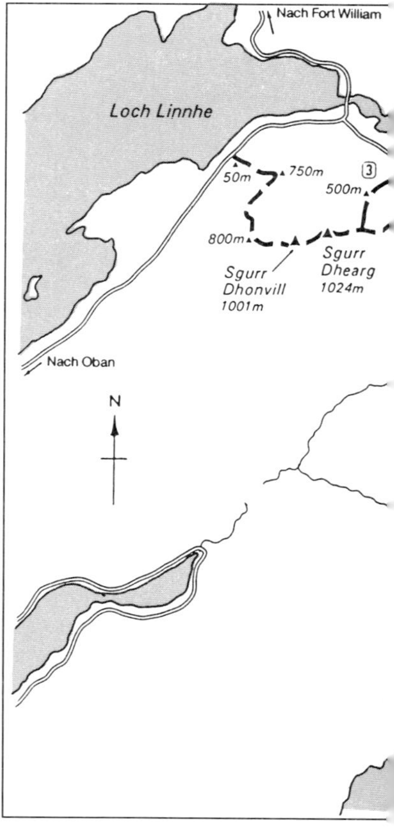

Highland Region – I

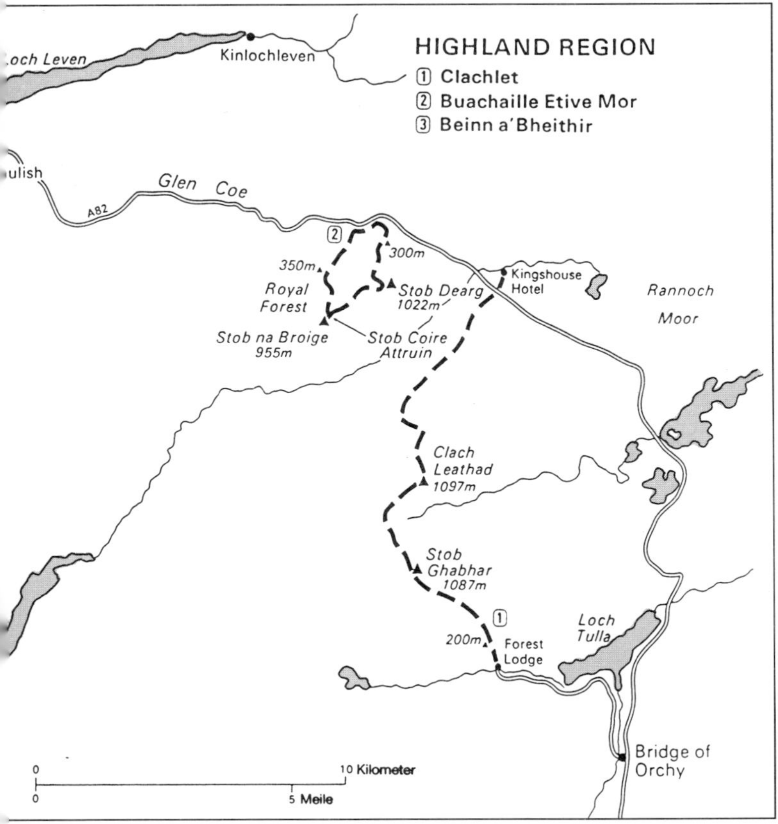

Der Clachletgrat im Frühjahr

10 Gratwanderung auf dem Clachlet

Cameron McNeish

Entfernung: 24 km (15 Meilen)
Anstieg: 1700 m (5500 ft)
Ausgangspunkt: Victoria Bridge bei der Forest Lodge in der Nähe von Bridge of Orchy
Endpunkt: Kingshouse Hotel; Sie können entweder einen zweiten Wagen organisieren und hier abstellen oder auf der alten Military Road an der Westseite des Rannoch Moors zurückwandern.
Karte: OS 1:50.000, Blatt 50 und 41

Kurzbeschreibung: Lange, ausgedehnte Gratwanderung. Bei Nebel ist ein ausgeprägter Orientierungssinn erforderlich. Großartige Skitour im Winter.
Sehenswürdigkeiten: Der Blackmount Deer Forest ist Schauplatz der antiken keltischen Sage „Deidre of the Sorrows". Der Meall a'Bhuiridh ist heute ein populärer Skihang.

Die Gratwanderung auf dem Clachlet beginnt am Inveroran Inn, das an der ehemaligen Glasgow – Fort William-Straße, die heute Teil des West Highland Ways ist, liegt. Stellen Sie Ihren Wagen am Hotel ab und versuchen Sie ein zweites Auto zu organisieren, das Sie am Nordende des Kamms (möglichst am Blackrock Cottage) wieder aufnimmt. Sollte dies nicht möglich sein, können Sie entweder auf dem West Highland Way zum Inveroran zurückgehen oder im Kingshouse Hotel übernachten. Dieses ist um einiges besser geworden, seit Ian Nicholson es vor zwei oder drei Jahren übernommen hat. Dem Kingshouse ist ein „Bunk House" mit vernünftigen Preisen angeschlossen.

Vom Iveroran gehen Sie zur Victoria Bridge und wandern auf dem Pfad nach Norden zur Hütte des Glasgow University Climbing Club bei Clashgour. Von dort steigen Sie die langen Hänge des Stob Ghabhar, des ersten Gipfels der Gratwanderung, hoch. Ein holpriger Pfad führt am Ufer des Allt Toaig nach Norden und bringt Sie zu dem Paß zwischen dem Ostkamm des Stob Ghabhar und dem Stob a'Choire Odhair. Dort können Sie zwischen zwei Routen wählen. Wer es gerne etwas anstrengender hat, für den ist die Kletterpartie auf dem zerklüfteten Ostkamm des Stob Ghabhar das Richtige. Die Route über den Südostrücken dagegen ist relativ einfach zu bewältigen.

Nachdem Sie die Gipfelpyramide

des Stob Ghabhar erreicht haben, folgen Sie dem langen Kamm, der sich in nördlicher Richtung zu den anderen Bergen des Blackmount hinzieht. Die Routenfindung ist zum Teil nicht ganz einfach. Ein schmaler Paß, der Bealach Fuarchathaidh, verbindet den Aonach Mor-Kamm des Stob Ghabhar mit den Südwesthängen des Clachlet selbst. Bei Nebel kann man ihn leicht verfehlen, zumal der Weg steil und beschwerlich ist.

Wenn Sie an diesem tief eingelassenen Paß angekommen sind, haben Sie die anstrengendsten Abschnitte des Tages hinter sich, so daß Sie sich eine längere Pause gönnen können. Gelegentlich werden an dieser Stelle Steinadler gesichtet.

Der Gipfel des Clachlet (1098 m/3602 ft über dem Meeresspiegel) erhebt sich stolz über der kahlen Coire Ba und dem Rannoch Moor. Der Ostkamm senkt sich steil zum Moor und der alten Military Road hinab. Wer nicht die ganze Gratwanderung zurücklegen oder zurück zum Auto beim Inveroran möchte, muß diesem Kamm folgen. Doch genießen Sie erst die Aussicht. Jenseits des Moors sehen Sie den unverkennbaren Schiehallion. Die riesige Torf- und Sumpfdecke des Rannoch Moors wird nur vom Loch Ba und vom Loch Laidon unterbrochen. Es ist eine einzigartige Wildnis und das obwohl weite Flächen davon nicht unter Naturschutz stehen. Sie ist in ganz Großbritannien ohne Gleichen. In der Stille und Abgeschiedenheit dieser unberührten Öde zu wandern ist ein unvergeßliches Erlebnis.

Die Gratwanderung vom Clachlet zum Creise verläuft auf einem breiten und welligen Kamm. Vor sich sehen Sie die Glencoeberge und den Buachaille Etive Mor, dessen große Felsausläufer sich steil zum Gipfel hochziehen. Dahinter erheben sich die kantigen Gipfel der Marmores. Die „geduckte“ Gestalt des Ben Nevis und der Carn Mor Dearg Arete, der ihn mit seinen Ausläufern verbindet, sind unverkennbar.

Kurz hinter dem Clachlet, leitet ein weiterer Kamm nach Osten zum Meall a'Bhuiridh (1108 m/3636 ft). Auch über seinen Gipfel können Sie zu der alten Military Road absteigen. Der Meall a'Bhuiridh ist inzwischen ein bedeutender Skihang geworden und auf seinen unteren Hängen hat der Skitourismus deutliche Spuren hinterlassen. Sie können sie aber umgehen, indem Sie eine Südostschlaufe machen. Dieser Weg sei auch jenen empfohlen, denen der Abstieg vom letzten Gipfel der Gratwanderung zu steil ist. Der Sron na Creise kann bei Nebel große Schwierigkeiten bereiten. Der Nordkamm, der im allgemeinen für An- und Abstieg gewählt wird, ist streckenweise steil und wer das Mittelding zwischen Wandern und Klettern mag, wird die Kletterpartie äußerst reizvoll finden. Der Ostflanke hingegen ist extrem steil und für den Abstieg nicht zu empfehlen. Wer bis zum Gipfel des Creise weiterwandern möchte, muß eine nordwestliche Richtung einschlagen, um die schwierigsten Abschnitte des Nordkamms zu umgehen. Auf dem Bergrücken selbst müssen Sie teilweise sehr vorsichtig sein. Meist erleichtern Ihnen jedoch die zahlreichen Felsstufen, Rampen und Gesimse das Klettern.

Nachdem Sie den Creise erreicht haben, müssen Sie zu guter Letzt den Abstieg zum Kingshouse Hotel hinter sich bringen, wo Sie sich mit einer ausgiebigen Mahlzeit stärken können.

11. Buachaille Etive Mor

Cameron McNeish

Entfernung: 14 km (9 Meilen)
Anstieg: 975 m (3200 ft)
Ausgangs- und Endpunkt: Altnafeindh an der A 82
(Glasgow – Fort William-Straße)
Karte: OS 1:50.000, Blatt 41

Kurzbeschreibung: Einfache, aber lange Bergwanderung. Sie beginnt mit einem steilen Aufstieg in der Coire na Tulaich, bei dem einige Felsabschnitte bewältigt werden müssen, was jedoch unter normalen Wetterbedingungen keine Schwierigkeiten mit sich bringt.

Sehenswürdigkeiten: Vom Stob Dearg aus können Sie das ganze Rannoch Moor überblicken. Außerdem haben Sie über das Glen Etive hinweg eine herrliche Sicht auf die Berge des Blackmount Deer Forest sowie die anderen Glen Coe-Berge. Am Jacksonville-Parkplatz beginnt eine alternative Aufstiegsroute, die „Curved Ridge“, die allerdings einige Bergsteigererfahrung voraussetzt. Sie ist eine erstklassige Kletterpartie und zweifellos die schönste Route zum Gipfel. Im Winter wird sie zu einer ernsthaften, nicht zu unterschätzenden Bergsteigerexpedition.

Der Buachaille (die große Etiver Schafherde) erhebt sich majestätisch am Ostrand des Rannoch Moors und bildet einen beeindruckenden „Grenzwall“ zwischen dem Glen Coe und dem

Der Anstieg auf den Curvedgrat ist nur für erfahrene Kletterer geeignet

Glen Etive. Sein pyramidenförmiger Gipfel, der sich von seinem massiven, geduckten Sockel erhebt, ist die genaue Wiedergabe dessen, was man sich unter einem klassischen Berg vorstellt.
Vom warmen Auto aus betrachtet scheinen die riesigen Wände, Kämme, Rinnen und Türme uneinnehmbar zu sein und dem gewöhnlichen Wanderer nur wenige Besteigungsmöglichkeiten zu bieten. Dies ist jedoch die schwierige Seite des Buachaille, die Seite des Bergsteigers. Sie zeigt die wahrscheinlich schönsten Kletterpartien des Landes.
Auf den großartigen Felsflanken finden sich Fels-, Schnee- und Eisrouten jeden Schwierigkeitsgrades. Der Fels ist rauh und grobkörnig. Fast überall sind rechtwinklige Halterungen eingehauen. Seit Generationen bieten diese Felsen den Kletterern aufregende und reizvolle Sportmöglichkeiten und selbst Wanderer, die etwas Kletterfahrung haben und schwindelfrei sind, werden zwischen den Pfeilern und Türmen einen Weg finden.
Die „Curved Ridge“-Route ist mit „mäßig schwierig“ eingestuft, kann aber sicherlich von den meisten Wanderern, die einige Erfahrung im Fels haben, bewältigt werden. Wie der Name schon sagt, läuft die Route vom Berg-

sockel zum Kamm hoch und folgt dann dem breiten Rücken auf dem ausreichend Hand- und Fußhalterungen angebracht sind. Die Curved Ridge ist nicht nur eine herrliche Kletterpartie an sich, sondern auch eine großartige „Galerie“, von der aus man die Kletterer an der steilen und felsigen Rannochwand beobachten kann. In ihr sehen viele die Kletterwand Schottlands überhaupt. Sie war das Experimentierfeld der schottischen Kletterpioniere als der Sport in Mode kam. Klassische Kletterrouten, z.B. am Agag's Groove, am January Jigsaw und der schwierigeren Whortleberrywand, führen über den steilen Fels.

An warmen Sommertagen können Sie ganze Scharen von Kletterern auf diesen herrlichen Routen hochsteigen sehen.

In der Nähe des Bergrückens vermindert sich die Steigung der Curved Ridge und die Route leitet über den Sockel des beeindrukkenden Crowberry Towers und einige leicht zu bewältigende Felsen zum 1020 m (3342 ft) hohen Stob Dearg-Gipfel des Buachaille Etive Mor.

Es trifft aber keineswegs zu, daß man auf dem Buachaille Etive Mor nur klettern und kraxeln kann. Er ist zwar in mancherlei Hinsicht der Kletterberg par excellance, kann aber auch von Wanderern, die keine Lust haben, die Hände zu benutzen, bestiegen werden. Die vertraute Buachaillepyramide ist nämlich nur einer von insgesamt vier Gipfeln, die der Berg aufzuweisen hat. Der Buachaille Etive Mor ist in Wirklichkeit ein 7,5 km langer Kamm, der sich steil über dem Glen Etive erhebt und auf dem sich die vier Gipfel gleichmäßig verteilen. Der Wanderer findet den Zugang zum Buachaille im Coire na Tulaich, das im Nordwesten des Bergs liegt. Ihr Auto können Sie auf dem Parkplatz an der A 82 (Glasgow – Fort William-Straße) abstellen. Der Pfad überquert den Coupall auf einem Steg und leitet zu der Lagangarbh-Hütte (Scottish Mounteneering Club).

Hier sollten Sie einen Augenblick anhalten und sich anschauen, was Sie erwartet. Über Ihnen liegt die Coire na Tulaich, eine offene Schlucht, die in der Nähe des Gipfels beachtlich ansteigt. Im Winter kann der obere Rand der Schlucht vereist sein und sollte mit äußerster Vorsicht angegangen werden. Während der anderen Jahreszeiten treten keine wesentliche Schwierigkeiten auf. Von der Corrie führt ein Pfad zum Bergrücken des Buachaille.

Zur Rechten sehen Sie jenseits der steilen Felsen des Creag a'Bhancair ein breites U-förmiges Tal, das den Buachaille von seinem kleinen Bruder, dem Buachaille Etive Beag, trennt. Es handelt sich um den Lairig-Paß, den Sie auf dem Rückweg, nach-

dem Sie die vier Gipfel hinter sich gebracht haben, durchwandern. Die unteren Hänge der Coire na Tulaich gehen nach und nach in Felsplatten und Terrassen über. Dann windet sich der Pfad inmitten überhängender Felsen auf den steileren Hängen hoch. Hinter sich sehen Sie das abgestumpfte V, das von den gegenüberliegenden Seiten der Corrie gebildet wird. Dahinter liegen das Blackwater Reservoir und die Berge des Loch Treig und des Loch Ossian. In weiter Ferne erscheinen bereits die Cottages von Altnafeadh und Lagangarbh.
Die letzten hundert Fuß der Corrie führen Sie über steilen Fels. Hier ist Vorsicht geboten. Sie tun gut daran, die enge Rinne in der Nähe des Gipfels zu meiden. Klettern Sie stattdessen östlich der Rinne zu dem breiten Bergrücken hoch. Vor Ihnen liegen die zerklüfteten Gipfel des Blackmount Deer Forest, zu Ihrer Linken erstreckt sich der Kamm zum Stob Dearg, dem höchsten und eigentlichen Gipfel des Buachaille Etive Mor und zu Ihrer Rechten zieht sich der herrliche Stob na Doire über dem breiten Paß hoch.
Der Kamm, der zum Stob Dearg leitet, ist rauh und felsig. Ein unwegsamer Pfad bahnt sich den Weg durch Gestein und Geröll. In der Nähe des Gipfels verengt sich der Kamm. Nachdem Sie ein oder zwei „falsche" Gipfel hinter sich gelassen haben, gelangen Sie zu der großen Steinpyramide. Vor Ihnen dehnt sich eine weitläufige Fläche aus und Sie haben das Gefühl, direkt am Abgrund zu stehen. Das Rannoch Moor vermittelt das Gefühl unendlichen Raums. Die Bridge of Orchy-Berge, die Perthshirekette, die Ben Alder-Gruppe und die Blackwaterberge umschließen diese riesige Matte aus Torf und Moor. Hinter Ihnen erheben sich die Gipfel des Glen Coe über dem benachbarten Buachaille Etive Beag. Am stärksten beeindrukken wird Sie sicherlich der Bidean nam Bian, der der höchste Gipfel der alten Grafschaft Argyll ist. Im Glen Coe können Sie sogar die neue Ballachulish Bridge, die den Loch Leven überbrückt, sehen. Dahinter ziehen sich die faszinierenden Ardgourberge hoch.
Steigen Sie wieder zum Paß ab und wandern Sie auf dem Höhenrücken zum Ston na Doire und den anderen Buachaillegipfeln. Dies ist eine großartige Höhenwanderung, die Ihnen keine nennenswerten Schwierigkeiten bereiten wird. Die ganze Strecke über haben Sie einen herrlichen Blick auf das Glen Etive sowie den Ben Starav und den Cruachan, die sich über dem silbern funkelnden Loch Etive erheben.
Vom letzten Gipfel des Kamms, dem Stob na Broige, steigen Sie über den Stob Coire Altruim zu dem Paß, der zwischen diesem und dem Stob na Doire eingelas-

sen ist, hinab. Von dort wandern Sie auf den steilen, aber leicht zu bewältigenden Hängen ins Lairig Gartain. Der Pfad, der am Coupall längsläuft, bringt Sie zu Ihrem Wagen zurück.

12. Beinn A'Bheithir

Peter Evans

Entfernung: 9 km (5,5 Meilen)
Anstieg: 1310 m (4300 ft)
Ausgangspunkt: Ballachulish
Endpunkt: Pier nördlich von Kentallen

Kurzbeschreibung: Herrliche Gratwanderung, kurze Kletterpartien, zwei Munros. Um die ganze Route über den Bergkamm bewältigen zu können, benötigt man zwei Autos. Während der letzten drei Kilometer kann die Routenfindung bei Nebel äußerst schwierig werden.
Sehenswürdigkeiten: Großartiges Berg- und Meerespanorama. Der Berg liegt in der Nähe des Glen Coe, das eine wichtige Rolle in der schottischen Geschichte gespielt hat und dessen Wandermöglichkeiten allen Ansprüchen und Interessen gerecht werden.

An der Pforte zum Glen Coe und über den Engpässen zwischen dem Loch Leven und dem Loch Linnhie erhebt sich der Beinn a'Bheithir (Blitz- und Donnerberg). Obwohl von ihm im Singular gesprochen wird, handelt es sich in Wirklichkeit um einen langgestreckten Kamm, der sich zwischen Ballachulish im Osten und Kentallen (am Loch Linnhe) im Westen ausdehnt und drei deutlich auszumachende Gipfel - zwei davon sind Munros - aufweist. Von der Länge her ist er ideal für einen Tagesausflug geeignet.
Der Berg kann auf verschiedenen Routen bestiegen werden. Wer nur die beiden Munros erklimmen möchte, startet in South Ballachulish und wandert durch die monotonen Pinienanpflanzungen auf den unteren Nordhängen hoch. Doch damit tut man dem Beinn a'Beithir unrecht. Die mit Abstand schönste Route ist die 9 km lange Gratwanderung von Ost nach West. Es zeigt sich ein phantastisches Landschaftsbild, einige Kletterpartien sind zu bewältigen und wenn Sie sich die Zeit so einteilen, daß Sie beim Abstieg den Sonnenuntergang miterleben können, werden Sie mit einem faszinierenden Meerespanorama belohnt.

Loch Leven vom Beinn a'Bheithir gesehen

Während Sie von Ballachulish aus auf Serpentinen langsam den Sgorr Bhan hochwandern, eröffnen sich Ihnen bereits die ersten Ausblicke. Halten Sie kurz an, um die Landschaft zu betrachten. Im Vordergrund sehen Sie den Pap of Glencoe, jenseits des Loch Leven zeigen sich die Marmores und wenn Sie Glück haben und die Sicht klar ist, können Sie den „Walrücken" des Ben Nevis erkennen. Die Steinpyramide auf dem Gipfel des Sgorr Bhan (auf der 1:50.000-Karte nicht eingetragen) bietet dem müden Wanderer einen willkommenen Windschutz.

Im Nordwesten ist ein Gebäude zu sehen, das in etwa einer halben Stunde zu erreichen ist und bei plötzlichem Wetterumschwung Schutz bietet.

Wandern Sie in Richtung Sgorr Dhearg, der mit 1024 m (3361 ft) der höhere der beiden Munros ist, weiter. Von diesem führt ein Abstieg von 240 m (800 ft) zu dem grasigen Paß zwischen den beiden Munros — der geeignete Platz für eine Rast und eine gute Gelegenheit, die Route hoch zum Sgorr Dhonuill zu betrachten. Mit 1001 m (3284 ft) ist dieser Gipfel nicht viel niedriger als sein Nachbar und ermöglicht einen weitaus reizvolleren Aufstieg. Über einen steilen Grashang gelangen Sie zu den Felsen. Eine einfache Kletterpartie bringt Sie zur Gipfelpyramide. Riesige Felsvorsprünge überragen die Nordseite des Sgorr Dhonuill. Der Pfad leitet zum Rand der Felsen, die steil und tief zur Rechten abfallen. Sie müssen jedoch nicht direkt am Abgrund längs gehen, sondern können sich ihren Weg über die Felsen — je nach Nervenstärke — so nah oder fern vom Abgrund aussuchen wie Sie wollen.

Falls am anderen Ende der Strecke kein Auto auf Sie wartet und Sie deshalb nicht die ganze Gratwanderung zurücklegen können, müssen Sie wieder zum Paß absteigen und von dort in südlicher Richtung zum Waldrand wandern. Dann gehen Sie auf dem Pfad nach Osten ins Gleann an Fhiodh und weiter nach Ballachulish.

Falls Sie beabsichtigen, die Gratwanderung fortzusetzen, müssen Sie beachten, daß auf dem letzten Kammabschnitt bei Nebel die Orientierung schwierig werden kann, da das Gelände wellig ist und keine Orientierungshilfen vorhanden sind. Die vielen kleinen Seen könnten eine Hilfe sein — vorausgesetzt, Sie finden heraus, welcher welcher ist! Bei klarer Sicht tauchen jedoch keinerlei Probleme auf. Wer über den ganzen hufeisenförmigen Kamm des Beinn a'Bheithir wandern möchte, muß über dieses unwegsame und holprige Gelände zum Creag Ghorm, dem letzten Gipfel des Kamms, gehen.

Genießen Sie dabei den Ausblick auf die von großen Wasserflächen durchzogene Landschaft im Südwesten, die sich bis zum 50 km entfernten Oban hinzieht.

Vom Creag Ghorm gibt es keine offensichtliche Abstiegsroute. Nach Westen fällt der Berg steil ab, der Grund ist jedoch solide und der Abstieg ist erstaunlich leicht. Die Route ist auf jeden Fall der Wanderung durch die Bäume der unteren Nordhänge vorzuziehen. Sie gelangen an das Pier am Kentallen Bay, das ca. eine Meile nördlich von Kentallen selbst liegt.

Highland – II

13. Die Comyn's Road

Cameron McNeish

Entfernung: 48 km (30 Meilen)
Ausgangspunkt: Blair Castle bei Blair Atholl
Endpunkt: Ruthven Barracks (südlich von Kingussie)
Karte: OS 1:50.000, zweite Auflage, Blatt 35, 42, 43

Kurzbeschreibung: Wanderung durch kaum besiedeltes Gebiet. Der höchste Punkt auf dieser Tour erreicht nur etwas mehr als 610 m (2000 ft). Die Wanderung verläuft hauptsächlich auf Pfaden. Manche Abschnitte erfordern bei schlechtem Wetter einen gut ausgeprägten Orientierungssinn.
Sehenwürdigkeiten: Alte Landstraße, die heute nur noch von Trekkern benutzt wird. Blair Castle, Ruthven Barracks, Highland Folk Museum in Kingussie. Zwischen Ausgangs- und Endpunkt besteht eine Bahnverbindung (Perth – Inverness-Linie).

Bevor General Wade eine Straße von Atholl nach Badenoch (über den Drumtochter-Paß) bauen ließ, war der sogenannte Minigaig, ein sehr hoch verlaufender Reitweg, die Hauptroute durch die wilden und abgelegenen Grampians. Die Route führt in mehr oder weniger nördlicher Richtung von Blair Atholl in Perthshire zu den Ruthven Barracks bei Kingussie in Badenoch. Sie wurde vor allem von den Viehtreibern auf ihrem jährlichen Weg zu den Märkten im Süden, in Crieff und Falkirk, benutzt.

Doch gibt es einen weiteren Weg, der diese abgelegene Gegend durchläuft und der noch älter als der Minigaig ist. MacFarlaine's Geographic Collection aus dem 16. Jahrhundert verweist auf „einen Weg von Blair Atholl nach Ruthven in Badenoch, den David Comyn bauen ließ, um darauf Wein zu transportieren. Der Weg wird Rath na Pheny oder Weg der Wagenräder genannt. Er ist streckenweise mit Calsay ausgelegt."

David Comyn war im 13. Jahrhundert Lord of Badenoch. Als er während einer Reise durch Atholl kam, kehrte er im Kilmaveonaig, einem Gasthof, der direkt hinter Blair Atholl liegt, ein. Das Bier schmeckte ihm so gut, daß er den Wirt fragte, woher er die Zutaten habe. Das Malz, sagte der Wirt,

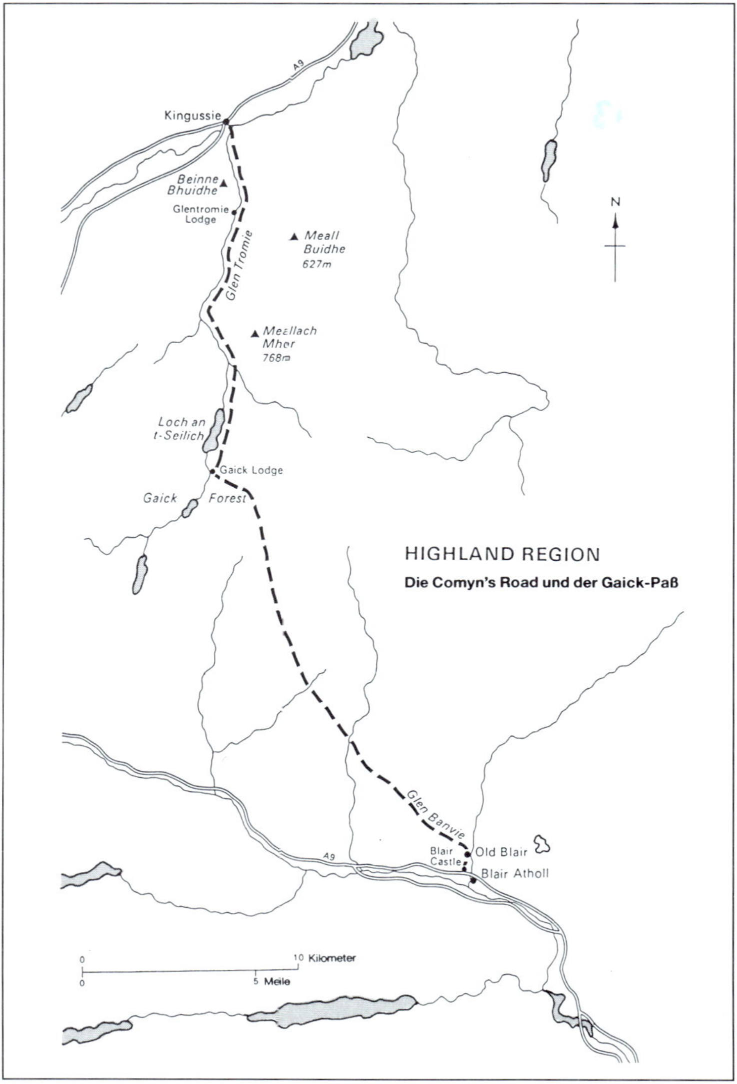
A9
Kingussie
Beinne Bhuidhe
Glentromie Lodge
Meall Buidhe 627m
Glen Tromie
Meallach Mhor 768m
Loch an t-Seilich
Gaick Lodge
Gaick Forest
N
HIGHLAND REGION
Die Comyn's Road und der Gaick-Paß
Glen Banvie
Old Blair
Blair Castle
Blair Atholl
A9
0 10 Kilometer
0 5 Meile

komme aus Perth und das Wasser, das dem Bier seinen besonderen Geschmack verleihe, komme aus dem Bach, der durch das Dorf fließe.

Comyns Begeisterung ging so weit, daß er das Bier unbedingt auf seinem Gut in Ruthven haben wollte. Da es unmöglich gewesen wäre, es über das pfadlose und unbewohnte Gebiet zwischen Atholl und Badenoch zu transportieren, ließ er eine Straße planen und bauen, die Rathad nan Comeinach (Straße der Comyns) genannt wurde. Heute ist sie eine beliebte Wanderroute, nicht zuletzt, weil sie durch die ausgehnten Wildwälder von Atholl und Gaick führt. Die wellenförmigen Berge erreichen teilweise Höhen von über 600 m (2000 ft). Die Täler sind einsam und verlassen. Vereinzelte Ruinen erinnern an das alte „Shieling System" und die Zeiten, in denen hier in den Sommermonaten die Frauen lebten und das Vieh hüteten.

Bei der Whim Plantation auf der Comyn's Road

Erster Tag

Blair Atholl und Kingussie, das nur ca. 1,5 km von Ruthven entfernt ist, liegen an der Bahnlinie London – Inverness. Sie sind also der ideale Ausgangs- bzw. Endpunkt für eine Wanderung auf der Comyn's Road. Einige hartgesottene Wandersleute haben die gesamte Strecke schon an einem einzigen Tag zurückgelegt. Es ist jedoch eine lange und anstrengende Wanderung. Daher ist es vernünftiger, zwei Tage dafür einzuplanen und auf halber Strecke zu campen.

Blair Castle ist der Sitz des Duke of Atholl und kann auf eine ereignisreiche Geschichte zurückblikken. Der älteste Gebäudeteil, der Cumming's Tower, wurde 1296 von John Comyn of Badenoch errichtet. 1336 besuchte King Edward das Schloß, 1564 Mary Queen of Scots und der Marquis of Montrose stationierte hier 1644 seine Truppen. Einen weniger ruhmreichen Anstrich verpaßte ihm Oliver Cromwell 1652. 1689 verbrachte Claverhouse vor dem Battle of Killiecrankie die Nacht im Schloß.

Bevor Sie Ihre Wanderung antreten, sollten Sie sich Zeit nehmen, um das Schloß und seine Umgebung zu besichtigen. Es steht inmitten riesiger Eichenwälder, durch die Sie Ihre Wanderung leitet. Ein am Ufer des Banvie nach Nordwesten verlaufender Pfad führt zu Diana's Grove. Dann steigt er in den natürlichen Kiefer-, Lärchen- und Birkenwäldern allmählich an, bleibt aber immer in Sichtweite des Bachs. Die Wasserfälle und Tümpel sowie die tief „eingefrästen" Rinnen sind von den dunkelgrünen Wäldern überschattet.

Schon bald erreichen Sie die Rumbling Bridge, eine gewölbte Steinbrücke, die bereits 1762 errichtet wurde. Sie wird so genannt, weil man bei Hochwasser das Rollen der Steine im Bachbett hören kann. Auf dieser Route wird die Brücke aber nicht überquert. Gehen Sie an ihr vorbei und begeben Sie sich durch ein Tor in die Whim Plantation (auf der OS 1:50.000-Karte verzeichnet).

Am Ende der Anplanzung befindet sich ein verschlossenes Tor, über das Sie klettern müssen. Hinter dem Tor gabelt sich der Weg. Die Comyn's Road führt weiter gerade aus. Der andere Weg, der Beginn des Minigaig, leitet zum Bach hinab und überquert ihn auf der Quarry Bridge, die acht Jahre später als die Rumbling Bridge erbaut wurde.

Wenn Sie aus dem Wald herauskommen, werden Sie eine krasse Landschaftsveränderung bemerken. Das Krächzen der Kiebitze und Brachvögel ersetzt den Gesang der Amseln und Drosseln und das warme Dunkelgrün der

Die einsame Gaick Lodge am Ende des Loch an t-Seilich

Wälder macht dem Ocker und Purpur des Moorlandes Platz. Ruinen und Mauerreste an den Bachufern wirken wie Zeugen eines vergangenen Zeitalters und erinnern an die Tage, in denen hier noch Menschen lebten. Auf der gegenüberliegenden Hangseite können Sie die Serpentinen erkennen, auf denen einst die Torfstecher ihre Last vom Tom nan Cruach (Torfberg) herabtrugen. Im Sommer stachen sie dort den Torf, schichteten ihn zwischen Pfählen auf und ließen ihn von Wind und Sonne trocknen. Dann wurde er als Brennmaterial in die Täler gebracht, wo er sowohl in den kleinen Hütten als auch in den großen Hallen des Schlosses verheizt wurde.

Der Pfad steigt allmählich an und leitet durch einen Kiefernwald, bevor er langsam nach Süden dreht. Die Comyn's Road geht hier in eine planierte Straße über, leitet in nordwestlicher Richtung ins Glen Braur und zur alten Ruichlachriehütte. Von dort ist es nicht mehr weit bis zum Bruar, den Sie bei der Cuilltemhuc-Ruine durchwaten.

Der nächste Abschnitt der Comyn's Road wurde im Lauf der Jahre fast völlig von Heidekraut überwuchert. Über Torfhexen,

Sumpfgelände und allgegenwärtiges Heidekraut geht es über den Hang weiter nach Nordwesten zur Clunehütte. Sie bietet Schutz bei schlechtem Wetter, liegt aber leider nicht auf der Hälfte der Strecke, so daß sie für eine Übernachtung nicht in Frage kommt.
Die alte Comyn's Road wurde hier wieder durch einen planierten Weg ersetzt, damit die Förster und Jäger mit ihren Land Rovern zu den Revieren im Wildwald fahren können. Für Wanderer hat die Route dadurch allerdings an Attraktivität verloren. Übrigens befinden Sie sich jetzt im „Land der Moorhühner". Überall auf den Hängen werden Sie ihre Fährten erkennen. Im späten August, im September und im Oktober sollten Sie wegen der beginnenden Jagdsaison dieses Gebiet meiden.
Folgen Sie von der Clunehütte aus dem Weg zum Rücken des relativ niedrigen Kamms. Von dort steigen Sie zum Allt a'Chireachain, in den der Allt a'Baidh mündet, ab. Gleich hinter der Mündungsstelle leiten einige Trittsteine zum Nordufer. Hier sehen Sie die Ruinen der Kirrichans, die einst als Sennhütten dienten. Im Jahrbuch von 1792 wird eine typische Atholler Sennerei beschrieben: „...weiter unten sieht man Heidekraut, Torfmoor und satte, grüne Weiden, hier und da stehen vereinzelte Hütten. Im Sommer leben hier die Frauen und Kinder und hüten das Vieh."
Die Kirrichans liegen tatsächlich mitten im Grünen und laden zu einer Rast ein. Der langgezogene Sron a'Chleirich (die Priesternase) dehnt sich nach Norden aus. Über seinen Kamm verläuft in einer Höhe von 792 m (2600 ft) die Comyn's Road. Der Boden ist am Bergsockel etwas sumpfig, so daß der Pfad hier nicht ausgemacht werden kann. Er taucht jedoch direkt unterhalb des Gipfels des Sron wieder auf. Bei Nebel und tiefhängenden Wolken kann die Routenfindung auf diesem „gestaltlosen" Plateau problematisch werden. Vom Gipfel bis zu der Stelle, an der der Pfad auf die Grafschaftsgrenze stößt, benutzt man am besten einen Kompaß. Die Grenze wird von einem alten, rostigen Zaun markiert, der leicht auszumachen ist und der Ihnen als Orientierungshilfe dienen kann.
Wenn Sie die Grenze nach Badenoch überschritten haben, gelangen Sie in den legendären und sagenumwobenen Gaik Forest. Folgen Sie einer Nordkehre und steigen Sie dann über die Hänge hinab zum Allt Gharbh Ghaig. Das Landschaftsbild ändert sich fortwährend. Von den kahlen Plateaus kommen Sie in steilwandige Glens, die sich durch Felsen und schäumende Bäche auszeichnen. Auf dem gegenüberliegenden Hang, dem Meall Odhar Aillig

also, stürzen schneeweiße Wasserfälle herab, manche stürmisch und brausend, andere wiederum gemächlich und plätschernd, während der Bach darunter durch die schmale Schlucht rauscht.

Überqueren Sie den Allt Gharbh Ghaig auf einer mit Torf bedeckten Metallbrücke und wandern Sie weiter ins Tal hinab bis Sie die alluvialen Niederungen des Gaick selbst erreichen. Wenn Sie das Rotwild auf den Hängen beobachten und die Schreie der Kiebitze und das laute Zwitschern der Steinschmätzer vernehmen, werden Sie sich kaum vorstellen können, daß dieses Gebiet einst als geheimnisvollster und unheimlichster Platz ganz Schottlands galt. Die Spukgeschichten, die diesen Ruf verursacht haben, dürften im 14. Jahrhundert entstanden sein.

Damals erließ Walter Comyn of Ruthven ein Gesetz, das besagte, daß alle Frauen von Badenoch zwischen zwölf und dreißig Jahren splitternackt auf den Feldern zu arbeiten hätten. Das Gesetz sollte am Tag seiner Rückkehr von einer Reise nach Atholl in Kraft treten. Doch zurück kam nur sein Pferd. Verschreckt und mit Schaum vor dem Mund schleppte es in einem seiner Steigbügel das abgerissene Bein Comyns hinter sich her. Man sandte eine Suchtruppe aus, die Comyns Leiche im Gaick fand. Auf ihr saßen zwei gierig fressende Adler, die nicht mehr von der Leiche lassen wollten. Comyns blutiges Ende wurde auf Hexerei zurückgeführt. Die Adler hielt man für die teuflischen Verbündeten zweier Mütter der betroffenen Mädchen. Der Jahrhunderte alte Fluch „Diol Bhaltair an Gaig ort" („Walters Geschick im Gaick treffe Dich") ruft die alte Geschichte immer wieder in Erinnerung.

Doch die wüste Geschichte und der Ruf des Gaick sollten Sie nicht davon abhalten, hier Ihr Nachtlager aufzuschlagen. Ganz in der Nähe steht einsam und verlassen die Gaick Lodge am Ufer des Loch an t-Seilich. Auf allen Seiten des flachen und breiten Tals erheben sich die Berge über 600m (2000 ft). Ihre Steilflanken sprechen für eine potentielle Lawinengefahr. 1880 ging hier eine der ersten verzeichneten Lawinen in Schottland nieder und überrollte Captain John MacPherson of Ballachroan und seine vier Gefährten im Schlaf. Sie nächtigten in einer Hütte, die von der großen Lawine vollkommen zerstört wurde. Damals allerdings wurde das Desaster übernatürlichen Kräften zugeschrieben.

Zweiter Tag

Am Ostufer des Loch an t-Seilich läuft ein Pfad ins Glen Tromie. Den Historikern zufolge nahm die Comyn's Road aber die direktere Route am Westufer, führte auf den Bogha-Cloiche und leitete dann auf den mit Heidekraut überzogenen Hängen ins Glen Tromie.

Auf der Karte sieht diese Route extrem steil aus, sie verläuft jedoch auf einem Reitweg, was die Wanderung erheblich erleichtert. Sie beginnt an dem Steg über den Fluß und gleich im Westen der Gaick Lodge. Der Loch an t-Seilich ist an seinem Nordende gestaut und Teil eines der ersten Wasserkraftwerke Schottlands. Es wurde 1940 in Betrieb genommen. Vom Loch gräbt sich ein 8 Kilometer langer Tunnel unter den Bergen zum Loch Cuaich im Westen und von dort weiter nach Dalwhinnie. Auf einem Aquädukt gelangt das Wasser zum Loch Ericht.

Die Wanderung durch das Glen Tromie wird Sie begeistern. Die Bachufer sind von Birken, Eichen und Erlen umsäumt. Die Hänge fallen sanft ab und es herrscht eine Ruhe, die man sonst im Gaickgebiet vermißt. Der Pfad leitet an einigen Ruinen und verlassenen Siedlungen vorbei, bevor er auf den Sron na Gaoithe (Windnase) hochführt. Dies ist der letzte Anstieg der Wanderung. Danach geht es bis Ruthven immer bergab.

Wenn Sie aus dem Glen herauskommen, sehen Sie eine auffallend große Steinpyramide, die auf der OS-Karte als Carn Pheigith, d.h. Peggy's Cairn, eingetragen ist. Angeblich markiert dieser Steinhügel das Grab einer gewissen Peggy, die sich im 14. Jahrhundert das Leben nahm. Damals war es üblich, Steine auf die Gräber zu legen, um sie vor den Wölfen zu schützen. Jeder, der an dem Grab vorbeikam, fügte einen weiteren Stein dazu, daher das Sprichwort „Wenn ich tot wäre, würdest Du nicht einmal einen Stein auf mich werfen" (d.h.„Du würdest keinen Gedanken an mich verschwenden.").

Auf dem Bergrücken des Sron öffnet sich der Blick zu den Monadhliathbergen und zum Spey Valley im Norden. Steigen Sie hinab zu den Ruinen der Ruthven Barracks. General Wade ließ das Gebäude nach Plänen aus dem 14. Jahrhundert wieder errichten, so daß es aussah wie in der Zeit, in der die Comyns es benutzten. 1746, also 25 Jahre später, wurde es jedoch auf Befehl von Bonnie Prince Charlie wieder abgebrannt.

Von den Ruthven Barracks nach Kingussie haben Sie nicht mehr weit zu wandern. Wenn Sie Zeit haben, sollten Sie sich dort unbedingt das Highland Folk Museum ansehen. Während Sie durch den Tunnel unter der neuen A 9 gehen, wird sich Ihnen sicherlich ein Vergleich zwischen den Landstraßen des 13. Jahrhunderts — auf einer von Ihnen sind Sie in den letzten Tagen gewandert — und den modernen zweispurigen Straßen aufdrängen. Ich weiß, welche ich schöner finde.

14. Loch an Eilein und Rothiemurchus

Cameron McNeish

Entfernung: 13 km (8 Meilen)
Anstieg: unwesentlich
Ausgangs- und Endpunkt: Parkplatz bei Coylumbridge an der A 951 (Aviemore – Glenmore-Straße)
Karte: OS 1:50.000, Blatt 36

Kurzbeschreibung: Eine schöne und leichte Wanderung auf gut angelegten Forststraßen.
Sehenswürdigkeiten: Die zentrale Informationsstelle für Touristen des Rothiemurchus Estate befindet sich in Inverdruie. Schon die alten Kiefernwälder sind für sich interessant genug, und das Vogelleben gilt als typisch für die ehemaligen kaledonischen Wälder. Hier treffen Sie auf Haubenmeise, Fichtenkreuzschnabel, Auerhuhn und Erlenzeisig. Gelegentlich sieht man Fischadler über dem Loch an Eilein, die allerdings dort selten Beute machen.

Vor tausenden von Jahren war das uns als schottische Highlands bekannte Gebiet mit dichtem Wald bedeckt. Vor allem die schottische Kiefer auf den Berghängen und in den Glens bot Wölfen, Bären, Elchen und Luchsen Lebensraum. Biber schwammen in den Lochs und Steinadler zogen ihre Kreise.
Doch dann begann stetig die Zerstörung. Die Wälder boten nicht nur wilden Tieren sondern auch Landstreichern und Geächteten Unterschlupf. Der Holzbedarf für den Hausbau stieg. In dem irrigen Glauben, eine schier unerschöpfliche Quelle zu besitzen, fällte man Kiefer um Kiefer. Die Folge war das Aussterben der Wölfe, Bären, Wildschweine und vieler anderer Tierarten, und das Rotwild floh in die Berge.
Lediglich ein kleiner Teil des kaledonischen Kiefernwaldes blieb erhalten. Von Zeit zu Zeit trifft

man im Torfmoor auf die ausgeblichenen Wurzelreste und in manchen Gebieten auf Überreste verkümmerter Kaledonischer Kiefern. Auf einen beachtlichen Waldrest trifft man noch im Glen Affric bei Ross-shire. Aber den schönsten Teil dieser Waldregion findet man bei Rothiemurchus in Speyside.

Vom Fuße der nördlichen Cairngorm-Schluchten erstreckt sich eine weite Ebene in nordwestlicher Richtung zum River Spey und den Monadhliath-Hügeln. Große Teile dieser Region sind dicht bewaldet, die oberen Sektionen in Glenmore mit neugepflanzten Koniferen der Forestry Commission, ein dichter, fast regenundurchlässiger Baumbestand. Dagegen stehen die Kiefern des ursprünglichen kaledonischen Waldes in den tieferen Regionen der Hochtäler gut verteilt, versetzt mit dichtem Unterholz aus Wacholder und Birkenbuschwerk. Hier ist die Regeneration hervorragend gelungen. In den höhergelegenen Gebieten wird der Bestand in den Wintermonaten jedoch immer wieder vom Rotwild abgefressen.

Eine beeindruckende Wildnis. Sie werden zwar keine Raubtiere mehr aus der Glanzzeit der Wälder antreffen, aber Rotwild, Eichhörnchen, Otter und vielleicht sogar Marder können gesichtet werden. Seltene Vogelarten leben hier, so daß der Rothiemurchus-Wald so etwas wie ein Shangri-la für Ornithologen geworden ist. Unter Umständen sehen Sie sogar das Wahrzeichen von Speyside, den Fischadler, über den Wald zu einem der Lochs fliegen. Früher im Besitz der Shaws, ging das Gebiet bis auf den heutigen Tag in den der Grants über. Das Nature Conservancy Council erhielt die Berechtigung, für die oberen Regionen Sorge zu tragen. Der Name Rothiemurchus bedeutet „Wald des Muircus“ und stammt von dem gälischen Rata-Mhurchuis ab. Doch weiß niemand, wer Muircus war.

Die beliebteste Wanderung in dieser Region führt um den Loch Eilein, See der Insel. Allerdings ist es empfehlenswert, die Tour um einige andere Gebiete des Rothiemurchus zu erweitern. Starten Sie bei Coylumbridge, das sich ca. 2,5 Kilometer (1,5 Meilen) südöstlich von Aviemore auf der Straße nach Glenmore befindet. Kurz bevor Sie die Brücke bei Coylumbridge erreichen, treffen Sie am Straßenrand auf ein Hinweisschild nach Braemar in Richtung Lairig Ghru. Hier beginnt der Lairig Ghru-Paß. Eine 48 km (30 Meilen) lange Wanderung, die Sie durch das Herz der Cairngorms nach Deeside im Süden führt.

Hier treffen Sie auf einen Parkplatz und da Sie die Wanderung nur 800 m weiter die Straße abwärts beenden werden, kann

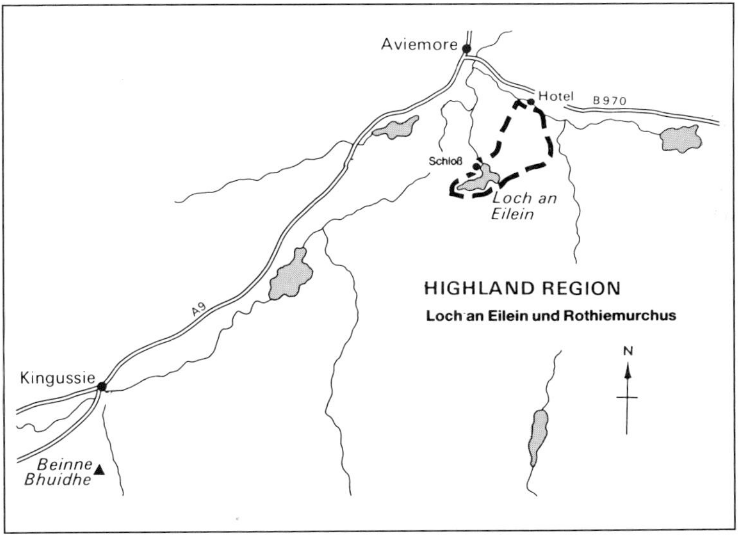

man eigentlich von einer Rundwanderung sprechen.

Folgen Sie dem Weg nach Lairig Ghru, vorbei am Campingplatz und der kleinen Lairig Ghru-Hütte. Kurz hinter der Hütte teilt sich der Weg, und Sie biegen auf den linken Abzweig ab, der immer noch nach Lairig Ghru ausgeschildert ist.

Vor Ihnen, hinter großen Kiefern, kann eine Spalte in den Hügeln ausgemacht werden. Sie sehen den Paß, der zwischen den hohen Erhebungen des Creag an Leth-Choin und dem Sron na Lairig liegt. Rechts vom Sron na Lairig erhebt sich die Kuppe des Braeriach, dem zweithöchsten Berg der Cairngorms und dem dritthöchsten Berg in Britannien.

Setzen Sie Ihren Weg über die langgestreckten Wiesen fort. Zu Ihrer Rechten breitet sich üppiger Wacholder aus. Überqueren Sie den kleinen Bach, laufen Sie auf den Wald zu und halten Sie Augen und Ohren für die umherwieselnden Eichhörnchen offen.

Nach einer Weile läßt der Weg die knorrigen, blutroten Kiefern hinter sich und führt durch ein erst vor kurzem aufgeforstetes Fichtengebiet. Der Unterschied zwischen dem natürlichen und künstlich angelegten Wald wird offensichtlich. Die schnellwachsenden Bäume bieten vielen verschiedenen Tierarten Schutz, aber unter ästhetischen Gesichtspunkten können sie den natürlich gewachsenen Kiefern nicht standhalten.

Nachdem Sie den aufgeforsteten Wald verlassen haben, erreichen Sie eine Weggabelung. Ein Abzweig führt rechterhand in Richtung zum Loch an Eilein. Es lohnt sich, ihm einige hundert Meter bis zur Cairngorm Club-Fußbrücke zu folgen, die Sie über den Allt Druie bringt. Am Flußufer läßt sich gut rasten. Bei Hochwasser bietet der Fluß ein beeindruckendes Bild, wenn er bis Aviemore, wo er mit dem gewaltigen River Spey zusammentrifft, mit Macht vorbeirauscht.

Ihr Weg bahnt sich jetzt über wellige Heide- und Kiefernmoorlandschaft. Kleine Seen verteilen sich über das Gebiet. Normalerweise können Sie hier Stockenten sehen. Zu Ihrer Linken erheben sich Hügel aus der heidebewachsenen Moorlandschaft. Hier beginnt der Sgoranskamm, der schließlich oberhalb des Glen Feshie im Sgoran Dubh Mor und Sgur Gaoith seine höchsten Punkte erreicht.

Sie wandern jetzt auf einem alten Pfad, dem Rathad nam Mearlach oder der Cateran-Straße. Im 16. und 17. Jhd. wurde dieser Weg oft von Clanmitgliedern aus dem Westen benutzt, da er zu den üppigen Weideflächen von Morayshire führte. Sie stahlen dort das Vieh und kehrten mit ihrer Beute westwärts zurück. Diese ruhige Wegstrecke lag angenehm abseits des normalen Pfades durch Speyside. Noch heute kann man diesem Weg ein weites Stück folgen. Starten Sie beim Ryvoan-Paß in der Nähe von Glenmore, wandern dann südöstlich am Loch Morlich vorbei, durch Rothiemurchus und am Loch Eilein entlang. Dann geht es nach Westen durch das Glen Feshie in Richtung Dalwhinnie, am Loch Ericht vorbei und vom Bealach von Ben Alder zum Loch Ossian, sowie über die ehemaligen Anwesen der Clans im Westen.

Kurz darauf erspähen Sie durch Bäume den Loch an Eilein und mehrere Routen stehen nun zu Ihrer Auswahl. Bei Zeitmangel oder Wandermüdigkeit können Sie nach rechts abbiegen und dem Fußweg zum Parkplatz am Loch an Eilein folgen. Alternativ besteht die Möglichkeit über den linken Pfad den See zu umrunden. Sollten Sie Zeit genug haben, ist es empfehlenswert, um den Loch zu laufen. Es erwartet Sie eine der schönsten Szenerien der Highlands. Sie können sich nicht verlaufen, denn der Weg verläuft fast die ganze Strecke am Ufer des Sees entlang. Er teilt sich erst am oberen Ende des Lochs, und ein Fußweg führt am Loch Ghamna weiter in Richtung Glen Feshie.

Es handelt sich um einen kleinen See, der mit dem Loch an Eilein durch einen Bach verbunden ist. Haben Sie den Loch an Eilein fast umrundet, kommen Sie an den Überresten einer Burg vorbei, die sich ca. 50 Meter vom Ufer entfernt auf einer Insel befinden. Die Burg stammte aus dem 14. Jhd., und einheimische Legenden wissen, daß sie sich einst im Besitz eines gewißen Alexander Stewart befand, der als Wolf von Badenoch bekannt war. Stewart war der uneheliche Sohn von Robert II. von Schottland und wurde zu guter Letzt von der katholischen Kirche exkommuniziert, weil er die Elgin Kathedrale niederbrannte. Vor noch nicht so langer Zeit hauste in den Ruinen einer der letzten Fischadler. Gut zu wissen, daß sich Fischadler wieder in Schottland ausbreiten. Manchmal kann man sie beim Fischen im Loch an Eilein beobachten.

Am Ende des Sees befindet sich ein Parkplatz und ein kleines Informationszentrum, das vom Bezirk betrieben wird. Verlassen Sie den Parkplatz über die Brücke, die über einen Bach führt, und gehen Sie die Straße einige hundert Meter weit, dann wenden Sie sich nach links. Folgen Sie diesem Pfad vorbei an einigen Häusern bis zur Hauptstraße nach Blackpark. Jetzt setzen Sie Ihren Weg auf der Straße nach Inverdruie fort und von dort nach Coylumbridge, falls Sie Ihren Wagen dort abgestellt haben.

Die Karte zeigt folgende sechs Wanderungen: Die Western Mamores (S. 104), die Lochaber Viertausender (S. 108), von Glenfinnan nach Glengary (S. 112), von Dalwhinnie nach Fort William (S. 121), die Wanderung auf den Creag Meagaidh (S. 138) und den Corrieyairack (S. 143).
Zwei Munros werden auf der Western Mamores-Wanderung bestiegen. Die Tour ist nur 14 km lang, dabei müssen jedoch etwa 1300 Höhenmeter bewältigt werden.
Eine etwa 12 km lange Hochgebirgswanderung führt durch das Gebiet der Lochaber Viertausender. Die Strecke ist im Winter nur für sehr erfahrene Alpinisten geeignet.
Die 60 km lange Wanderung von Glenfinnan nach Glengarry kann in drei Tagen bewältigt werden, übernachtet wird in Schutzhütten oder im Zelt. Uralte Pfade führen durch dieses heute fast menschenleere Gebiet.
Auch für die Strecke von Dalwhinnie nach Fort William müssen mindestens drei Tage veranschlagt werden. Im Gegensatz zur oben benannten Tour verläuft diese Wanderung hauptsächlich in niedrigeren Höhenlagen.
Eine angenehme 26 km lange Wanderung führt auf breiten Höhenrücken und Plateaus über den Creag Meagaidh.
Bei der 27 km langen Wanderung auf dem Corrieyairack sollte für eine Rückfahrtsmöglichkeit zum Ausgangspunkt gesorgt werden. Im Sommer stellt diese Tour keine besonderen Anforderungen an den Wanderer, ganz anders dagegen unter winterlichen Bedingungen.

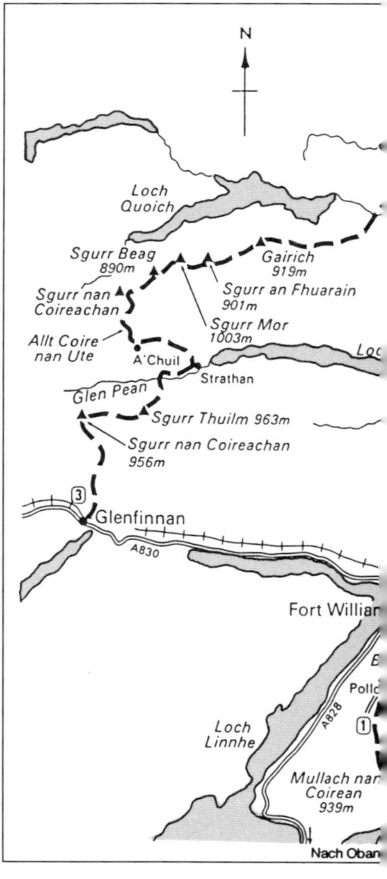

Highland Region III

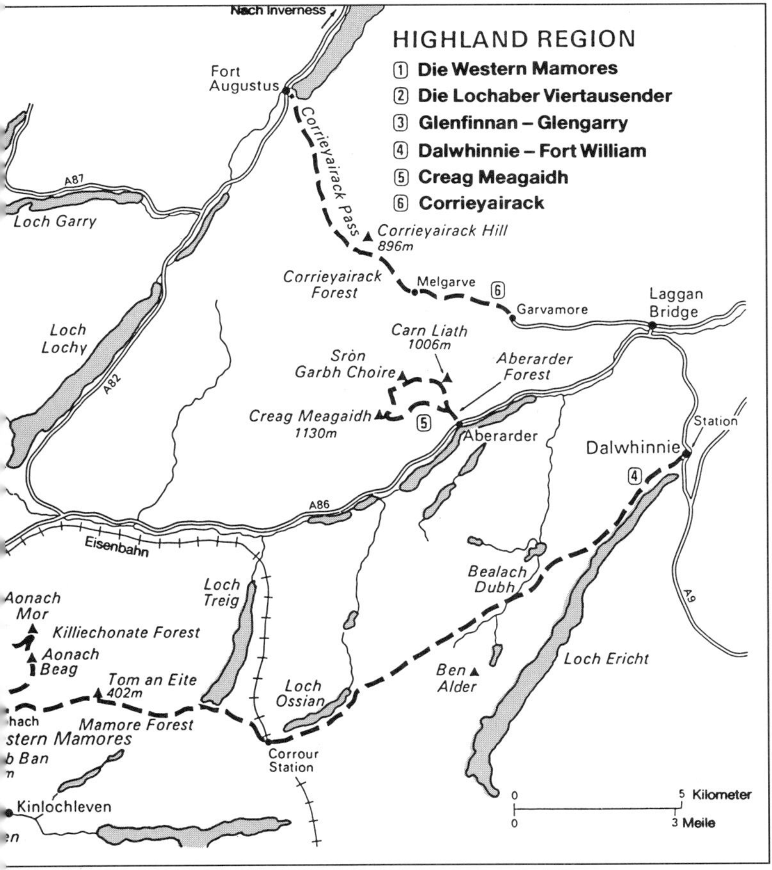

15. Die Western Mamores

Roger Smith

Entfernung: 14 km (9 Meilen) oder 19 km (12 Meilen)
Anstieg: 1200 m (4000ft)
Ausgangspunkt/Endpunkt: A: Achriabhach, Glen Nevis.
B: Blarmachfoldach, auf der Nebenstraße südlich von Fort William.
Karte: OS 1:50.000, Blatt 41

Kurzbeschreibung: Bergpfade, unwegsames, steiles Gelände. Der Mullach nan Coirean ist fast überall grasbewachsen, der Stob Ban ausgesprochen felsig. Die alternative Strecke führt über den alten ursprünglichen Pfad und auf Nebenwegen zurück.
Sehenswürdigkeiten: Besteigung von zwei Munros mit spektakulären Ausblicken. Ehemalige Militärstraße, jetzt Teil einer Langstreckenwanderung auf der alternativen Route.

Die komplette Durchquerung dieses Gebietes, bekannt als die Mamores, gehört zu den schönsten Strecken in Schottland, eine Herausforderung und wahrlich lohnend. Zweifellos eine „klassische Wanderung" in jeder Hinsicht. Herrliche Gipfel, außergewöhnliche Schluchten, beeindruckende Ausblicke sowie interessante Kletterpartien liegen vor Ihnen. Allerdings ist diese 33 km (20 Meilen) lange Strecke mit einigen Tausend Meter Anstieg von den Anforderungen her nur für trainierte, ausdauernde Wanderer geeignet. Deshalb soll hier eine einfachere Wanderung in den westlichen Ausläufern des Gebirges vorgeschlagen werden, die ebenfalls umfassende Eindrücke dieser faszinierenden Region vermittelt.

Insgesamt gibt es 11 Munros in den Marmores, entlang dieser Route werden Sie allerdings nur auf zwei davon stoßen. Natürlich können Sie jederzeit Ihren Weg auf dem Hauptkamm fortsetzen, falls Sie in Ihrer Begeisterung noch ein paar Gipfel mehr erklimmen möchten.
Die Munros, die Sie besteigen werden, sind der Mullach nan Coirean (Schluchtengipfel) und der Stob Ban (heller Gipfel). Der letztgenannte hat seinen Namen von dem blaßen Quarz seiner oberen Hänge erhalten. Aus dem gleichen Gestein sind sowohl die Grey Corries an der Nordseite des Glen Nevis als auch viele andere Marmore-Gipfel, einschließlich des schattenhaften Sgurr a'Mhaim, den Besucher häufig für den Ben Nevis halten, weil sie

glauben, das Quarzgestein sei Schnee.

Der Anstieg beginnt im Glen Nevis bei Achriabhach. Von hier aus erreicht man den Gipfel über eine lange und nicht besonders anregende Wanderung durch einen Wald. Betreten Sie den Wald durch das Tor gegenüber von einem Haus. Folgen Sie nun dem Waldweg ca. 130 Meter weit. Zur Linken sehen Sie einen Pfad, der durch die Bäume aufwärts führt. Eine Abkürzung für das recht sumpfige Gebiet der Waldstraße, auf die man wieder weiter oben stößt.

Wenden Sie sich nach links auf die Straße, gehen Sie um eine Kurve und halten sich dann weiter in nordwestlicher Richtung bis zum Straßenende an einem Bach. Dieses ganze Waldgebiet rechtfertigt bereits die Wanderung und Sie werden sich sicherlich schon auf die herrlichen Gipfel, die vor Ihnen liegen, freuen.

Am Ostufer des Bachs führt ein Weg zum Waldrand. Am besten wenden Sie sich hier nach links und gehen an der Umzäunung entlang, die als Waldgrenze dient, bis Sie schließlich nach ca. 750 m den Ostkamm des Mullach nan Coirean erreicht haben. Man quert ihn einfach geradeaus.

Sind Sie erst einmal auf dem Rükken angekommen, müssen Sie nur noch einen Fuß vor den anderen setzen, um sich stetig dem Gipfel zu nähern, eine Entfernung von ca. 2 km. Während Ihres Anstiegs können Sie wunderschöne Ausblicke über das Tal zum gewaltigen Ben Nevis genießen und die große Kuppe des höchsten britischen Berges bewundern. Sie sehen die Umriße des Gipfelplateaus und die Abhänge der Nordseite, die vor ewigen Zeiten gewaltvoll abgebrochen sind und nun in unvorstellbarer Strenge aufragen.

Reizvolle Ausblicke haben Sie auch von einigen anderen Marmore-Gipfeln, besonders vom Stob Ban und Sgurr a'Mhaim. Der Bergrücken trifft kurz vor dem Gipfel auf sein westliches Gegenstück, das durch eine Steinpyramide gekennzeichnet ist. Der Gang zum Westgipfel, dem Meall a'Chaorainn, lohnt sich durchaus. Er ist nur 3 Meter niedriger als die Dreitausender und bietet herrliche Blicke auf den Loch Linnhe und über den See auf die Norvern-Hügel. Bei dieser Strecke sind etwa 800 m mehr Weg einzuplanen.

Will man die Route zum Stob Ban fortsetzen, verläßt man den Gipfel des Mullach nan Coirean entlang des klar erkennbaren Bergkammes, der nach Südosten verläuft und um die Schluchten nach Norden führt, die ins Glen Nevis abfallen. Man quert einen Nebenhügel, nachdem der Kamm felsiger und enger wird. Am Paß unterhalb des Stob Ban ereignet sich von einer Sekunde zur anderen etwas Außergwöhnliches. Der rote Mullach Granit wechselt zum charakteristisch grauen Quarz der Mamores über. Bei dem plötzlichen Wechsel wird man von einem eigenartigen Gefühl befallen.

Der Stob Ban wird sichtbar. Ein Gipfel, der sich merklich vom Mullach nan Coirean unterscheidet. Er ist rauh, steil und ausgesprochen felsig. Doch die Anstiegsroute ist recht gut auszumachen. Sie führt zunächst nach Osten, dann weiter in südlicher Richtung auf einen Felskamm. Unterhalb des Kamms fallen breite Felsspalten etwa 300 m tief ab. Einige Erkundungskletterpartien sind zwar schon in den Spalten durchgeführt worden, aber bislang ist es in diesem Gebiet noch ruhig geblieben. Vermutlich, weil sich der Quarz an einzelnen Stellen zum Klettern nicht eignet. Außerdem gibt es in dieser Region wesentlich reizvollere Klettermöglichkeiten, besonders am Ben Nevis.

Vor Ihnen breitet sich der Blick auf den Kamm der Mamores aus, ein lohnenswertes Wanderziel, aber nur wenn Sie darauf vorbereitet sind, sonst sollte man diese Route auf einen anderen Tag verschieben.

Der erste Teil der Stob Ban-Anstiegsroute, entlang seinem Ostrücken, ist wegen des brüchigen Felsen mit Vorsicht zu genießen. Den Weg abwärts dagegen haben Tausende von Wanderschuhen ausgetreten.

Am einfachsten gelangt man zum Glen Nevis zurück, wenn man weiter bis zum Paß zwischen Stob Ban und Sgor an lubhair geht. Von hieraus folgen Sie einem gut erkennbaren Pirschweg, der sich am Ostufer des Baches in Coire a'Mhusgain abwärts windet. Dieser Weg bringt Sie nur einige hundert Meter von Ihrem Ausgangspunkt entfernt ins Tal zurück. Sie haben wunderbare Ausblicke auf den Devil's Ridge, der vom Stob Choire a'Mhail zum Sgurr a'Mhaim führt und kleinere Kletterpartien ohne nennenswerte Schwierigkeiten beinhaltet.

Aber es gibt noch eine andere Route, um die beiden erkletterten Berge zu erreichen. In gewisser Hinsicht stellt sie einen zufriedener, denn es handelt sich um eine längere Tour, die zu einer Rundwanderung wird. Man startet von der Nebenstraße, die im Süden aus Fort William führt und im 18. Jhd. Teil der Militärstraße von Kinlochleven war. Die Parkmöglichkeiten sind allerdings schlecht. Sie sollten die Straße in der Nähe von Blarmachfoldach verlassen, um den Hügel über die Südostseite eines Forstes anzusteigen.

Sie gelangen so auf den Bergrükken und aufwärts zum Meall a'Chaorainn. Ein leichter Anstieg. Von hieraus führt eine mühelose Wanderung um eine Schlucht zum Mullch nan Coirean-Gipfel.

Der Weg über den Stob Ban verläuft natürlich wie in der vorgenannten Route. Sie müssen unbedingt auf Ihre Strecke zurückkehren, die vom Stob Ban-Gipfel zum Hügel mit dem faszinierenden Gesteinswechsel hinabführt. Jetzt steigen Sie über die bewachsene Schlucht im Süden abwärts. Am Anfang erleichtert eine kleine Felsrinne den Abstieg. Mehrere kleine Wasserfälle werden durch einen Bach gespeist, der die Schlucht hinabfließt.

Schließlich erreichen Sie in der Nähe des ehemaligen Standorts von Tigh-na-sleubhaich einen klar erkennbaren steinigen Pfad. Sie befinden sich jetzt auf der alten Militärstraße, die zwischen 1749 und 1752 unter Major William Caulfield von 300 Soldaten erbaut wurde. Als der Handlungsreisende Thomas Pennant hier 1774 vorüberfuhr, lautete seine Beschreibung der Hügel „ihre Hänge sind waldbedeckt und die Hochtäler sind von Flüssen angefüllt, die durch das lose Gestein tosen.“ Heute sind die bewaldeten Hänge kahl, aber die Flüsse sind immer noch beachtlich.

Dieser Pfad bildet heute eine Teilstrecke des West Highland-Ways, der sich über fast 160 km (100 Meilen) von den Glasgower Randgebieten bis Fort William erstreckt. Nach zwei Jahrhunderten trifft man hier wieder auf Menschengruppen (sie sind jedoch kleiner und bestehen nicht aus unterdrückten Soldaten, sondern aus emsigen Freiwilligen), die an der Erhaltung der Straße arbeiten. Die Straße führt zurück, vorbei an Lairigmor und durch ein Waldgebiet bis zum Anfang der Hauptstraße bei Blar a'Chaorainn. Von hieraus erreichen Sie in einem wenige Kilometer langen Spaziergang Ihren Ausgangspunkt.

16 Die Lochaber Viertausender

Cameron McNeish

Entfernung: 13 km (8 Meilen)
Anstieg: 1370 m (4500 ft)
Ausgangspunkt/Endpunkt: Parkplatz bei Polldubh im Glen Nevis
Karte: OS 1:50.000, Blatt 41

Kurzbeschreibung: anstrengende Bergwanderung über unebenes Gebiet, im Winter nur für erfahrene Alpinisten geeignet.
Sehenswürdigkeiten: Ben Nevis, der höchste britische Berg. Weite Ausblicke vom Gipfel. Die Ruinen der alten Wetterwarte sind von historischer Bedeutung. Ebenfalls interessante Blicke von den Aonachs zu den Mamores und den Grey Corries. Halten Sie Ausschau nach Adlern.

Während sich die Cairngorms ihrer „vier Viertausender“ mit Ben Macdui, Cairn Gorm, Braeriach und Cairn Toul rühmen konnten, wurde man denen der Lochaber nie richtig gerecht. Dabei erreichen der Ben Nevis, der Carn Mor Dearg und der Aonach Beag ganz gewiß die 4000 ft-Grenze und bis vor kurzem lag der Aonach Mor mit 3999ft (1219m), um ganz exakt zu sein, lediglich 12 inches darunter.
Die Rivalität zwischen den Cairngorms und den Lochaber ist nichts neues, fragen Sie die heutigen Bergsteiger. Die Würfel sind bereits vor langer Zeit gefallen, als man glaubte, daß der Ben Macdui mit 1311 m (4300 ft) der höchste Berg Englands sei. Spätere Vermesser erhöhten den Ben Nevis auf 1343 m (4406 ft), mit dem Resultat, daß vielen Cairngormern das Herz brach.

Vor kurzem hat das kartographische Institut Ordnance Survey (OS) im Rahmen seiner neuen Kartenerstellung das Lochaber-Gebiet erneut vermessen, wobei der Aonach Mor auf über 4000 ft angehoben wurde. Jetzt besitzt Schottland zwei Gruppen mit Viertausender-Vierlingen.
Zufälligerweise veränderten die neuen Vermesser auch die Höhe des Ben Nevis auf 1347 m (4418 ft) über dem Meeresspiegel. Doch die meisten Wanderer scheinen mit ihrer Erinnerung an die traditionelle Höhe von 4406 ft (1343m) glücklicher zu sein.
Eine weitere Ungereimtheit in der Berggeschichte eröffnet sich. Der Aonach Mor, Big Ridge (Großer Bergrücken) genannt, ist eigentlich viel niedriger als sein Nachbar der Aonach Beag, Little Ridge (Kleiner Bergrücken). Viele Schreiberlinge schlugen vor, es

Der Blick von Aonach Mor auf den Ben Nevis

könnte daran liegen, daß der Aonach Mor eine größere Fläche und mehr Umfang besitzt. Jedoch liegt es wohl eher daran, daß der Aonach Mor einfach ein breiter Bergrücken ist, wie schon sein Name sagt. Der Aonach Beag dagegen hat einen wesentlich kürzeren und schmaleren Rücken. Tatsächlich sind alle Bergkämme des Aonch Beag schmaler als die breiten Ausläufer des Aonach Mor. Lange bevor die Hügel vermessen wurden, hingen ihnen diese Namen an. Das Kriterium Meeresspiegel kann somit auch nicht zum Tragen.

Für die meisten Besucher wird der Ben Nevis der „raison d'être" der Rundwanderung sein. Leider ist der Ben Nevis in den Augen vieler nicht mehr als ein langweiliges und eintöniges Stück Aufstiegsarbeit, geeignet für Touristen. Verbindet man ihn aber mit dem Carn Mor Dearg und den Aonachs, sieht man erst wirklich, was er eigentlich ist, ein gewaltiger und imposanter Berg ersten Ranges.

Deshalb ist es ratsam, den Touristenweg von Achintee zu meiden und dafür einen steileren aber wesentlich lohnenderen Ausgangspunkt für die Rundwanderung anzugehen. Fahren Sie auf

der Autostraße den Glen Nevis bis zu seinem Ende bei Polldubh hinauf. Hier können Sie auf einem großen Parkplatz ihren Wagen abstellen. Auf diese Weise gelangen Sie nicht nur in den Genuß eines anderen Starts als Hunderte von Touristen, gleichzeitig sind Sie am Ende der Wanderung sofort wieder am Auto und müssen nicht noch lange auf der Straße zurückgehen.
Richten Sie sich auf eine anstrengende Strecke ein. Sie müssen nur einige Schritte weit gehen, und schon beginnt die Kletterei. Kein großer Auftakt, um die Muskeln anzuwärmen.
Die Route wird „Wasserrutsch-Route" (Waterslide route) genannt, und folgt dem 457 m (1500 ft) hohen Erdrutsch des Allt Coire Eoghainn, der sich aus der gleichnamigen Schlucht hoch über Ihnen erbricht. Ein kleiner Pfad führt an der rechten Bachseite aufwärts, als Einstieg am Morgen ziemlich anstrengend. Aber die Ausblicke rechtfertigen in jedem Fall dieses Unternehmen. Sie werden den beeindruckenden Sgurr a'Mhaim, den Stob Ban und den Mullach nan Coirean der Mamores sehen.
Die Coire Eoghainn selbst ist eine herrliche Schlucht, die zu den Gipfelhängen des Ben führt. Am Schluchtrand halten Sie sich in nordöstlicher Richtung und befinden sich bald inmitten von Geröll und Felsen, die Sie zu den Gipfelhängen leiten. Besonders im Winter müssen Sie vorsichtig sein, ein unachtsamer Schritt kann die fatalsten Folgen haben.
Haben Sie keine Orientierungsfehler gemacht, müßten Sie an den Wegmarkierungen vorbeikommen, die für Bergsteiger angebracht wurden, um sie vom Gipfel zum Einstieg des Carn Mor Dearg Arete zu weisen. Oben angekommen, müssen Sie wieder bis zu den Hinweisschildern zurückgehen und ihnen steil abwärts bis zum Beginn eines windigen Kamms folgen, dem Carn Mor Dearg Arete.
Wanderer, die den Ben Nevis nur vom Touristenweg aus kennen, wird der Carn Mor Dearg Arete eine Offenbarung sein. Der schmale Bergrücken schlängelt sich anmutig um den oberen Rand des Coire Leis, einem engen und windigen Kamm, der nicht unter 1060 m (3478 ft) Höhe verläuft. Sollten Sie außerdem in den Genuß von gutem Wetter kommen, sehen Sie die riesigen Felswände der North East Buttress hoch und steil über sich aufragen. Dahinter liegt der lange Kamm des Tower Ridge, gefolgt von einer beeindruckenden Landschaft, übersät mit Schluchten, Felshängen und -rinnen und Schneefeldern, auf Grund derer dieser mächtige Berg berechtigterweise als „Number One" (Nummer Eins) benannt wurde.

Laufen Sie um den Berggrat zum Carn Mor Dearg. Rasten Sie einen Moment und genießen Sie die Berglandschaft. Nirgendwo im ganzen Land gibt es eine vergleichbar dramatische Szenerie. Über Generationen fanden hier die bekannten und unbekannten Dramen statt. Er war der Tummelplatz der ersten Mitglieder des Scottish Mountaineering Clubs und heute sind an dem selben Platz die modernen „Climber" anzutreffen. Weiter unten liegt die Charles Inglis Clark-Gedenkhütte und der Pfad hinauf zum Allt a'Mhuillin, der oft als Weg benutzt wurde, um auf den Carn Mor Dearg Arete zu klettern.
Der Ostkamm von Carn Mor Dearg hinab zum Aonach Mor-Paß, steil und schwierig zu gehen, kann sehr interessant sein, besonders wenn eine Schneedecke auf der Leeseite liegt.
Beim Abstieg von 366 m (1200 ft) Höhenunterschied auf etwa 1 km Distanz kann man nur froh sein, daß es ein Abstieg und kein Aufstieg ist, obwohl auch der Anstieg zum Paß zwischen den beiden Aonachs ein ziemlicher Gewaltakt ist.
Aonach Mor ist ein langes und breites Kammplateau. Die Gipfelpyramide befindet sich auf halber Strecke. Steile Hänge umgeben das Plateau und bei feuchtem Wetter muß man äußerst vorsichtig sein. Im Winter soll der einzig sichere Abstieg der sein, der zurück zum Carn Mor Dearg-Paß leitet.
Vom Paß bahnt sich ein recht gut erkennbarer Pfad über Felsgeröll zum Gipfelplateau des Aonach Beag. Wieder muß bei Nebel größte Vorsicht walten. Durch den kahlen Gipfelkopf, der grauenvoll vereist sein kann, und die steilen Felswände zu fast allen Seiten wird mancher Wanderer recht unsicher. Zusätzlich muß man sich noch die Tatsache vor Augen führen, daß die Gesimse oft über die Ränder in große überhängende Schneeverwehungen gebaut sind, und die Gipfelpyramide sich ganz nah am Felsgrat der nordöstlichen Schlucht befindet. Die westlichen Aonach Beag-Kämme sind so steil, daß man beim Abstieg wirklich aufpassen muß. Nehmen Sie den Südwestkamm als Abstiegsroute nach Steall und in die obere Glen Nevis-Region.
Während Sie vom Aonach Beag absteigen, werden Sie eine neue Seite des Ben Nevis kennenlernen, die sich über der Carn Mor Dearg-Wand erhebt, also nicht die aus Süden und Westen bekannte gedrungen wirkende Masse. Der North-East Buttress des Berges schraubt sich in einer glanzvollen Spirale dem Himmel entgegen, sicherlich eine der schönsten Bergansichten. Hinzu kommt noch, daß man diesen Blickwinkel von keiner anderen Straße aus erhalten kann. Schon

allein deshalb rechtfertigt sich die Kletterpartie.
Folgen Sie von der verfallenen Hütte in Steall dem Glen Nevis-Weg zurück nach Polldubh, das über der herrlichen Schlucht liegt, die als „schönste halbe Meile ganz Schottlands" beschrieben wird. Ein Tag, an dem Sie den Ben Nevis vielleicht in einem anderen Licht gesehen haben. Wie fällt der Vergleich zu den Großen Vier der Cairngorms aus? Aber das ist wirklich eine ganz andere Geschichte.

17 Von Glenfinnan nach Glengarry

Roger Smith

Entfernung: 60 km (37 Meilen)
Anst eg: 3800 m (12500 ft)
Ausgangspunkt: Bahnhof in Glenfinnan
Endpunkt: Tomdoun Hotel im Glen Garry
Karte: OS 1:50.000; Blatt 40, 33 und 34

Kurzbeschreibung: Querung einer zerklüfteten und verlassenen Landschaft, wobei einige großartige Berge bestiegen und alte Routen durch die Täler erkundet werden. Übernachtung in Hütten oder im Freien. Die Wanderung beginnt auf soliden Pfadden und endet auf Forstwegen und kleineren Straßen.
Sehenswürdigkeiten: In Glenfinnan, das Ausgangspunkt des Feldzugs von 1745 war, befinden sich ein Denkmal und ein Visitor Centre (NTS). Wilde Glens, einzigartige Berge, alte Wälder; zwei oder drei Berghütten; schöner alter Gasthof am Endpunkt.

Es kann wohl kaum einen schöneren rauhen und wilden Landstrich geben als den, den Sie auf der folgenden Wanderung queren werden. Auf Blatt 40 der OS 1:50.000-Karte werden Sie sehen, daß es auf den 400 qkm (150 Quadratmeilen) im rechten oberen Teil nur eine Straße (die A 830 am Südrand) und sechs bewohnte Häuser gibt. Man kann sich nur schwer vorstellen, daß dies vor 200 Jahren alles ganz anders aussah. Die leeren Glens strahlen heute eine immerwährende Traurigkeit aus.
Den Wanderer allerdings wird diese Leere reizen und die großartigen Berge und ihre Täler werden eine Herausforderung für ihn sein. Die Nähe zur Westküste bringt ein grandioses Seepano-

Auf dem Gipfel des Glenfinnan Sgurr nan Coireachan

rama mit sich und die Sonnenuntergänge sind in ganz Großbritannien ohne Gleichen. Die Wildnis und Verlassenheit birgt aber auch ihre Gefahren in sich. Die Gegend sollte daher von unerfahrenen Wandersleuten besser gemieden und nur von erfahrenen Trekkern durchwandert werden.

Man sollte in diesen Bergen und Tälern nicht wandern, ohne sich mit ihrer Geschichte vertraut zu machen. Gleich zu Beginn der Wanderung, in Glenfinnan, wird man in Form eines Denkmals mit ihr konfrontiert. Es steht auf dem Platz, von dem aus Prince Charles Edward Stuart an einem Montag, den 15. August 1745, seinen berühmten Feldzug startete. Er wollte damit den schottischen Thron von den Briten zurückerobern, der ihm seiner Meinung nach unrechtmäßig abgenommen worden war.

Der Prinz, der unbemerkt aus Frankreich gekommen war, landete in Loch nan Uamh, das ca. 18 km weiter westlich liegt. Zunächst gab es Widerwillen sich seiner Sache anzuschließen. Nachdem ihm jedoch einflußreiche Persönlichkeiten wie Cameron of Lochiel und Ranald MacDonald of Kinlochmoidart ihre volle Unterstützung zugesagt hatten, solidarisierten sich weitere Landsleute mit ihm und als der Prinz seinen Feldzug antrat, standen über tausend Mann hinter ihm. Schnell stellten sich die ersten Erfolge ein, Perth und Edinburgh wurden eingenommen und die Truppen rückten sogar bis ins südliche Derby vor. Dort kam es dann zu den ersten Niederlagen und das Massaker von Culloden setzte dem Feldzug im April 1746 schließlich ein trauriges Ende.

Eine Dokumentation des Feldzugs — hauptsächlich seines Beginns — finden Sie in dem kleinen Visitor Centre des National Trust for Scotland in Glenfinnan. Wenn Sie Zeit haben, sollten Sie es unbedingt aufsuchen. Sie werden dann besser verstehen, warum dieses Land heute so leer und verlassen ist.

Nach dem Desaster von Culloden floh der Prinz und konnte sich mit Hilfe treuer Anhänger, die ihr Leben für ihn riskierten, mehrere Monate verstecken. Mit einem Minimum an Ausrüstung und Proviant querte er das ganze Gebiet zu Fuß. Am Ende seiner Flucht muß sich der damals Fünfundzwanzigjährige bestens in den Bergen ausgekannt haben.

Die folgende Wanderung führt Sie mitten in die Region und zeigt Ihnen seine eigentümliche Beschaffenheit. Die Tour ist allerdings nicht leicht zu bewältigen. Die Berge sind zerklüftet, steil und rauh und man findet kaum irgendwo Schutz. Jeder bezwungene Gipfel kann als großer Erfolg gewertet werden.

Glenfinnan ist der ideale Aus-

gangspunkt. Schon der Ort selbst ist sehr beeindruckend und hat den Vorteil, daß er an der einmaligen West Highland Line aus Glasgow liegt, so daß er mit dem Zug erreichbar ist. Umsteigebahnhof ist Fort William. Der Zug fährt in gemächlichem Tempo auf dem einspurigen Gleis dahin und hält auch an den kleinen Bahnhöfen. Wenn Sie den Abendzug nehmen, können Sie vor Antritt der Wanderung noch im Stage House Inn einkehren, um anschließend zur Corryhully-Hütte weiterzuwandern.
Ein solider Pfad führt ins Glen Finnan-Tal. Die erste nennenswerte Sehenswürdigkeit ist das Eisenviadukt, das in einer ausladenden Kehre über das Glen leitet.

Wie der Charakter so vieler anderer Täler wurde auch das Glen Finnan durch die Waldanpflanzungen verändert. Auf beiden Seiten wurde in großem Umfang aufgeforstet. Es bleibt zu hoffen, daß sich die Wälder im Laufe der Zeit an die Landschaft anpassen. Die Anpflanzung erstreckt sich ca. 5 km das Tal hoch, so daß das obere Talende noch in seinem natürlichen Zustand ist. Ihr erstes Ziel ist die auf der OS-Karte eingezeichnete Corryhully-Hütte am Allt a Chaol-Ghlinne, wo Sie übernachten können. Sie zählt zu den für die schottischen Berge so typischen unverschlossenen Schutzhütten, die unter der Obhut der Mountain Bothies Association stehen.

Erster Tag

Die Berge halten immer zu einem frühen Aufbruch an, erst recht, wenn die Sonne in der Zeit um Mittsommer bereits um 3.30 Uhr aufgeht. Ein langer Tag liegt vor Ihnen, teilen Sie Ihre Kräfte ein, d.h. ein gemäßtigtes Tempo und genügend Pausen sind ratsam.
Während Sie das Tal hochwandern, sehen Sie eine Hütte, die sich überhaupt nicht in die Landschaft einfügt und eher an irgendwelche Vorstadtbauten als an eine Berghütte erinnert.
Ihr erstes Ziel ist der Sgurr nan Coireachan (Gipfel der Schluchten), den man über den Sgurr a'Choire Riabhach erreicht. Der Hang ist tatsächlich so steil wie es die Karte bereits andeutet und Sie gewinnen nur langsam an Höhe.
Schließlich erreichen Sie den Höhenrücken und setzen die Wanderung in Richtung Coirechan, der bereits als Munro eingestuft wird, fort. Auf ihm angelangt, sind Sie sicherlich reif für eine Rast, die sich von alleine anbietet. Die Aussicht, vor allem nach Westen, ist atemberaubend. Der Loch Morr erstreckt sich zum Meer (er

ist allerdings durch einen schmalen Landstrich von ihm getrennt) und zieht das Auge natürlich zu der faszinierenden Inselgruppe, die von der Cuillin of Rum, der Canna und der Sgurr of Eigg gebildet wird. Im Norden fügt sich Gipfel an Gipfel: Knoydart, Kintail, Affric — alles Namen, die mit Sicherheit im Gedächtnis haften bleiben.

Der zweite Munro, der Sgurr Thuilm (Gipfel des kleinen runden Hügels) wartet 5 km weiter östlich auf Sie. Auf dem Weg dorthin haben Sie einige „Gipfel" en route zu übersteigen. Es ist eine großartige Gratwanderung, nicht zu schwierig, aber auch nie langweilig. Der felsige Untergrund und die zahlreichen Kehren und Schlaufen erfordern zudem ein gewisses Maß an Konzentration.

Sie kommen am Sgurr Thuilm vorbei, der das Glen Pean überragt, das ebenfalls aufgeforstet wurde. Der fliehende Prinz verbrachte einige Tage in dieser Gegend und hat auf dem Sgurr Thuilm sogar genächtigt.

Das haben Sie wahrscheinlcih nicht vor, deshalb werden Sie bis zu einer Hütte im Glen Dessary wandern müssen, die jedoch noch um einiges entfernt liegt. Folgen Sie zunächst dem rauhen Ostkamm des Sgurr Thuilm und wandern dann in nördlicher Richtung zum Allt Choire Chaisil hinab, an dessen Ufer sich eine kurze Pause anbietet.

Nachdem Sie sich einigermaßen ausgeruht haben, wandern Sie am Bach entlang ins Glen Pean. Auch dieses ist eines der verlassenen Täler, die früher voller Leben waren — vor allem in den Sommermonaten, wenn das Vieh auf den Weiden war. Dort, wo der Steg über den Bach leitet, also kurz vor dem Gleann a'Chaorainn — dies ist der schmale Paß, der ins Glen Finnan leitet — spendet eine Birkengruppe willkommenen Schatten.

Vor Ihnen liegt Strathan, das zu den abgeschiedensten Plätzen Schottlands zählt. Man kann es über eine rauhe, 18 km lange Straße längs des Loch Arkaig erreichen. Es liegt zwischen dem Westende dieses herrlichen Lochs und dem Ostende der Glens Pean und Dessarry. Beide Täler dienten lange als Durchgangsrouten zur Westküste. Das Dessary ist das breitere Tal und war, wie Sie an den Ruinen erkennen können, früher ebenfalls bewohnt.

Westlich des Strathan sehen Sie ein „Labyrinth" von neuen Aufforstungen und erst kürzlich geschaffenen Wegen, das Sie durchwandern müssen, um ins Glen Dessary zu gelangen. Die OS-Karte ist noch nicht auf dem neuesten Stand und Sie müssen äußerst umsichtig sein, damit Sie sich zwischen den Anpflanzungen und Zäunen nicht verlaufen.

Ein solider Pfad leitet das Tal hoch

Corryhully Bothy

(auch hier reichen die Anpflanzungen weit hinauf) bis zum letzten Haus, dem Upper Glendessarry, das zeitweilig bewohnt ist. Von dort steigen Sie zum Dessary ab und überqueren ihn, um zu einer Hütte zu gelangen. Nach heftigem Regen kann dies ein schwieriges Unterfangen sein. Falls der Fluß nur wenig Wasser führt, können Sie sich den Umweg zur Brücke sparen und auf Steinen zum anderen Ufer gelangen.

Die Wahrscheinlichkeit ist groß, daß Sie die niedliche Hütte für sich alleine haben werden, denn die meisten Touristen bleiben lieber jenseits des Passes im Knoydart.

Von der Hüttentür aus können Sie auf der anderen Seite des Glens die wuchtige Bergwand, die Sie am nächsten Tag besteigen wollen, sehen. Den ehrgeizigen Plan über die Zwillingsgipfel Sgurr na Ciche und Garbh Chioch Mor nan Coireachan einzusteigen, sollte man besser fallen lassen. Als erster Gipfel wird der Sgurr nan Coireachan am nächsten Tag auf Sie warten. Anschließend werden Sie auf dem Kamm nach Osten wandern und eventuell in einer Hütte im Glen Kingie nächtigen.

Möglicherweise sind die Leser

jetzt etwas irritiert. Warum ist vom Sgurr nan Coireachan die Rede, wo dieser Berg doch bereits bestiegen wurde? Die Antwort ist ganz einfach die, daß es zwei Berge dieses Namens gibt. Dies ist keineswegs unüblich oder unlogisch. Die Berge wurden von den Menschen von unten aus benannt und wenn ihnen „Gipfel der Schluchten“ als angemessener Name erschien, darf man sich nicht wundern, wenn zwei Täler weiter im Süden ein ähnlicher Berg den selben Namen erhielt.

Zweiter Tag

Die Wanderung das Tal hoch ist etwas beschwerlich, vor allem, falls Sie den Fluß an der falschen Stelle queren und sich durch die dicht angepflanzten jungen Bäume schlagen müssen, um so schließlich den Hauptpfad wieder zu erreichen. Früher wurden auf ihm angeblich die Heringe von der Küste zum Markt transportiert.

Wandern Sie zum Bergrücken östlich der Schlucht Coire nan Uth, die Ihnen den Aufstieg ermöglicht. Im oberen Abschnitt ist auf den wasserumspielten Felsen eine kurze Kletterpartie zu bewältigen. An dem hochgelegenen Lochan, aus dem der Bach fließt, ist es ratsam, eine Pause einzulegen, um Kräfte für die vor Ihnen liegende, anstrengende Wanderung zu sammeln.

Oben angelangt, können Sie Ihren Rucksack abstellen und befreit von der Last zum Sgurr nan Coireachan hochklettern, was die Wanderung erheblich erleichtert. Vom Lochan aus ist der Bergrücken schnell erreicht und der Aufstieg zum Gipfel ist ohne das Gepäck relativ einfach. Die Aussicht ist wieder großartig. Im Westen ist das Knoydart zu sehen — die „Rough Bounds“, wie dieses Gebiet so treffend genannt wird. Die unverkennbaren Gipfel des Sgurr na Ciche und des Garbh Chioch Mor ragen eindeutig heraus.

Sie können einen Teil des Steinwalls erkennen, der zwischen den beiden Gipfeln verläuft. Er stammt noch aus der Zeit, in der die Landeigentümer ihre Grenzen streng bewachen ließen. Die Arbeit und die Mühe, die ihr Bau gekostet hat, kann man heute nur noch erahnen. Bei Nebel ist sie übrigens eine gute Orientierungshilfe. Im Norden liegt der Loch Quoich, ein großer Stausee, der in eine unglaublich schöne Landschaft eingebettet ist.

Kehren Sie zu Ihren Rucksäcken zurück und gehen Sie in nördlicher Richtung weiter. Sie haben vier „große Berge“ zu besteigen, wovon allerdings nur einer (der Sgurr Mor) ein Munro ist. Ein Pfad leitet fast die ganze Strecke über den Höhenrücken. Da er auf der Karte eingezeichnet ist, handelt es sich vermutlich um einen Pirschpfad. Solche Pfade wurden im 19. Jahrhundert mit großer Geschicklichkeit angelegt und führten immer auf der einfachsten Route den Berg hoch. Sie mußten nämlich für die Ponys, die das erlegte Wild auf dem Rücken trugen bzw. für Männer mit ähnlicher Last begehbar sein. Schade, daß heute so viele davon nicht mehr in Stand gehalten werden.

Es ist nicht allzu schwierig, den An Eag (die Kerben) zu erreichen und beim Abstieg können Sie den Pfad ausmachen, der sich in Serpentinen den Sgurr Beag hochwindet. Dies ist tatsächlich eine große Hilfe, denn dafür, daß er gemeinhin als „kleiner Berg" bezeichnet wird, ist der Sgurr Beag geradezu riesig. Falls Sie Glück haben, werden Sie in den seltenen und großartigigen Genuß kommen, einen kreisenden Adler beobachten zu können.

Der Sgurr Mor ist ein sehr komplexer und ausgedehnter Berg, der die 1000-Meter-Marke zwar kaum überschreitet, aber in gewisser Hinsicht doch der höchste Berg der ganzen Wanderung ist. Sicherlich werden Sie erschöpft den Gipfel erreichen. Falls Sie den Gairich, einen abgelegenen, schwer zu erklimmenden Munro, bezwingen möchten, wovon diese Routenbeschreibung ausgeht, würde die Möglichkeit zur Kinbreackhütte zu wandern und dort zu übernachten einen erheblichen Umweg bedeuten. Deshalb ist es bei schönem, beständigem Wetter empfehlenswerter, die direktere Route vorzuziehen und unterhalb des Gairich zu biwaken. So konnen Sie an Ihrer Route festhalten und gleichzeitig Kräfte sparen. Alles, was Sie dann an diesem Tag noch zu bewältigen haben, ist, den letzten Gipfel des langgestreckten Kamms, den Sgurr an Fhuarain, zu besteigen und zwischen ihm und dem Gairich einen Schlafplatz zu suchen.

Wandern Sie längs eines Baches abwärts, um so den Altschnee im oberen Teil der Schlucht zu umgehen. Etwas weiter unten finden Sie einen geeigneten Schlafplatz. Den Rest des Abstiegs können Sie am nächsten Tag in Angriff nehmen.

Dritter Tag

Beginnen Sie Ihre Tagestour früh, denn Sie müssen einen Berg besteigen und danach noch ein gutes Stück zum Tomdoun Hotel im Glen Garry wandern. Wandern Sie zum A'Mhaingir-Paß hinab, über den ein alter Pfad (Wegerecht) durch die Berge leitet. Im Westen fiel er der Umwandlung des Loch Quoich in einen Stausee zum Opfer. Dies ist nur einer der Preise, die für den Gewinn von Elektrizität bezahlt werden müssen.

Der Paß ist unter Umständen sumpfig und morastig. Sie müssen den Beginn eines Pirschpfades, der zum Gairich Beag hochführt, ausmachen, um so einigermaßen leicht zum Gipfel des Gairich zu gelangen. Von diesem erleben Sie ein gewaltiges Panorama. Beeindruckend erhebt sich der Ben Nevis im Südosten, als ob er den Beweis antreten müsse, der höchste Berg Schottlands zu sein.

Den ersten Teil des Abstiegs bildet eine reizvolle Kletterpartie auf dem schmalen Kamm. Bedenken Sie bei Ihrer Pausenplanung, daß Sie noch einige Kilometer zurückzulegen haben. Folgen Sie einer Kehre südlich des kleinen Sees auf dem Bac nam Fod, um zum Beginn des Forstwegs, der auf der Karte eingezeichnet ist, zu gelangen. Nach ca. einer Stunde erreichen Sie die Brücke über den Kingie, wo sich eine letzte Pause anbietet. Auf der Karte ist ein Pfad eingezeichnet, der von hier aus dem Südufer des Flusses folgen soll, doch ist er nur schwer auszumachen, so daß es unter Umständen besser sein kann, dem Waldweg zu folgen, obwohl dieser länger ist.

Die Wanderung durch den Kiefernwald ist ohne Abwechslung, so daß Sie sicherlich erleichtert sein werden, das Tor am Waldrand zu erreichen, von dem Sie die Brücke, die über den Garry leitet, sehen. Von diesem sind nur noch wenige Kilometer auf der Straße zum Hotel zu gehen.

Das Glen Garry gehört zu den Ländereien der Mac Donalds. Sie unterstützten den Feldzug Stuarts und zogen mit dem Prinzen bis Culloden. Früher lebten in diesem Tal sowie im Glen Quoich Hunderte von Menschen. Das Knoydart im Westen hatte Ende des 18. Jahrhunderts über tausend Einwohner. Heute wohnen in diesen weitläufigen Tälern zusammen weniger als hundert Menschen.

Ein MacDonald dieser Zeit wäre über die Begrüßung im Tomdoun, einem großen Hostel für Wanderer, wohl sehr erstaunt gewesen. Nicht, daß sie nicht herzlich wäre — im Gegenteil, doch sie wird mit walisischem Akzent ausgesprochen! Der neue Inhaber, der den

Gasthof vor einigen Jahren übernommen hat, ist nämlich Waliser. Sollten Sie nicht das Glück haben, abgeholt zu werden, können Sie von hier aus auch mit dem Postbus weiterkommen.

Alles in allem ist dies eine großartige Wanderung, die nur empfohlen werden kann. Am schönsten ist sie selbstverständlich bei schönem Wetter. Das Land ist jedoch so einmalig, daß sich die Wanderung immer lohnt. Natürlich muß die Route bei extrem schlechtem Wetter abgewandelt werden. Doch die Berge über die alten Pässe statt über die Gipfel zu durchwandern, kann genauso reizvoll sein.

Von Dalwhinnie nach Fort William

Cameron McNeish

Entfernung: 96 km (40 Meilen)
Ausgangspunkt: Bahnhof in Dalwhinnie
Endpunkt: Fort William
Karte: OS 1:50.000, zweite Auflage; Blatt 41 und 42

Kurzbeschreibung: Relativ niedrig verlaufende Wanderung durch eine großartige, verlassene Landschaft. Der Boden kann nach heftigem Regen sehr feucht sein, vor allem in der Gegend um den Tom an Eite. Die Route leitet an keinem Dorf vorbei, so daß genügend Proviant mitgenommen werden muß. Auf der Strecke liegen einige schöne Wanderhütten.

Sehenswürdigkeiten: Einzigartig wilde Landschaft um den Bealach Dubh, von dem aus man in westlicher Richtung bis über den Loch Ossian blicken kann. Es besteht die Möglichkeit, einige Berge „en route“ zu besteigen (den Ben Alder, die Marmores, die Grey Corries, die Aonachs und den Ben Nevis). Reges Wildleben (Rotwild, Wildkatzen, Alpenschneehühner, Wanderfalken und Goldadler).

Dalwhinnie ist ein öder und abgelegener Ort im ehemaligen Distrikt Badenoch. Er hat kaum mehr zu bieten als ein Café, einen kleinen Laden und eine Bahnstation. Einige Hotel strafen allerdings den Glauben Lüge, daß hier niemand eine Nacht verbringen möchte.

Trotz seines Rufs hat sich Dalwhinnie den Charakter einer alten Grenzstadt bewahrt und zudem ist seine Umgebung äußerst attraktiv. Im Osten, jenseits der Druim Alba, leiten vor langer Zeit geschaffene Pfade zu den satten Weideländereien von Speyside und Moray. Dahinter erheben sich

Loch Assian mit dem 3467 ft hohen Aonach Beag im Hintergrund

die gewaltigen Cairngorms und im Norden, jenseits der dunklen Silhouette der Monadliathberge also, liegt jenes verlassene und öde Gebiet, das ins Great Glen übergeht. Westlich des Loch Ericht tut sich ein weiterer verlassener Landstrich auf, dessen zerklüftete Berge zu den abgelegensten in Schottland zählen.

Erster Tag

Ein für Land Rover angelegter Weg verläuft am Nordufer des Loch Ericht und leitet zur Ben Alder Lodge, die 9,5 km (6 Meilen) tiefer im Tal liegt. Im Hochsommer ist die Straße von leuchtend gelbem Ginster umsäumt und der Gesang der Strandläufer bildet eine permanente Geräuschkulisse. Die Baumstümpfe alter Pinien erinnern an die großartigen Wälder, die diesen Teil Schottlands vor Hunderten von Jahren bedeckten — lange vor der Zeit der fragwürdigen „Überkieferung".

Alles, was sich hier ändert, sind die Bäume — die Kiefern werden größer. Eine alte graue Hütte steht einsam und verlassen am Loch und das Landschaftsbild variiert erst, wenn der Weg nach Westen dreht und zu den Ebenen des Pattack leitet. Der Anblick des Bealach Dubh zwischen dem Lancet Ridge und dem Ben Alder wird ein weiterer Anreiz für Sie sein.

Charles Edward Stuart durchwanderte die Gegend nach der Tragödie von Culloden. Ein harter Fußmarsch brachte ihn vom Great Glen zu den Lagganbergen und weiter über den Loch Pattack zum Ben Alder. Dort wurde er von dem Jakobiten Cluny MacPherson aufgenommen, in dessen Steinhütte auf den Südhängen des Ben Alder er eine vorübergehende Bleibe und Schutz vor dem permanenten Kampf mit den Elementen fand. Hier erreichte ihn bald die Nachricht, daß ihn eine französische Fregatte an der Küste erwarte, um ihn über die See zurück nach Frankreich zu bringen.

Ein deutlich erkennbarer Pfad leitet über die morastigen Flächen am Ufer des Loch Pattack und weiter zum Bealach Dubh, der sich jedoch häufig hinter Regenwolken versteckt. Wenn er aber von der Sonne angestrahlt wird, zeigt sich Ihnen eine herrliche Landschaft. In den Sommermonaten hört man den Gesang der Feldlerchen und die ganze Gegend ist von Wiesenpiepern bevölkert. Auf dem Fluß sind häufig Schwäne zu beobachten und auch auf dem Moor herrscht reges Vogelleben. In einiger Entfernung grasen Rotwildherden, de-

ren Röhren in den Sommermonaten von den Berghängen widerhallt.
Dort, wo der Pfad eine Kehre macht, um dem gemächlich dahinplätschernden Allt a'Chaoilreidhe zu folgen, steht die alte Culrahütte, die sich natürlich für eine Übernachtung anbietet, es sei denn, Sie wollen etwas weiter oben am Bealach Dubh campen. Die Hütte ist trocken, geräumig und behaglich und Sie können zwischen mehreren Räumen wählen.

Zweiter Tag

Begeben Sie sich wieder an das Südufer des Bachs und folgen sie dem Pfad nach Westen. Er leitet über die Moränen der Gletscher, die diesen großartigen Paß einst bedeckten. Zu Ihrer Linken erhebt sich der mächtige Ben Alder, einer der entlegensten Munros, auf dessen Gipfel Sie der Pfad führt. Vor Ihnen breitet sich eine atemberaubende Landschaft aus. Weit unten, im langgezogenen Glen, sehen Sie den Loch Ossian. Er ist nach dem Sohn des großen Fionn MacCumhail, in Schottland besser als Fingal bekannt, benannt worden. Jenseits des Lochs erheben sich einige der höchsten schottischen Berge, die Lochaberberge: die riesigen Gipfel des Marmore Forest, die Grey Corries, die Aonachs und der höchste von allen, der Ben Nevis. Für die Lochaber Viehdiebe muß dies auf der Rückkehr von ihren Raubzügen ein willkommener Anblick gewesen sein, da die Ankunft in ihren Heimatbergen bedeutete, daß sie in Sicherheit waren.

Doch die Raubzüge verliefen nicht immer ohne Zwischenfälle. Im 17. Jahrhundert kam es in diesem langen Tal, gleich östlich des Loch Ossian, zu einem blutigen Gemetzel. Einige Clanmitglieder der MacDonnells of Keppoch befanden sich auf der Rathad nam Meirleach, der Cateran's Road, also auf dem Weg nach Moray. Sie waren noch nicht weit gekommen, als ihnen zugetragen wurde, daß einige Grants aus Speyside dabei wären, in Keppoch das Vieh der MacDonnells zu stehlen. Wutentbrannt und ohne zu zögern kehrten sie zurück und ertappten die Grants auf frischer Tat. Sie töten sie bis fast auf den letzten Mann. Doch damit war dem Ganzen noch kein Ende gesetzt. Die überlebenden Grants flohen via Loch Treig zum Loch Ossian, wo sie auf einige Fremde trafen. Sie vertrauten sich ihnen an und erzählten, daß sie von den „verfluchten MacDonnell-Barbaren" verfolgt würden. Was sie nicht wußten, war, daß die Fremden ebenfalls Mac

Donnells waren. Diese ersparten ihren Verwandten sofort eine lange Verfolgungsjagd und setzten den Grants ein schnelles und blutiges Ende.
Der Loch Ossian ragt in den nordöstlichen Teil des Rannoch Moors. Dies ist eine weitläufige, fast unwirtliche Fläche aus torfigem Morast und offenem Wasser, aber auch ein einzigartig abgeschiedenes Gebiet, in dem sich das Wild frei bewegt.
Der Loch selbst ist völlig abgelegen und außer mit dem Zug (Linie Bridge of Orchy – Spean Bridge) kaum zu erreichen. Trotzdem ist er nicht öde. Er ist von Bergen umgeben und die Wälder reichen bis an seine Ufer. Es sind durchweg Wildwälder, was bedeutet, daß Sie die Gegend während der Pirschzeit meiden sollten.
Auf einer kleinen Halbinsel im Westen des Lochs steht ein kleines Hostel, das der Scottish Youth Hostels Association angeschlossen ist. Es ist eines jener Hostels, die man nur noch so selten findet. Der rotglühende Ofen in der Küche, die gleichzeitig Gemeinschaftszimmer ist, die beschlagenen Fenster, die bruzelnden Pfannen und Töpfe und die Unterhaltung der jungen Leute in dutzend verschiedenen Sprachen lassen in der Holzhütte eine Gemütlichkeit entstehen, die man in den modernen Jugendherbergen, wo die Gäste ihre Abende vor dem Fernseher oder am Billardtisch verbringen, vermißt.
Glücklicherweise bemüht sich die Scottish Youth Hostels Association, ihre einfachen Hostels zu erhalten und die Kosten für die Instandhaltung dieser kleinen Perlen wie Ossian, Glen Affric, Carn Dearg und die wenigen anderen aufzubringen.
Ca. 1,5 km vom Hostel entfernt befindet sich der Corrourbahnhof, der an der Glasgow – Fort William-Linie, der schönsten Eisenbahnlinie des Landes, liegt. Ein Pfad folgt ihr nach Nordwesten zum Südufer des 9,5 km langen Loch Treig, der auf beiden Seiten von 900 m (3 000 ft) hohen Bergen eingefaßt ist. Das Landschaftsbild ist hier eher karg als schön und das Ufer des Loch Treig ändert daran erst recht nichts. Der Loch Treig ist Teil des großen Stauseesystems, das die Energie für die Aluminiumwerke in Fort William liefert. Der Wasserpegel hebt und senkt sich ständig, so daß das Seeufer permant schmutzig und schmierig aussieht. Da Fort William gut 25 km entfernt ist, wird so mancher nicht verstehen, wie der Loch Treig dann Energiequelle für die Aluminiumfabriken der Stadt sein kann. Doch 1929 wurde ein langer Tunnel durch den Ben Nevis hinab zu den Werken gebaut und war damit der erste Tunnel dieser Art in der Welt.
Folgen Sie dem Pfad am trostlo-

Die Drahtseilbrücke im oberen Glen Nevis

sen Ufer der Lochs zur Creaguaineach Lodge und überqueren Sie den Abhainn Rath auf dem Steg. Dieser herrliche Fluß entspringt hoch in den Grey Corries, gleich östlich des Ben Nevis. Nach der Öde um den Loch Treig werden Sie über diesen farbenreichen Landstrich, der mit Feldblumen übersät ist, erfreut sein. Überall werden Sie leuchtende Matten von Steinmieren, gelbe Schlüsselblumen, Zwergbirken und Fettkraut sehen.

Die letzten 27 km (siebzehn Meilen) bis Fort William sind sehr abwechslungsreich. Die satte Weidelandschaft unterhalb des Staoineag und die karge Umgebung des Tom an Eite, der Wasserscheide zwischen dem Loch Treig und dem Glen Nevis, bilden einen eindrucksvollen Kontrast.

Die Staoineaghütte zählt mithin zu den schönsten Wanderhütten Schottlands. Im Erdgeschoß befinden sich zwei Räume, wovon einer sogar mit einem gewissen Grad an Komfort ausgestattet ist. Im ersten Stock bietet die mit Dielen ausgelegte Dachkammer zusätzlich Platz. Die Hütte steht oberhalb des Flusses inmmitten von Bäumen, in denen ein reges Vogelleben herrscht. Sie werden mit Sicherheit den Gesang der

Steinschmätzer, Pieper, Kiebitze und Meisen vernehmen und auf dem Fluß sind fast immer Tauchenten zu beobachten.

Dritter Tag

Folgen Sie dem Abhainn Rath über die grünen Wiesen, auf denen Schlüsselblumen und blaue Glockenblumen gedeihen. Die Landschaft mutet für die Highlands extrem weich und sanft an. Von Birken und Ebereschen überschattet und von Bergen umgeben zieht sich der Fluß mäanderförmig durch die Wiesen. Doch die Szenerie ändert sich bald wieder. Über den Wiesen zeigt der Fluß wieder sein typisches Highlandgesicht und stürzt mit rasender Geschwindigkeit durch die engen Schluchten.

Gehen Sie weiter am Fluß längs, wobei Sie der Anblick der Marmores und der Grey Corrries anspornen wird. An der Stelle, die auf der Karte als Luibelt eingetragen ist, sehen Sie ein altes Gebäude. Es ist von Pinien umgeben, die dem Haus allerdings nicht genügend Schutz vor dem Zerfall, der vor allem durch die rauhen Winterwinde bewirkt wird, bieten können. Schafe und Rotwild tei-

Erklärungen zu den Farbfotos

Seite 129:
Ben Arthur, besser bekannt als „der Cobbler", ist wahrscheinlich der einzige Berg Schottlands unter 800 m Höhe, dessen Gipfel nur durch eine Klettertour zu erreichen ist.
Seite 130-131:
Buachaille Etive Mor von der Blackrock Cottage aus gesehen
Seite 132 oben:
Die Bridge of Orchy im Glen Kinglass
Seite 132 unten:
Die Glen Dye Bothy auf der Wanderung von Braemar zur Küste
Seite 133:
Das Loch an Eilein Castle steht auf einer Insel, die etwa 50 m vom Seeufer entfernt ist. Das Gebäude stammt aus dem 14. Jahrhundert. Den Sagen nach soll es einst die Heimat von Alexander Stewart gewesen sein, bekannt als der Wolf von Badenoch.
Seiten 134-135:
Die Bergzüge der „The Horns", im Hintergrund Beinn Dearg und Beinn Eighe.
Seite 136 oben:
Die imposante Nordostwand des Stob na Doire.
Seite 136 unten:
Blick auf den Gipfel des Stob Ghabhar.

len sich die Weideflächen in der offenen und ungeschützten Landschaft, in der ein permanenter Wind weht. Auf allen Seiten zeigen sich gewaltige Berge. Vor Ihnen liegt der große Mormoreskamm und zu Ihrer Rechten erheben sich die Grey Corries, die von dem kahlen Gipfel des Ben Nevis überragt werden.

Bei Luibelt müssen Sie von dem holprigen Pfad am Nordufer des Abhainn Rath auf den Pfad am Südufer überwechseln. Da es keinen Steg gibt, werden Sie höchstwahrscheinlich nasse Füsse bekommen. Doch das steht Ihnen einige Kilometer weiter sowieso bevor. Dann werden Sie das, was oft als „das nasseste Gebiet Schottlands" bezeichnet wird, durchwandern. Vom Tom an Eite wandern Sie am Ufer des Nevis hinab in ein malerisches Glen, das einen großartigen Blick auf die hohen Marmores gewährt.

Im Steall befindet sich ein kleines weißes Cottage, das heute dem Scottish Mountaineering Club angeschlossen ist und eine idyllische Lage unterhalb des Wasserfalls hat. Um zum Cottage zu gelangen muß eine Drahtseilbrücke überquert werden, was etwas schwierig ist, aber gleichzeitig Spaß bringen kann. Wenn man einen schweren Rucksack auf den Schultern trägt, kann die Überquerung zum Balanceakt werden. Die Wiesen unterhalb des Steall breiten trotz des polternden und donnernden Wasserfalls, der von der Coire a Mhail herabstürzt, eine ruhige und friedliche Atmosphäre aus. Der Nevis fließt mit enormer Geschwindigkeit von den flachen Wiesen weg und „meiselt" eine gewundenen Passage im Granit ein. Im Lauf der Jahrhunderte grub sich das Gewässer immer tiefer in sein Felsbett ein und ließ eine der schönsten schottischen Schluchten entstehen. Die gewaltige Wasserkraft wollte die Hydro Electric Board vor 30 Jahren zur Gewinnung von Energie verwenden. Doch glücklicherweise erhoben verschiedene Institutionen und Persönlichkeiten Einspruch und machten ihren Einfluß geltend. Sie widersprachen jeglichem Eingriff in das Landschaftsbild und setzten sich für den Erhalt des natürlichen Zustandes ein. Ihr Protest hatte Erfolg, so daß Sie die Schlucht heute in ihrer ursprünglichen Schönheit bewundern können. Der Landstrich zwischen dem Steall und Polldubh wurde oft als „die schönste halbe Meile in Schottland" bezeichnet und der Bergsteiger W. H. Murray meinte, von allen schottischen Gegenden, die er kennengelernt habe, komme diese dem Himalaya am nächsten.

Die Wanderung führt Sie neben der Schlucht und ganz dicht an den feuchten Felswänden bergab. Die Strecke ist von tau-

senden von Schuhsohlen ausgetreten und gibt den Blick frei zu den darunterliegenden zischenden und brausenden Gewässern. Es dauert nicht lange bis Sie das Getöse hinter sich gelassen haben und an die 8 km (fünf Meilen) lange Straße nach Fort William gelangen. Obwohl es sich um eine Asphaltstraße handelt, ist es kein abrupter Übergang. Der Fluß wird Sie weiterhin begleiten und streckenweise säumen knorrige alte Pinien die Straße. Der Talgrund ist mit Birken und Kiefern bestanden und die Straße windet und wellt sich nach Norden. Sie führt in nördlicher Richtung an der Glen Nevis-Jugendherberge, einem Campingplatz und einem Restaurant vorbei und bringt Sie zum Endpunkt des Glasgow – Fort William-West Highland Way.
Fort William selbst hat alle Vorzüge einer Touristenstadt und natürlich gibt es eine Zugverbindung zurück in den Süden. Wenn Sie Zeit haben, sollten Sie hier übernachten und am nächsten Tag den Ben Nevis (1343 m), den höchsten Berg Großbritanniens, besteigen.

19 Creag Meagaidh

Cameron McNeish

Entfernung: 26 km (16 Meilen)
Anstieg: 1370 m (4500 ft)
Ausgangs- und Endpunkt: Aberarder Farm am Loch Lagganside
Karte: OS 1:50.000, Blatt 34

Kurzbeschreibung: Leicht zu bewältigende Bergwanderung über breite Gipfel und Plateaus.
Sehenswürdigkeiten: Großartige Sicht auf die wuchtigen Felsen der Coire Ardair. Halten Sie Ausschau nach Rotwild, Steinadlern, Bussarden, Wanderfalken, Schneehühnern und Schneeammern. Der Creag Meagaidh ist Teil des National Nature Reserve, das unter der Obhut des Nature Conservancy Councils steht.

Gleich im Norden der A 86 gelegen, bieten sich der Creag Meagaidh und seine Ausläufer für einen Tagesausflug an, wenn das Wetter an der Westküste schlecht ist. Es kommt nämlich gar nicht so selten vor, daß über dem Cairngormplateau Gewitterwolken hängen, während über dem Meagaidh eine warme Wintersonne scheint.
Er ist der Berg der Gegensätze,

Die herrliche Nordostseite der Coire Ardair

nicht zuletzt, weil er direkt auf der Druim Alba, der Wasserscheide Schottlands, liegt. Hier herrscht schönes Wetter, wenn es anderswo regnet und er kann in Wolken gehüllt sein, wenn es sonst überall klar ist. Und wenn er will, kann er widerspenstig und unbezwingbar sein. Er ist der Berg, der einen Neujahrsausflug der „Kletterstars" Bonington, Patey, Clough, Beard u.a. in ein Drama ausarten ließ. Er ist auch der Berg, auf dem eine erfahrene Bergssteigermannschaft zwei Winter nacheinander von einer Lawine überrollt wurde und er ist der Berg, der die Bergwacht jahrein, jahraus in Atem hält.
Er kann teuflisch sein, wenn er will. Doch wenn er lacht, ist es ein zahnloses Grinsen, das seine breite und tiefe Schlucht von ihrer schönsten Seite zeigt. Was den Creag Meagaidh für die Wanderer und Bergsteiger so reizvoll macht, ist sein immenses Aufgebot an blankem Fels in seiner berühmten Schlucht. In der etwa 2,5 km langen Coire Ardair erheben sich die Felsen teilweise 450 m über dem Talgrund. Aufgelockert wird die Felslandschaft nur durch das lange, gewundene Glen, das bis an die Felsen heranreicht, sowie durch das sogenannte „Window". Dies ist ein hochgelegener Paß, der während der Eiszeit entstand. Charles Edward Stuart benutzte den Paß, als er nach der Niederlage von Culloden über das Camerongebiet zu seinem jakobitischen Freund Cluny MacPherson nach Badenoch floh.
Für die Kletterer ist der Creagh Meagaidh nur im Winter von Bedeutung. Dann bieten die Felsen der Coire Ardair die schönsten Schnee- und Eisrouten des Landes. Sie waren Sport- und Übungsplatz des großen Tom Patey und der betreffende Scottish Mountaineering Club District Guide beschreibt die Coire Ardair als „ ...eine der eindrucksvollsten Schluchten in Schottland. An die Größe und Erhabenheit ihrer Felsen reichen nur die des Ben Nevis heran."
Im Gegensatz zum Ben Nevis stehen die Felsen der Coire Ardair den Sportsleuten allerdings nur im Winter, wenn sie mit Eis und Schnee bedeckt sind, zur Verfügung. Im Sommer sind sie von Moos und Gestrüpp überzogen, so daß die Klettermöglichkeiten eingeschränkt sind. Der Fels besteht aus horizontalem Schichtgestein und Glimmerschiefer und ist durch den Frost brüchig und „unzuverlässig" geworden.
Dem Bergwanderer jedoch ermöglichen der Carn Liath, der Pointe Coire Ardair, der Creag Meagaidh und der Beinn a Chaorainn eine großartige Rundwanderung von 26 km (16 Meilen) Länge, auf der vier Munros liegen, und die an einem Tag zu bewältigen ist.
Der ideale Ausgangspunkt ist die Aberarder Farm am Loch Lag-

ganside. Das Gebiet um den Creag Meagaidh und die Aberarder Farm wurden 1986 vom Nature Conservancy Council(NCC) aufgekauft. Davor hatte eine private Forstgesellschaft Pläne für eine Massenaufforstung auf den unteren Hängen des Creag Meagaidh angekündigt. Dieser wäre wahrscheinlich der ausgedehnte Birkenwald, der weite Teile der unteren Coire Ardair überzieht, zum Opfer gefallen. Das Einschreiten des NCC hatte nicht nur die Erhaltung des Birkenwaldes zur Folge, sondern gewährt auch dem übrigen Pflanzenleben und den Vögeln auf den oberen Hängen einen gewissen Schutz.

Der Obhut des NCC ist es auch zu verdanken, daß der Berg den Wanderern und Bergsteigern das ganze Jahr über zugänglich ist. Für das „Wildmanagement" wurde nämlich eine interessante Lösung gefunden. Statt das Wild, wie in anderen Gebieten im August, September und Oktober zu schießen, wird es in Tal getrieben und dort eingefangen. Die Tiere werden dann zu Wildfarmen im ganzen Land verfrachtet. Diese Regelung schafft einige lokale Arbeitsplätze, bildet eine zusätzliche Einnahmequelle für den NCC und gestattet es uns, in diesen Bergen auch während der Pirschzeit, wenn der Zutritt zu anderen Gegenden verboten ist, zu wandern.

Hinter dem alten Farmgebäude quert ein solider Pfad das untere Moorgelände und verläuft eine Zeitlang am Allt Coire Ardair entlang. Ihre Route verläßt den Pfad nach ca. 1,5 km und führt stattdessen über die langen, mit Heidekraut überzogenen Hänge des Carn Liath (grauer Berg). Man kann nicht gerade behaupten, daß der Carn Liath ein sonderlich attraktiver Berg ist, doch er ermöglicht einen großartigen Blick auf die Felsen der Coire Ardair. Der felsige und geröllbedeckte Gipfel des Carn Liath ist der ideale Ausgangspunkt für die Höhenwanderung, die Sie auf den Nordflanken der Coire Ardair zum Poite Coire Ardair leitet.

Während der ganzen Wanderung wird das Auge von den darunterliegenden Pfeilern angezogen, die zum Teil aussehen als würden Sie direkt dem dunklen Lochan a'Choire Ardair entwachsen.

Auch die Felsgrate des Pointe Coire Ardair fallen steil ab und von der Gipfelpyramide ziehen sich die Hänge zum „Window" hinab. Von dort bringt Sie eine kurze, aber steile (150 m) Kletterpartie zum Gipfel des Meagaidh.

Von dem breiten Gipfelplateau des Creag Meagaidh ist schon so mancher abgestürzt. Bei Nebel oder tiefhängenden Wolken sind seine „Grenzen" — ähnlich wie auf den Plateaus des Cairngorm und des Ben Alder — kaum auszumachen. Man muß also über einen ausgeprägten Orientierungssinn verfügen oder einen Kompaß benutzen. Verwechseln Sie „Mad Meg's Cairn" nicht mit dem Gipfel. Dieser große Steinhaufen befindet sich ca. 100 Meter nordöstlich des eigentlichen Gipfels und — so floß es jedenfalls aus der Feder eines Schriftstellers — „sieht aus wie die heiligen Erdhügel der Inkas oder ein derartiges Monument." Schon viele Wandersleute haben sich verirrt, weil sie „Mad Meg's Cairn" für die Gipfelpyramide hielten.

Der 1128 m (3700 ft) hohe Gipfel des Creag Meagaidh ist, was schon seine zentrale Position nahelegt, ein hervorragender Aussichtspunkt. Die Sicht — vorausgesetzt das Wetter spielt mit — reicht von den nahegelegenen Cairngorms bis zum Ben Nevis und vom Knoydart bis Torridon. In unmittelbarer Nähe, jenseits des Loch Laggan, breitet sich der Ardverikie Forest mit dem Beinn a'Chlachar, dem Creag Pitridh und dem langgezogenen Beinn Eibhinn aus. Dahinter zeigen sich der Aonach Beag und der Geal Charn.

Gehen Sie jetzt etwa 2,5 km nach Westen zum Bealach a'Bharnish (ein einfacher Abstieg, ca. 300 m), der zum Nordwestkamm des Beinn a'Chaorainn (Ebereschenberg) leitet. Wenn Sie diesen nicht besteigen möchten, folgen Sie dem langen Kamm, der sich zunächst nach Westen windet, dann südlich vom Creag Meagaidh wegführt und hinab zum Creag na Cailliche (Altweiberfels) leitet. Von dort wandern Sie längs des Moy Burn zurück zur A 86, die Sie bei Moy erreichen.

Auf dem wellenförmigen Kamm des Beinn Chaorainn erheben sich drei Gipfel. Der mittlere ist ein nach neuesten Messungen 1048 m (3437 ft) hoher Munro. Vom Gipfelkamm kommen Sie ohne nenenswerte Schwierigkeiten zur Straße zurück. Widerstehen Sie aber der Versuchung, die Abkürzung über das Moorgelände am Lochan na Cailliche zu nehmen. Der Grund ist äußerst sumpfig, so daß die Wanderung sehr mühsam werden kann. Wenn Sie keine Rückfahrgelegenheit organisieren konnten, haben Sie noch 12 km auf der Straße zu gehen. Es lohnt sich also durchaus, sich vor dem Start um einen zweiten Wagen zu kümmern.

Die nächstgelegenen Übernachtungsmöglichkeiten bestehen in Roybridge und Laggan. In Kingussie und Fort William gibt es Jugendherbergen. Nancy's Hostel in Fersit bei Tulloch ist ein empfehlenswertes, privates Hostel. Die einzige öffentliche Verkehrsverbindung ist ein Bus, der einmal pro Woche von Aviemore nach Fort William fährt. Der NCC hat ein Feld in der Nähe von Aberarder als Campingfläche ausgewiesen.

20 Der Corrieyairack

Cameron McNeish

Entfernung: 27 km (17 Meilen)
Anstieg: 450 m (1500 ft)
Ausgangspunkt: Wadebrücke in Garvamore
Endpunkt: Fort Augustus; um zum Ausgangspunkt zurückkommen, sind zwei Wagen erforderlich.
Karte: OS 1:50.000, Blatt 34 und 35

Kurzbeschreibung: Leicht zu bewältigende Wanderung über einen Bergpaß (2507 ft/764 m). Die Tour kann im Winter schwierig und gefährlich sein.
Sehenswürdigkeiten: Alte Highlandstraße, die die Straßenbautechnik Wades veranschaulicht und an einigen seiner berühmten Brücken vorbeiführt. Im Corrieyairackgebiet sind noch viele Adler zu beobachten.

Stellen Sie sich die Highlands zu der Zeit vor, als es in der ausgedehnten Berglandschaft nördlich von Perth kaum Straßen gab. Die rebellischen Clans stellten die Souveränitat des Königs in Frage und die Jakobiten waren dabei, das Volk für sich zu gewinnen. So war es kaum ein Wunder, daß die Regierung im frühen 18. Jahrhundert ein Straßennetz bauen ließ, das die wichtigsten Städte und Festungen miteinander verband.
Es war vor allem der Aufstand der Jakobiten von 1715, der diesen Plan entstehen ließ. Bis zu diesem Zeitpunkt hatte die damalige Regierung die Highlands mehr oder weniger ignoriert und angenommen, daß das Land nur von unkultivierten Wilden bewohnt sei. Doch bald schon wurde ihr klar, daß die Nordküste der ideale Lande- und Angriffsplatz für die Franzosen, Dänen und Spanier war. Zweifellos wurde dies noch durch die jahrhundertealte Allianz zwischen Schottland und dem jakobitischen Frankreich, der Auld Alliance, begünstigt.
Es mußte dringend etwas unternommen werden, um den Norden unter Kontrolle zu bringen. Man beauftragte General George Wade damit, ein Straßennetz zu planen und dessen Bau zu überwachen. 1724 wurde der gebürtige Ire zum Commander-in-Chief of His Majesty's Forces in Scotland ernannt und obwohl er eigentlich Soldat war, ging er als Straßenbauer in die Geschichte ein. In den dreizehn Jahren, die er in Schottland verbrachte, entstanden unter seiner Aufsicht unzählige Straßen. Dazu zählt auch

die Hauptverbindungsstrecke zwischen Dalwhinnie und Fort Augustus (am Loch Ness), das auf der wichtigen Route zwischen Inverness und dem heutigen Fort William liegt. Er schuf zudem die Straße von Dunkeld (nördlich von Perth) nach Inverness, die heutige verkehrsreiche A 9.

Mit dem Bau der Straße von Dalwhinnie nach Fort Augustus begann er 1731. Vier Arbeitertruppen machten sich im April an die Arbeit und schon im Oktober deselben Jahres fand am Ufer des Allt Lagan a'Bhainne eine Feier anläßlich der Fertigstellung des Hauptabschnitts statt. Die Gesamtkosten lagen unter 3000 Pfund. Die Ironie des Schicksals wollte es, daß einer der ersten, die die neue Straße benutzten, Charles Edward Stuart mit seiner jakobitischen Armee war. Doch das ist eine andere Geschichte.

Als Thomas Telford im frühen 19. Jahrhundert mit dem Bau des ersten zivilen Straßennetzes begann, zog er die Straße von Loggan nach Spean Bridge dem Corrieyairack als Hauptverbindungslinie in den Westen vor. Er tat uns damit einen großen Gefallen. Der Corrieyairack blieb damit nicht nur dem Wild und den Goldregenpfeifern erhalten, sondern natürlich auch den Wandersleuten, die weiterhin die Ruhe und Abgeschiedenheit der Gegend genießen können.

Der Corrieyairack selbst beginnt in Dalwhinnie, läuft über Moorland nach Drumgask und Laggan und leitet dann jenseits der Garvabrücke in die Monadliathberge. Die ersten 16 km (zehn Meilen) sind relativ öde und langweilig und auf asphaltierten Straßen zurückzulegen. Wenn Sie aber mit dem Auto über Laggan und die alte Wadebrücke bei Garvamore nach Melgarve, wo die Asphaltstraße endet, fahren, kommen Sie schnell zum eigentlichen Corrieyairack Pass.

Von Melgarve aus erreichen Sie den Paß in zwei oder drei Stunden und können am selben Tag zu ihrem Wagen zurückkehren. Wenn Sie den Paß von der Nordseite angehen wollen, können Sie Ihr Auto in Fort Augustus abstellen und den Weg durch den Culachy Forest nehmen. Sollte es Ihnen möglich sein, zwei Wagen zu organisieren, können Sie den Paß überschreiten, was Ihnen einen umfangreicheren Eindruck der Gegend vermittelt und Ihnen das Können der Straßenbauer des 18. Jahrhunderts zeigt.

Am Ende der Asphaltstraße in Melgarve befindet sich ein Parkplatz. Ganz in der Nähe sehen Sie eine von Wades Brücken, die kürzlich mit einem neuen Holzbelag versehen wurde. Der Pfad ist hier holprig und unglaublich gradlinig, was natürlich einiges über das Anliegen der Konstrukteure aussagt. Unter dem Kies, das den Weg heute bedeckt, kann man noch das Kopfsteinpflaster der alten Straße erkennen. Selbst als der Belag neu war, muß es äußerst unbequem und mühsam gewesen sein, die Straße zu befahren. Den Reiseberichten von Mrs. Sarah Murray, die 1798 in den Highlands unterwegs war, läßt sich entnehmen, wie unwegsam sie war.

"...die ganze Straße rauh, gefährlich, fast furchteinjagend, sogar für das Pferd. Die steilen und schwarzen Berge und die reißenden Ströme warfen jeden Schritt, den das Pferd machte, auf ihn zurück. Als er das Ende der Serpentinen auf dem Corrieyairack erreichte, glaubte er, das Pferd, er selbst, einfach alles würde förmlich weggezogen und er wußte nicht, wohin — der Wind war so stark, der Regen so heftig und der Nebel so dicht. Und was die Kälte anbetraf, sie betäubte ihn..."

Mrs. Murray erzählt außerdem erschütternde Geschichten von Reisenden, die auf der Straße fast erfroren wären und von Soldaten, die starben, weil sie vor dem Aufstieg zuviel Whiskey getrunken hatten.

Nach einer Weile dreht der Weg in militärischer Manier nach rechts und läuft über die unteren Hänge des Geal Charn. Über Ihnen liegt der Corrie Yairack und darüber das Plateau des Corrieyairack Hill. Zunächst sieht es aus als müßten Sie über den Rand der Schlucht hochklettern, doch der Pfad dreht wieder nach links und zieht einige Serpentinen — eine erstaunliche Konstruktion in solch einer abgelegenen Gegend. Angeblich sind es insgesamt dreizehn Schlaufen. Vom Talgrund aus haben Sie den höchsten Punkt des Passes (764 m/ 2570 ft) schnell erreicht. Schauen Sie zurück und fangen Sie die Atmosphäre dieser Gegend ein. Jenseits des Glens sehen Sie die Grampions, die sich über dem Glen Freshie erheben. Das Speytal reicht fast bis zum Corrieyairack selbst. Wenn Sie genügend Zeit haben, bietet sich zu Beginn der Wanderung ein reizvoller Umweg an, der in westlicher Richtung zum Loch Spey, der Quelle des mächtigen Spey, führt (3 km).

Die Leitungsmasten der Hydro Board stellen einen massiven Eingriff in die Abgeschiedeheit des Corrieyairack dar und die Hydro Board-Hütte, die direkt auf dem Paß steht, wirkt völlig fehl am Platz. Bei der Gipfelpyramide öffnet sich der Blick nach Norden und Westen. Von hier aus geht es bis Fort Augustus nur noch bergab. Im Nordwesten sehen Sie den Loch Garry, über dem sich hohe Berge erheben. Auf ihren Flanken verläuft eine weitere Military Road, die zu den Benera Barracks bei Glenelg an der Westküste führt.

Unterhalb des Gipfels wird die

Wanderung einfacher und ist weniger mühsam. Von einem Abstieg, der in die Knie geht, kann keineswegs die Rede sein. Es zeigt sich auch ein sanfteres Landschaftsbild. Nur der melancholische Gesang der Goldregenpfeifer erinnert an die Abgeschiedenheit und das Krächzen der Alpenschneehühner demonstriert die Höhe über dem Meeresspiegel. Sie sind von Wildwald umgeben und wenn Sie Ende September oder Anfang Oktober hierher kommen, werden Sie die brunftenden Hirsche hören.

Die Brücke über den Allt Coire Uchdachan wurde von Wade konstruiert und vor kurzem von der Scottish Rights of Way Society ausgebessert. Etwas weiter im Norden ließen die Royal Engineers 1961 eine weniger romantische Behelfsbrücke über den Allt Lagan a'Bhainne bauen. An dieser Stelle hielten die Straßenbauer 1731 ihre Feier anläßlich des Endes der Bausaison, der Fertigstellung der Corrieyairack-Straße und des Geburtstags des Königs ab. Der Ort scheint bei den Arbeitern sehr beliebt gewesen zu sein, da sie ihm den Kosenamen Snugborough (Milchschlucht) gaben.

Der Abstieg zum Culachy verläuft am Fluß Tarff entlang und über die Schulter des Liath Dhoire. Der Pfad ist ziemlich steil und führt an einigen Wasserfällen vorbei. Die grüne Landschaft bildet einen willkommenen Kontrast zu der öden und verlassenen Gegend, durch Sie auf den vorhergehenden Kilometer gewandert sind. Am Culachy House nehmen Sie die Schotterstraße und folgen ihr bis zur Asphaltstraße, die Sie nach Fort Augustus bringt.

Highland Region – IV

21 Der Trotternishkamm auf Skye

Cameron McNeish

Entfernung: 48 km (30 Meilen)
Ausgangspunkt: Duntulm Castle bei Kilmaluag an der A 855
Endpunkt: Portree
Karte: OS 1:50.000, zweite Auflage; Blatt 235

Kurzbeschreibung: Leicht zu bewältigende Höhenwanderung auf dem Bergkamm der Halbinsel Trotternish im Norden der Insel Skye.
Sehenswürdigkeiten: Eine der schönsten Wanderungen Schottlands. Herrlicher Blick über das Meer zum schottischen Festland auf der einen Seite und zu den Hebriden auf der anderen Seite. Phantastische geologische Formationen des Quairaing und der Storfelsen.

Viele Wanderer behaupten, daß diese Wanderung in ganz Schottland ohne Gleichen sei. Obwohl es auf diesem großartigen Kamm keine Munros zu besteigen gibt und man kaum von majestätischen Bergen sprechen kann, hat er etwas äußerst Anziehendes und Einzigartiges an sich.
Schon der Blick auf die entsprechende OS-Karte zeigt Ihnen, wie wuchtig der Trotternish ist. Der lange, gewundene Steilabhang aus Basaltgestein zieht sich in südlicher Richtung von den steilen Gipfeln des Sron Vourlinn zu dem öden Moorland bei Portree hin. Die Steilklippen des Kamms bestehen aus immens dicken Lavaschichten, die sich zwischen die unteren und oberen Lagen des Basaltplateaus eingelagert haben. Als Folge davon entstanden lange intrusive Lagergänge, die sich von Portree über die ganze Halbinsel und über das Meer hinweg bis zu den Shiantinseln im Norden erstrecken. Die Westseite des Kamms sieht völlig anders aus. Ihre langgestreckten Grashänge ziehen sich bis zum oberen Rand der Klippen hoch. Obwohl die Gipfel nicht hoch sind (der höchste erreicht nur 718 m/ 2358 ft), ist die Aussicht von diesen relativ niedrigen Bergen so großartig und weitreichend wie von den höchsten Gipfeln Schottlands. Im Westen reicht sie bis St. Kilda und auf dem Festland sind

Die Trotternishberge aus der Nähe des Quiraing gesehen

die massiven Berge von Torridon, Gairloch und Applecross zu sehen. Die Reize und Sehenswürdigkeiten von Trotternish sind nicht schön im eigentlichen Sinne des Wortes. Am Nordende der Halbinsel, in der Nähe der Staffin Bay, bieten die zerklüfteten Pfeiler und eigentümlichen Gipfel, die das Quiraing bilden, einen fast schaurigen Anblick. Weiter südlich ließ die Lava den Old Man of Storr und erodierte Balsaltsäulen, die sich geisterhaft in den Himmel erheben, entstehen.

Erster Tag

Die Gratwanderung auf dem Trotternish beginnt am Dulmtulm Castle, das am nördlichsten Punkt der Halbinsel liegt. Die brechenden Wellen und die stürmische Brandung sowie das heisere Geschrei der Möwen bilden eine permanente Geräuschkulisse. Die trostlosen Burgruinen trotzen stolz den Nordweststürmen, denen die felsige Landzunge, die sich steil aus der Minch erhebt, unerbittlich ausgesetzt ist. Sie zählt zu den ehemaligen Festungen der MacDonalds of the Isles — ein Seefahrerclan, der die schottische Westküste unter Kontrolle hatte. Von Burgen wie dieser war es für die MacDonalds ein Leichtes, ihre Feinde abzuwehren. Schnell waren ihre Streitkräfte und Kriegsgaleeren zur Verteidigung ihrer Souveränität aufgeboten.

Fahren Sie von Portree bis hierher. Von den Burgruinen aus folgen Sie der malerischen Straße nach Osten zu den vereinzelten Bauernhöfen von Kilmaluag, wo ein Feldweg nach Süden abbiegt und zu einem weiteren Bauernhof, dem Connista (auf der Karte eingezeichnet), führt. Hinter einigen strohgedeckten Farmen liegt Ihr erstes Ziel, die unverkennbare Basaltnase des Sron Vourlinn, mit dem Ihre Gratwanderung, die Sie nach Portree bringen soll, beginnt.

Der Sron Vourlinn ist nach einer norwegischen Prinzessin benannt. Vor ihrem Tod bat sie darum, so begraben zu werden, daß sie über das schottische Festland zum heimatlichen Norwegen blicken könne. Man sagt, daß sie auf dem Gipfel des Sron Vourlinn beigesetzt wurde. Es deutet zwar nichts darauf hin, doch die Aussicht ist so gut und weitreichend wie sie es sich gewünscht hatte.

Hinter Ihnen, in dem grünen Wasser der Minch, können Sie die Insel Trodsay und die Shiants sehen, am entfernten Horizont sind die Klippen von Lewis zu erkennen. Die Berge des Festlands sind meist in einen dichten Nebelschleier gehüllt, doch vor Ihnen

Die Trotternish-Wanderung führt auf 48 km Länge über den Gebirgsrücken der Halbinsel Trotternish auf Skye. Diese Zweitageswanderung zählt mithin zu den schönsten in Schottland mit herrlichen Ausblicken auf das Meer und faszinierenden Felsformationen.

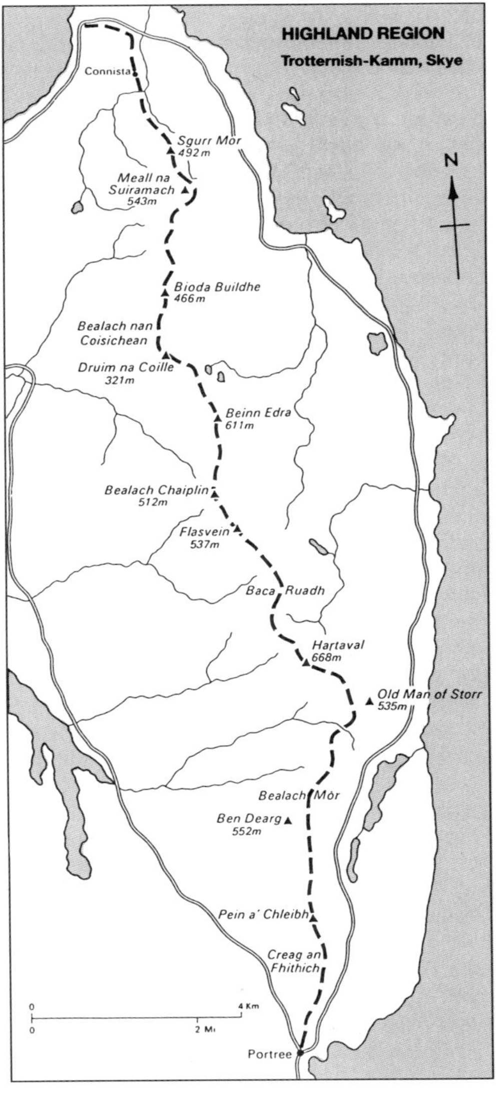

breitet sich der wellenförmige Trotternishkamm deutlich aus.

Vom Vourlinn aus folgen Sie dem bröckligen und brüchigen Klippenrand zunächst nach Süden und dann nach Südwesten bis Sie die Hänge allmählich zum zerklüfteten Fir Bhreugach hochleiten. Ihr erster Gipfel wird der Meall na Suiramach, der oft fälschlicherweise Quiraing genannt wird, sein. Quiraing (Falte oder Feder) ist aber nur die Bezeichnung für die Felsformation aus Pfeilern, Säulen, Felsspitzen und Gesteinstrümmern, die vom Klippenrand abgetrennt ist.

In das Quiraing kommt man am besten von unten. Vom Klippenrand zieht sich ein Grashang in dieses eigenartige und versteckte Tal, das am Fuße des Trotternishkamms liegt. Wandern Sie durch den eigentümlichen Wald von Türmen und Basaltpfeilern, der von Vulkanüberresten gebildet wird. Die Landschaftsszenerie erinnert an Island: verzerrte, gekrümmte, verformte, fast abweisende Formationen und Konturen, die aussehen wie gekrümmte Finger aus Fels, die einen in die Unterwelt locken wollen.

Die normale Route zum Quiraing folgt einem Pfad, der von der Staffin-Uig-Straße, der einzigen Straße, die den Kamm von Osten nach Westen durchläuft, abgeht. Sie ist aber noch ungefähr 1,5 km von Ihnen entfernt, so daß sich ein anderer Weg anbietet. Ein solider Schäferpfad führt auf den Klippen nach Süden. Folgen Sie ihm bis der Fels auf Ihrer Seite brüchig und von breiten Rinnen und enormen Rissen durchzogen wird. Eine Rinne ermöglicht einen leichten Anstieg. Über Ihnen erheben sich immense Felsblöcke, -gipfel und -kämme. Geröllhänge leiten Sie hoch in das großartige „Amphitheater". Riesige zerklüftete, verwitterte und rissige Felsen stehen abseits der dahinterliegenden Hauptklippen. Durch die Spalten können Sie eine völlig anders geartete Landschaft sehen: das grüne Weideland der Farmen von Staffin und das blaue Wasser der Bucht.

Im Gegensatz dazu wirkt das schwarzgraue Quiraing mit seinen titanenhaften vertikalen Säulen fast surrealistisch. Wahrscheinlich werden Sie überrascht sein, plötzlich ein grasbewachsenes Plateau, das Table genannt wird, zu erreichen. Dahinter tut sich in ein wahrer „hängender Garten von Babylon" auf. Farbenprächtige gelbe, rote und weiße Blumenmatten, blaues Fettkraut und ein Sprühregen von goldenen Rosensträuchern bilden einen großartigen Kontrast zu dem schimmernden Schwarz der nassen Klippen.

Auf Ihrem weiteren Weg durch schwarze „Geröllkorridore" passieren Sie den höchsten aller Pfeiler, den Needle (35 m/120 ft), der

Das Duntulm Castle zu Beginn der Trotternishkammwanderung

oben und unten spitz zusammenläuft. Weitere Geröllhänge leiten Sie zum Prison, der den südlichen Vorposten des Quiraing bildet.

Ein terrassenförmig angelegter Pfad verläuft am oberen Rand des Hangs und bringt Sie nach und nach hinab zur Staffin-Uig-Straße. Auf der anderen Straßenseite wellt sich der Kamm, eindrucksvoll wie immer, nach Süden. Unter sich können Sie ein von langen Gräben durchzogenes Moor sehen, was darauf hindeutet, daß hier noch Torf gestochen wird.

Überqueren Sie die Straße und begeben Sie sich auf die Hänge des Bioda Buidhe. Im Windschatten der Klippen unter Ihnen sehen Sie eine erstaunlich große Gruppe von Ebereschen — ein Anblick, den man nirgendwo sonst auf Trotternish hat. Abgesehen von dem langen Kamm ist es eine sehr offene und ungeschützte Landschaft, die den Launen der Atlantikstürme ausgesetzt ist, wodurch die Vegetation auf der Halbinsel sehr beschränkt ist.

Mehrere alte Pässe, die früher häufig benutzt wurden, queren den Kamm von Osten nach Westen. Zwei davon sind der Bealach nan Coisichan und der Bealach Uige. Beide sind sind tief in die Klippe eingelassen, so daß der Kamm auf ihnen leicht überschritten werden kann. Südlich des Bealag Uige verläuft am Klippenrand ein Zaun zum Gipfel des Beinn Edra, der mit etwas über 670 m (2000 ft) der zweithöchste Gipfel des Trotternish ist. Wenn Sie für die Wanderung zwei Tage eingeplant haben, ist dies die ideale Stelle, um Ihr Zelt aufzuschlagen. Wenn das Wetter gut ist, können Sie auch auf dem Höhenrücken selbst schlafen und die Sicht auf das Festland genießen. Sollte es windig sein, können Sie von hier leicht zu dem sumpfigen Gelände unter Ihnen absteigen und auf einem der trokkenen „Inselchen" nächtigen.

Zweiter Tag

Steigen Sie wieder auf den Kamm und gehen Sie über den Bealch Chaiplin nach Süden. Achten Sie bei schlechtem Wetter darauf, weit genug vom brüchigen Felsrand entfernt zu sein. Nebel und Dunkelheit lassen den 300m-Abfall zu einem bodenlosen Loch werden. Der Kamm wellt sich von hier aus sanft weiter, hebt und senkt sich in einer Serie von flachen Buckeln und Höckern. Setzen Sie Ihren Weg zum Sgurr a Mhadaidh Ruaidh (Berg des roten Fuchses) fort. Er ist Schauplatz des Gauner- und Abenteuerromans von Campbell MacLean, der auch erfolgreich verfilmt wurde. Der Abstieg zum Bealach Harvatal läßt einen Blick auf die Felsen des Stor jenseits der großen und tiefen Schlucht zu, bevor Sie auf den steilen Hängen zum Gipfel des Harvatal selbst steigen. Viele der Ortsnamen auf Skye bzw. auf den ganzen Hebriden sind wie Harvatal norwegischer Herkunft und man sagt, daß noch viel norwegisches Blut in der Adern der Sgiannaichs fließt. Die Inseln waren bis zur Schlacht bei Largs im Jahre 1263 von den Norwegern belagert, was natürlich viele Mischehen zwischen Norwegern und Kelten zur Folge hatte.

Der Bealach a'Chuirn liegt zwischen dem Harvatal und den langen Hängen, die zum Gipfel des Storr (2358 ft/719 m), dem höchsten Gipfel der Wanderung führen. Bevor Sie auf diesen Hängen hochsteigen, sollten Sie anhalten und die Aussicht, vor allem nach Westen, genießen. Dort ziehen Grashänge das Auge zum Loch Snizort und über Vaternish zu dem entfernten Profil der MacLeod's Tables.

Vom Gipfel des Storr sehen Sie die Pfeiler und Spitzen des Old Man of Storr. Natürlich können

Sie von hier aus in seine eindrucksvolle „Festung“ hinabsteigen. Ansonsten wandern Sie zunächst nach Westen, dann nach Süden weiter und steigen auf den Grashängen zum Bealach Beag hinab.

Dort können Sie die restliche Strecke der Wanderung überblikken. Der Kontrast zwischen den dunklen Bastionen und gespenstischen Gipfeln des Storr und der Landschaft im Süden ist so kraß wie der zwischen dem Quiraing und Staffin. Die Lochs des Storr, der Lathn und der Fada, sehen aus wie Quecksilbertümpel und in beiden können Sie Forellen beobachten.

Darunter breitet sich das grüne und einladende Tal aus, an dessen Ende Portree und das funkelnde Wasser seiner Bucht liegt. Im Osten brechen die Wellen sanft an der Küste der nördlichen Raasay. Dahinter zeigen sich die dunklen und schattenhaften Profile von Gairloch und Rona mit ihren zerklüfteten Felsen. Unterhalb Portrees windet sich ein schmaler Sund am steilen Ben Tianavaig vorbei und läuft dann in südlicher Richtung nach Broadford, wo er sich im Schatten Scalpays verliert. Bei klarer Sicht sind der Red Cuillin und der Black Cuillin zu erkennen.

Vor Ihnen zieht sich der Höhenrücken über eine Reihe von kleinen Höckern nach Südwesten bis er von dem steilen Ben Dearg, dessen Kamm senkrecht zum Hauptkamm verläuft, „angehalten“ wird. Sie brauchen ihn jedoch nicht zu besteigen — es sei denn, Sie wollen es unbedingt. Es existiert eine ausgezeichnete Alternative. Steigen Sie vom Kamm zum Bealach Mor ab. Dort stoßen Sie auf einen terrassenförmig angelegten Schäferweg, der den Ben Dearg und den Beinn Mheadhonach passiert und zum Moorland bei Portree leitet. Selbst wenn sich eine Abkürzung anbieten sollte, sollten Sie auf diesem Pfad bleiben. Unterhalb der Klippen führt er durch einen prächtigen Garten von Feldblumen. Es wachsen Vogelmieren, Immergrün und Frauenschuh, um nur einige zu nennen. Auf dem Gesims der Steilhänge gedeiht sogar der leuchtende Steinbrech. Bis Sie von den Hängen des A'Chorra-bheinn absteigen — die Blumenpracht geht allmählich in die vertrautere weiße Sumpfbaumwolle über — folgen Sie dem Pfad immer geradeaus.

Bald kommen die Häuser von Portree, Port an Righ (Hafen des Königs) in Sicht. Die Stadt erhielt ihren Namen in Anlehnung an den königlichen Besuch von James V. im Jahr 1540. Eine kurze Wanderung auf der Asphaltstrße, die an einigen modernen Bungalows vorbeileitet, bringt Sie ca. 1,5 km vor der Stadt zur A 855 (Portree – Staffin-Straße). Sherriff Nicolson, der bekannte Schriftsteller aus

Skye, schrieb einmal „den Storr zu besteigen und dem Höhenrükken den ganzen Weg bis zum Quiraing zu folgen, ist zweifellos eine der schönsten Wanderungen auf Skye. Sie gewährt eine weitreichende Aussicht in alle Richtungen." Obwohl manche behaupten, daß Nicolson nie selbst auf dem Kamm gewandert sei, ist seine Beschreibung völlig zutreffend. Die Wanderung und die Aussicht sind einzigartig und das faszinierende Labyrinth aus Türmen und Schluchten, das vom Quiraing gebildet wird, zählt zu den schottischen Naturwundern.

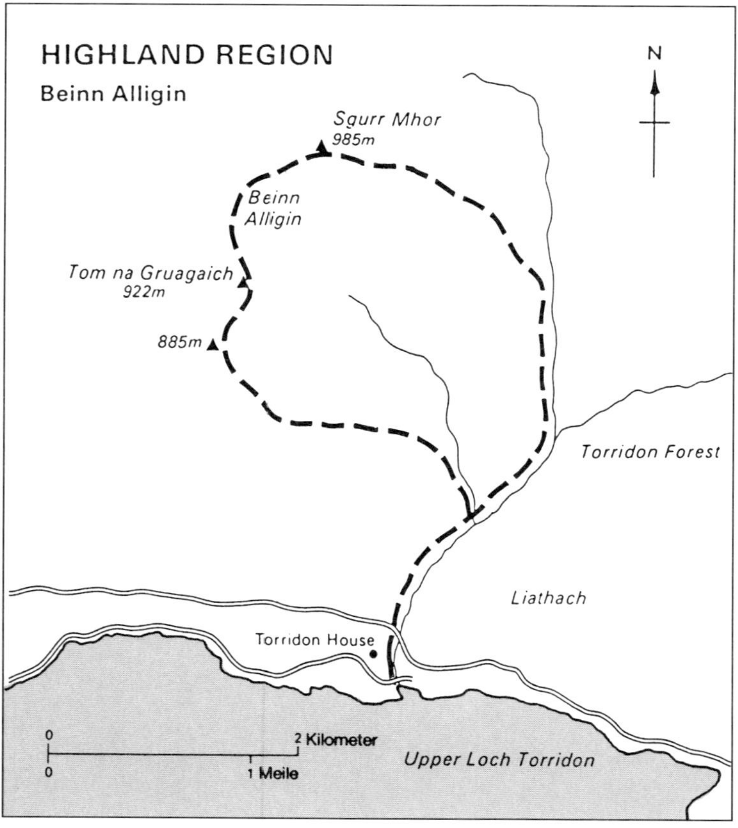

22. Beinn Alligin of Torridon

Cameron McNeish

Entfernung: 11 km (7 Meilen)
Anstieg: 1200 m (4000 ft)
Ausgangs- und Endpunkt: Parkplatz an der Coire Mhic Nobuil-Brücke
Karte: OS 1:50.000, Blatt 24

Kurzbeschreibung: Großartige Gratwanderung; beim Aufstieg zum Kamm sind einige Kletterpartien zu bewältigen, die schwierigsten können jedoch auf einem Pfad umgangen werden. Die Wanderung ist im Winter nicht zu unterschätzen.
Sehenswürdigkeiten: Herrlicher Blick vom Beinn Alligin auf die anderen Giganten Torridons, den Liathach und den Beinn Eighe, sowie zum Trotternishkamm auf Skye. Am schönsten ist die Gegend während der Brunftzeit im Herbst. Das ganze Gebiet steht unter der Obhut des National Trust for Scotland.

Das Torridontrio — Beinn Eighe, Liathach und Beinn Alligin — ist eine der ältesten Berggruppen Schottlands überhaupt. Das quarzbedeckte torridonische Sandgestein ist zudem eine seltene Bergformation: Pfeiler, Rippen und spitze Gipfel bilden zusammen mit den sanft abgerundeten Kuppen eine wilde Landschaftsszenerie.
Es sind riesige Berge im wahrsten Sinne des Worts und der schönste dieser monströsen, prähistorischen Giganten ist der Beeinn Alligin (Juwelenberg). Von der Diabaig-Torridon-Straße aus steigen Sie im Schatten von Pinien an, wobei Sie dem Pfad folgen, der bald aus dem Wald herausleitet und in die Wildnis der Coire Mhic Nobuil führt. Offiziell wird die Mhic Nobuil als Schlucht bezeichnet, doch das ist sie keineswegs. Sie ist eher ein breiter und hoher Paß, der in eines der eindrucksvollsten Massive des Landes eingelassen ist.
Nach ca. 750 m überqueren Sie den Abhainn Coire Mhic Nobuil auf einem Steg und setzen Ihre Wanderung auf den mit Heidekraut bewachsenen Hängen zur Alligin's Coir'nan Laogh fort.
Während der Pirschzeit, von Ende August bis Oktober, ist in den Bergen der Highlands das Wandern normalerweise untersagt. Für die Gebiete des National Trust for Scotland — dazu zählen auch der Beinn Alligin, der Liathad und die Westflanken des Beinn Eighe — und für einige des Nature Conservancy Council gilt

dieses Verbot jedoch nicht. Das bedeutet, daß Wanderer das ganze Jahr über freien Zugang haben. Weitere Auskünfte über eventuelle Zutrittsbeschränkungen erhalten Sie im Information Centre an der Staßenkreuzung im Glen Torridon.
Sie werden einige Zeit benötigen bis Sie den ersten Alligingipfel, den Tom na Gruagaich (3024 ft/ 922 m), d.h. Mädchenhügel, erreichen werden. Es wird Ihnen beim Anstieg sicherlich schmerzhaft bewußt, daß Sie die Torridongiganten in ihrer gesamten Höhe, d.h. vom Meeresspiegel aus, besteigen.
Wenn Sie an dem Quarzgipfel ankommen — gleich nachdem Sie die Kiefern der schattigen Schlucht verlassen haben — eröffnet sich Ihnen ein völlig unerwartetes Panorama. Vor Ihnen liegt ein großes Stück der schottischen Westküste. Draußen auf dem Meer zeigt sich der lange Arm der zu Skye gehörenden Halbinsel Trotternish und dahinter erheben sich die Berge von Harris, die aussehen, als ob sie auf dem Meer tanzen würden. Im Norden windet sich die Küstenlinie meanderförmig weiter, der Blick reicht bei guter Sicht bis Cape Wrath. In der näheren Umgebung geben die Horns of Alligin (Rathians) die Sicht frei zu dem schmalen Felskamm des Beinn Dearg und dem dahinterliegenden Beinn Eighe. In der Ferne entsteht durch eine Berggruppe, die sich in der Great Wilderness zwischen dem Little Loch Broom und dem Loch Maree erhebt, ein beeindruckendes Landschaftsbild. Der An Teallach, der A'Mhaighdean, der Ruadh Stac Mor und der Beinn Tarsuinn sind deutlich auszumachen.
Eine kurze, steile Kletterpartie ist erforderlich, um vom Tom na Gruagaich abzusteigen, so daß Sie Ihre Aufmerksamkeit von der Aussicht auf das näher gelegene Terrain lenken müssen. Ein steiler Anstieg leitet schnell zum Gipfel des Sgurr Mhor (985 m/3232 ft über dem Meeresspiegel). Etwas unterhalb des Gipfels ist der Hang in Folge einer Naturkatastrophe, die ein verheerendes Ausmaß gehabt haben muß, gespalten. Die Geröllfelder und Felsbrocken in der darunterliegenden Schlucht geben ein wüstes Landschaftsbild ab und demonstrieren die immense Kraft der Naturgewalten.
Wodurch diese Landschaftsveränderung bewirkt wurde, kann man nur vermuten. Es könnte ein Blitzschlag gewesen sein oder ganz einfach Erosion durch fließendes Wasser, das die Felsbasis untergraben hat. Die Ortsansässigen erzählen sich, es sei Auld Nick gewesen, der seine teuflische Beute über die Torridonberge jagte und dabei versehentlich mit seinem Schwanz auf den Berg schlug. Was auch immer die

Ursache gewesen sein mag, die Wirkung ist beeindruckend und versetzt jeden, der vom Sgurr Mhor kommt, in Staunen.
Die nächste Herausforderung stellen die Horns dar. Dies ist ein Trio gigantischer Sandsteingipfel, die pfannkuchenartig aufgebaut sind. Sie können entweder die volle Kletterpartie über ihre Kämme genießen oder die schwierigsten von ihnen umgehen, indem sie dem Pfad, der auf ihren Südflanken verläuft, folgen. Sie erreichen ein von kleinen Seen durchsetztes Moorland und einen Pfad, der an der Coire Mhic Nobuil endet. Dieser Pfad, der vom Bealach a Chomhlais herableitet, ist meist morastig, ermöglicht aber einen herrlichen Blick zurück in die enge Schlucht des Beinn Alligin.

23 Sandwood Bay

Cameron McNeish

Entfernung: 10 km (6 Meilen)
Anstieg: unwesentlich
Ausgangs- und Endpunkt: Ende des Pfades, der aus Blairmore kommt (in der Nähe von Oldmoreshore)
Karte: OS 1:50.000; Blatt 9

Kurzbeschreibung: Faszinierende, kurze Wanderung auf relativ ebenerdigem Gelände.
Sehenswürdigkeiten: Die Sandwood Bay ist eine der anziehendsten Buchten Schottlands. Beim Am Buachaille, dem Seepfeiler am Südende der Bucht, sind reizvolle Kletterpartien möglich. Im Sandwood Cottage gehen angeblich Gespenster um.

Die Sandwood Bay liegt einige Kilometer südlich von Cape Wrath, dem nördlichsten Punkt des schottischen Festlands. Die Bucht ist extrem weit, der Sandstrand, der von grasbewachsenen Sanddünen eingefaßt ist, ist etwa 1,5 km lang. Die hohen Klippen im Norden und Süden der Bucht sind den Launen der Minch und der Atlantikstürme ausgesetzt. Dahinter breitet sich das weitläufige und wellenförmige Sutherland-Moorland aus. Am Südwestende der Sandbank erhebt sich eine 90 m (300 ft) hohe Felssäule aus dem Meer. Dies ist der Am Buachaille, ein turmartiger Gipfel aus rotem Sandstein, den Dr. Tom Ian Clough und John Cleare in den sechziger Jahren als erste bestiegen.

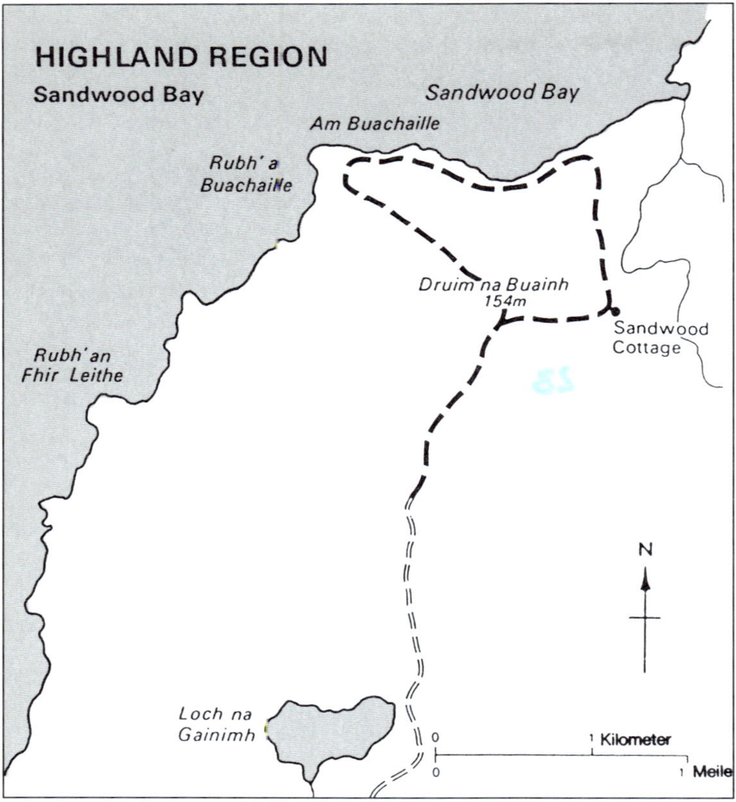

Hinter dem Strand und den Sanddünen liegt ein Süßwassersee, der Sandwood Loch, der bei Anglern sehr beliebt ist und an dessen Ufer das Sandwood Cottage steht.

Obwohl Sie sich im großen und ganzen kaum von den zahlosen Buchten der sturmumbrausten schottischen Küste unterscheidet, haftet der Sandwood etwas Geheimnisvolles an.

Die Sandwood Bay ist einer der magisch-atmospärischen Landstriche und manche halten sie sogar für den Hauptauftauchplatz der Nixen in Schottland. Der ortsansässige Schäfer Sandy Gunn behauptet steif und fest, die Gestalt einer Frau gesehen zu

Der markante Felsen Am Buachaille wurde zu Beginn der sechziger Jahre zum ersten Mal bestiegen

haben, die vom Strand direkt auf das Meer hinaus lief. Er beharrt darauf, daß es eine Nixe gewesen sei.
Außerdem kursieren Geister- und Gespenstergeschichten, allen voran die eines schwarzbärtigen Seemanns, der am Strand umherwandelt, eine Mütze und eine zweireihige Seemannsjacke trägt. Seeleute und Fischer wollen ihn mehrmals gesehen haben und glauben, daß er hier vor langer Zeit Schiffbruch erlitten hat. Der schottische Schriftsteller Seton Gordon berichtet von einer Wanderung in der Sandwood Bay in den zwanziger Jahren und den ungewöhnlich vielen Wracks, die er dabei entdeckte. Er vermutete, daß dies all die Schiffe waren, die vor der Errichtung des Leuchtturms von Cape Wrath an der Küste zerschellten und schloß nicht aus, daß Wikinger-Pinassen unter dem Sand begraben sein könnten. Die Wikinger waren es auch, die der Bucht ihren Namen, der von Sand-Vatn (Sandwasser) abgeleitet ist, gaben.
Die Wanderung, die Sie zur Sandwood Bay bringt, ist relativ kurz. Nehmen Sie hinter Kinlochbervie die Oldshoremore-Straße und fahren Sie zu dem kleinen Weiler Blairmore. Dort schickt Sie ein handgemaltes Zeichen am Straßenrand zur Sandwood Bay (4 Meilen). Wenn Sie bereit sind, die Federung Ihres Wagens zu riskieren, können Sie auf einem holprigen Weg weiterfahren bis dieser nach 3 km in einen sehr rauhen Fußpfad übergeht. Die Wanderung kann langweilig und monoton sein, vor allem an einem grauen und bewölkten Tag. Auf den ersten Blick gibt es kaum mehr zu sehen als das monotone Moorland mit seinen vereinzelten kleinen Seen. Doch wenn Sie anhalten und sich umschauen, werden Sie entdecken, daß auch dieser öde Landstrich seine Schönheiten hat.
Die Monotonie der 3 km langen Wanderung zur Sandwood Bay bildet einen starken Kontrast zur Bucht selbst. Von dem eintönigen Grün des Moors wird das Auge zu dem blaßgelben Sand und zu den weißen Kronen der brechenden Wellen gezogen. An einem klaren Tag reflektiert die weite See das Blau des Himmels und wenn Wolken aufziehen, nimmt das Wasser ein brillantes Grün an, das dem hellen Grün des Dünengrases gleicht.
Wenn Sie zur Bucht hinabwandern, kommen Sie an einem alten Cottage vorbei, das einst als das abgelegenste Haus Schottlands galt. Heutzutage wird es hauptsächlich von Anglern und Wanderern als Hütte benutzt. Angeblich gehen in dem Haus Gespenster um und — Sie werden es sicher schon erraten haben — es soll dort in regelmäßigen Abständen ein schwarzbärtiger Seemann auftauchen.

Vor einigen Jahren verbrachte ein junger Mann aus Edinburgh die letzte Nacht seines Wanderurlaubs im Nordwesten im Sandwood Cottage. Als Erinnerung an das abgelegenste Haus in Schottland nahm er ein Stück Holz vom Treppenaufgang mit nach Hause und schenkte es seiner Mutter. Wenig später begannen sich seltsame Dinge in ihrer Wohnung zuzutragen. Die Mutter behauptete, zu ungewöhnlichen Tages- und Nachtzeiten Schnaps- und Tabakgeruch wahrzunehmen und sie hatte das bestimmte Gefühl, daß noch jemand im Zimmer sei. Einmal wachte sie mitten in der Nacht auf und konnte in ihrem Schlafzimmer deutlich die Silhouette eines Mannes erkennen. Er hatte einen schwarzen Bart und trug eine Mütze. Offensichtlich hatte sie kurz zuvor die Geschichten von Sandwood Bay gehört und konnte die merkwürdigen Vorgänge in ihrem Haus mit denen in dem Cottage am Ufer des Sandwood Loch in Verbindung bringen.

Die volle Größe und den Umfang der Sandwood Bay werden Sie erst ermessen können, wenn Sie die Sanddünen überquert und Fuß auf den Strand selbst gesetzt haben. Die Bucht ist überraschend weitläufig und verbreitet eine unglaubliche Einsamkeit. An ihrem Südende erhebt sich der schlanke Seepfeiler, der Am Buachaille (Schafhirte), wie ein grauer Monolith aus der flachen See. Die Klippen im Norden scheinen sich nach Cape Wrath hin in verschiedene Grauschattierungen aufzulösen. Die immerwährende, stürmische Brandung und das Spiel der Gezeiten bilden eine faszinierende Geräuschkulisse.

Ein gut ausgetretener Schäferpfad läuft am Klippenrand nach Süden und ermöglicht einen großartigen Blick in die nächste Bucht. Im Gegensatz zur Sandwood Bay ist sie jedoch nicht sandig, sondern felsig und rauh und ihr grünes, funkelndes Wasser bildet einen phantastischen Kontrast zu den schwarzen Klippen.

Folgen sie diesen Klippen nach Süden bis sie an einen Fluß gelangen. Dieser entspringt dem Loch a'Mhuilinn, der in der Nähe der Stelle, an der Sie ihr Auto geparkt haben, liegt. Die Wanderung an seinem Ufer bringt Sie zu ihrem Ausgangspunkt zurück.

High

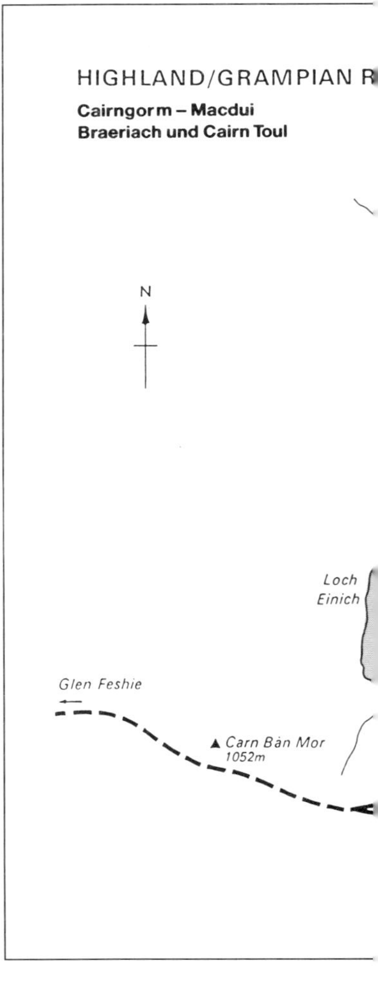

Die Karte zeigt folgende zwei Wanderungen: Cairngorm – Macdui (S. 166) und Braerich – Cairn Toul (S. 172)
Die 9,5 km lange Wanderung vom Caringrorm-Parkplatz führt über das Cairngorm Plateau zu Großbritanniens zweithöchstem Gipfel. Gute Orientierungsfähigkeiten sind auf dieser Wanderung notwendig. Braeriach ist der dritthöchste, Cairn Toul der vierthöchste Gipfel Großbritanniens. Diese 29 km lange Gebirgswanderung führt durch eine einsame Landschaft und stellt einige Anforderungen an den Wanderer.

/Grampion Region

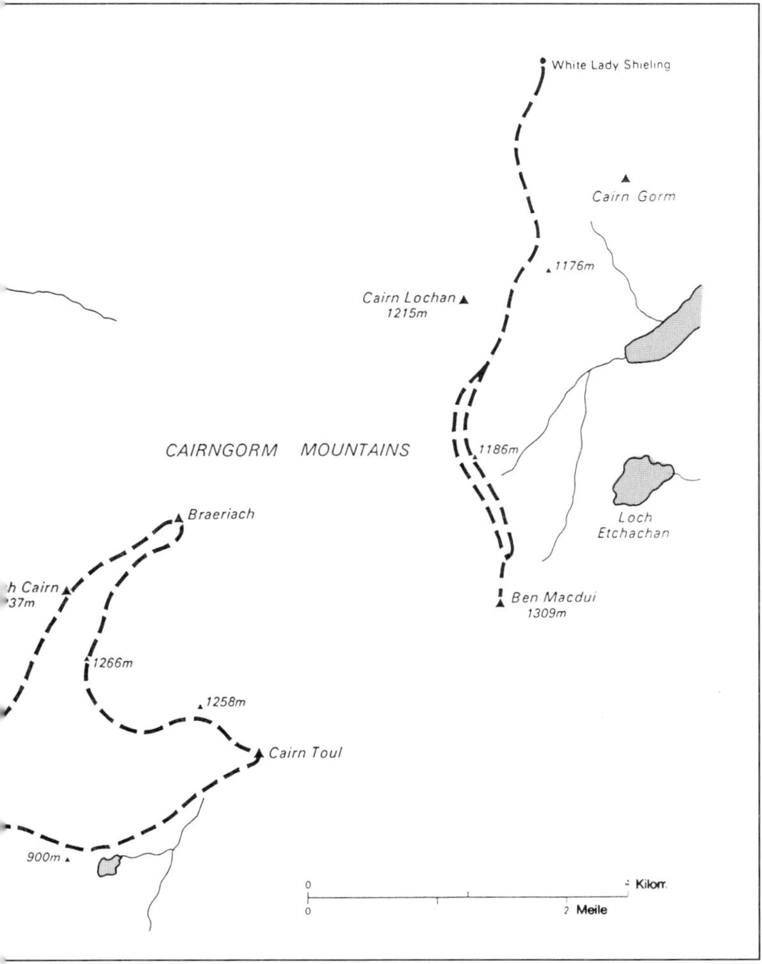

24 Vom Cairngorm zum Macdui

Cameron McNeish

Entfernung: 9,5 km (6 Meilen)
Anstieg: 760 m (2500 ft)
Ausgangs- und Endpunkt: Parkplatz am Sessellift des Cairngorm-Skizentrums
Karte: OS 1:50.000, Blatt 36

Kurzbeschreibung: Wanderung über das Cairngormplateau zum zweithöchsten Berg Großbritanniens. Bei Nebel können Orientierungsschwierigkeiten auftreten. Im Winter ist die Wanderung nicht zu unterschätzen.
Sehenswürdigkeiten: Das Cairngormplateau ist eine arktische Landschaftsformation mit entsprechendem Wildleben. Halten Sie Ausschau nach Rentieren, Mornellregenpfeifern, Schneeammern, Alpenschneehühnern und den seltenen Steinadlern.

Die Cairngorms wurden in den letzten Jahrzehnten stark in Mitleidenschaft gezogen und wurden zudem Opfer einer schlechten Presse. Sie waren Schauplatz eines tragischen Unfalls einer Schulklasse aus Edinburgh; Schauplatz des Baus hochverlaufender Asphaltstraßen, die bis in das Bollwerk des Ostmassivs getrieben wurden; Schauplatz einer schnell um sich greifenden und aggressiven Skientwicklung, die Mitte der fünfziger Jahre begann und als deren Folge unzählige Masten, Parkplätze, Schneezäune und weiteres Zubehör aus dem Boden schossen; Schauplatz des Massentourismus und all seiner Auswirkungen...
Doch trotz allem, trotz des unverminderten Ansturms — unterstützt durch die Tourismusunternehmer, die Geld vor Schönheit sehen — haben sich diese großen, phantastischen, fast arktisch zu nennenden Berge ihren ursprünglichen Charakter bewahrt. Und trotz des „Angriffs", der schon ein Vierteljahrhundert dauert, konnten die Menschen nur einen Teil dieses „Wunderlands" zerstören.
Der Ben Macdui ist nicht nur der höchste Berg der Cairngorms, sondern auch einer der zentralsten Punkte des Gebirges und somit bestens für eine Einführung in diese Berglandschaft geeignet. Mit einer Höhe von 1310 m (4400 ft) über dem Meersspiegel wird der Macdui nur vom Ben Nevis (4406 ft/1343 m) übertroffen. Eine Zeitlang glaubte man, er sei der

Der Steilabfall der Coire an Lochan

Der „Walrücken“ des Beinn Mheadhoin

höhere der beiden Berge. Doch Vermessungen zu Beginn des Jahrhunderts ergaben, daß er vom Ben Nevis um einige Fuß überragt wird. Die Anhänger des Macdui waren so entrüstet, daß sie androhten, einen Turm auf seinem Gipfel zu errichten, damit er seinen Gegner im Westen übertrifft. Glücklicherweise haben sie es nicht in die Tat umgesetzt.

In den Cairngorms finden sich mehr Hochlandflächen als irgendwo sonst im Land. Die hohen, arktischen Berge sind für Großbritannien ungewöhnlich breit und ausgedehnt. Der Schnee liegt hier länger als anderswo und in der An Gharbh Coire des Braerich gibt es Schneefelder, die in diesem Jahrhundert nur ein- oder zweimal geschmolzen sind.

Auf Grund seiner zentralen Lage kann der Ben Macdui vom Norden und vom Süden, also von Aviemore oder Braemar aus, angegangen werden. Falls Sie sich für die Route aus dem Norden entscheiden, beginnt die Tour am Parkplatz der Skistation hoch auf dem Cairngorm. Ohne ihren weißen Mantel und ohne die bunt bekleideten Skiläufer ist die Coire Cas des Cairngorm ein öder und trostloser Platz, dem Sie aber schnell entkommen. Nehmen Sie den Pfad am Ende des Parkplatzes und folgen sie ihm zur Fiacaill Choire Chais und zum Allt Coire an t-Sneachda.

Jetzt schon werden Sie etwas von dem Charakter der Cairngorms wahrnehmen und das Krächzen der Alpenschneehühner, die in dieser hohen Schlucht zuhause sind, hören. Graugesprenkelt im Sommer und im Herbst und im Winter in ein schneeweißes Federkleid gehüllt, sind diese pumeligen Vögel ständige Begleiter auf jeder Cairngormtour.

Ein rauher Pfad führt am Ufer des Allt Coire an t-Sneachda die Schlucht hoch. Über Fels und Heidekraut gelangen Sie zu den riesigen Granitfelsen, die die Corrie auszeichnen. Sicherlich werden Sie sich fragen, wohin Sie von hier aus gehen sollen, da Sie auf drei Seiten von hohen Felswänden eingeschlossen sind. Doch der Pfad, der von den Ortsansässigen Goat Track genannt wird, findet eine Lücke in den Felsen und bringt Sie zum Cairngorm-Macdui-Platau hoch.

Die Route, die Sie aus der Coire an t-Snechda herausleitet, ist nicht zu unterschätzen. Sie endet auf einer Reihe von Serpentinen, auf denen Steinschlaggefahr besteht, so daß Sie immer auf ihre Weggefährten, die hinter Ihnen gehen, achten sollten.

Vom Plateau aus läuft ein Trampelpfad über die breiten Hänge des Cairn Lochan zum Lochan Buidhe, dem höchstgelegenen Bergsee Schottlands, der in eine herrliche Landschaft eingebettet ist. Die Wanderung ist relativ leicht zu bewältigen und verläuft in einer Höhe von 1100 m. Sie befinden sich jetzt im Land der Mornellregenpfeifer und Schneehühner, der sogenannten arktischen Tundra, in der Sie sogar Rentiere sehen können. Im Südosten erhebt der Lochnagar seinen majestätischen Gipfel über die niedrigeren Balmoralberge und in der näheren Umgebung zieht sich der felsige „Walrücken" des Beinn Mheadhoin vom Ufer des Loch Avon hoch.

Der Lochan bietet sich natürlich für eine Rast an. Er liegt in einer weiten, ausgedehnten Landschaft und es wird Ihnen fast unglaublich vorkommen, daß Sie so hoch in den Bergen sind. Stellen Sie sich das Gebiet im Winter vor, wenn der Boden dick mit Schnee bedeckt ist, der Nebel tief hängt und ein rauher Wind weht. Dann können der beste Orientierungssinn und alle Survivalkenntnisse eine eventuelle Tragödie nicht verhindern. Ein Sturm in den Cairngorms ist nicht zu unterschätzen und man sollte diesen Bergen den größten Respekt entgegenbringen.

Während Sie auf den Felshängen zum Macdui gehen, kommen die anderen Berge des Westmassivs in Sicht: der Cairn Toul, der Sgor an Lochain Uaine (Engelsberg) und der Braeriach, der das nächste Ziel Ihrer Wanderung ist. Diese Berge bilden die Wand der An Garbh Coire (große rauhe Schlucht), die zu den schönsten Schluchten Schottlands zählt.

Ein kurzer, steiler Anstieg bringt Sie auf die mit rotem Granitgeröll bedeckten Westhänge des Nordgipfels des Macdui, die Sie zu queren haben. Wenn Sie die Wanderung im Sommer unternehmen, werden Sie überall auf den Hängen leuchtende Leimkrautmatten entdecken, die die öde Granitlandschaft auflockern. Der Name „Cairngorms" ist ziemlich neu. Bis vor relativ kurzer Zeit wurden die Berge auf Grund ihres roten Granits Monadh Ruadh (rote Berge) genannt. Im Norden, jenseits des Speytals, liegen die aus grauem Granit bestehenden Monadhliaths (graue Berge).

Der Gipfel ist breit und weit und zeichnet sich durch eine riesige Steinpyramide aus. Eine Tafel, die die Himmelsrichtungen angibt, verweist auf weit entfernte Berge wie die Lammermuirs jenseits Edinburghs und den Morven in Caithness. Unter Ihnen verläuft das Lairig Ghru, das zusammen mit dem Glen Tilt einen großartigen, langgestreckten Paß bildet, der sich von Aviemore bis Blair Atholl durch die Berge zieht. Von ihrem Aussichtspunkt können Sie die Route sehen, die unterhalb der großen Perthshirehänge des Beinn a Ghlo nach Süden führt.

Auf dem breiten Gipfel des Ben Macdui geht angeblich ein großes Gespenst names Fearlas Mor (großer grauer Mann) um. Einige

Bergsteiger und Wandersleute glauben, es hier oben schon gesehen zu haben. Aufgebracht wurden die Spukgeschichten von dem als Spötter bekannten Prof. Norman Collie, der Ende des letzten Jahrhunderts behauptete, Fearlas Mor bei dem Versuch, weitere Gespenster auf den Berg zu locken, beobachtet zu haben.
Um zum Coire Cas Parkplatz zurückzukehren, gehen Sie zunächst wieder zum Lochan Buidhe. Statt jedoch in nördlicher Richtung zur Coire an t-Sneachda zu wandern, setzten sie Ihren Weg nach Nordwesten fort, passieren die breite Schulter des Cairn Lochan und steigen auf dem Kamm, der die Westwand der Coire an Lochain bildet, ab. Vom Fuß des Kamms leitet Sie ein holpriger Pfad zur Coire Cas.

25 Braeriach und Cairn Toul

Cameron McNeish

Entfernung: 29 km (18 Meilen)
Anstieg: 1370 m (4500 ft)
Ausgangs- und Endpunkt: Achlean im Glen Feshie
Karte: OS 1:50.000, Blatt 36

Kurzbeschreibung: Lange, anstrengende Bergwanderung in einer abgelegenen Gegend. Eine ernsthafte Expedition im Winter.
Sehenswürdigkeiten: Der Braeriach ist der dritthöchste, der Cairn Toul der vierthöchste Berg Großbritanniens. Das Braerichplateau liegt wie das Cairngorm/Macdui-Plateau inmitten einer arktischen Landschaft mit entsprechendem Wildleben.

Jenseits der tiefen Lairig Gruh wird der Wanderer, der sich auf dem Weg vom Cairngorm zum Ben Macdui befindet, von dem riesigen eiszeitlichen Felshalbkreis, der An Garbh Coire (große rauhe Schlucht), fasziniert sein.
Die Schluchtwände werden vom Braeriach (4248 ft/1295 m), dem dritthöchsten und vom Cairn Toul (4241 ft/1293 m), dem vierthöchsten Berg Großbritanniens, gebildet. Zwischen den beiden liegt ein Ausläufer des Cairn Toul, der Sgor an Lochan Uaine, der in der Umgangssprache Engelsgipfel genannt wird.
Die Wanderung, die am oberen Rand dieser hohen Schlucht vom Gipfel des Braeriach zum Cairn Toul leitet, zählt zu den klassischen Höhenwanderungen

Ein Hochgebirgslager auf dem Plateau des Braeriach

Schottlands. Das dunkelrote Gestein, die weite, offene Landschaft und der Blick hinab in die An Garbh Coire lassen sie zu einem Erlebnis besonderer Art werden. Die Wanderung bringt Sie in das „Herz" der Cairngorms. Dieser hochgelegene Landstrich, der weit entfernt vom nächsten bewohnten Tal ist, gilt als einzigartig in ganz Großbritannien.

Der Braerich und der Cairn Toul können von dem Parkplatz auf dem Cairngorm aus bestiegen werden. Diese Route ist jedoch lang und äußerst mühselig. Sie führt durch die Chalamain Gap zur Sinclairhütte im Lairig Ghru und über den Sron na Lairige-Kamm zum Braeriach und von dort am oberen Schluchtrand zum Cairn Toul. Der Rückweg leitet durch die Lairig Ghru wieder zur Chalamain Gap. Dies ist unbestritten ein großartiger Tagesausflug, möglich ist aber auch eine etwas einfachere Route, auf der Sie zudem eine andere Seite der hohen Cairngorms kennenlernen werden.

Der Anstieg aus westlicher Richtung, vom Glen Feshie also, zeigt Ihnen die volle Größe und das riesige Ausmaß dieser wuchtigen Berge — vor allem die Strecke, die die einsame Wildnis der

Moine Mhor (Great Moss) durchläuft.

Ihre Tour beginnt an der Achleanfarm, die mitten im Glen Feshie liegt. Sie können sie mit dem Auto von Speyside in Kincraig aus erreichen, indem Sie bei der Feshiebridge die Glenfeshiestraße, die von der B 970 abgeht, nehmen.

„Ich sehe die Hirschkühe auf dem Kamm / den Wald im Talgrund, aus dem Kuckucksrufe dringen / und ich sehe tausende von hohen Kiefern."

Dieses alte gälische Gedicht könnte Tausende von Highlandtälern beschreiben, doch wahrscheinlich passen diese Verse am besten zum Glen Feshie. Mag es die mystische Atmoshäre dieser Gegend sein oder aber auch ganz einfach das artenreiche Wildleben.

Wenn Sie von Achlean im Glen Feshie über das Great Moss zu den hohen Gipfeln des Braeriach und des Cairn Toul wandern, werden Sie auf den Hängen höchstwahrscheinlich große Rotwildherden sehen, deren Silhouetten sich am Himmel abzeichnen. Im Sommer werden Sie mit Sicherheit die Kuckucksrufe aus den Badan Mosach-Wäldern vernehmen. Überall sind die Schreie der Austernfischer zu hören und auf den unteren Hängen erklingt das melodische Lied der Brachvögel. Am Wegrand sitzen Birkhühner, die ihre brütenden Weibchen bewachen. Ihr heiseres Krächzen und Husten erinnert an das Gezänk alter Männer in den Pubs. In Bodennähe sind Wiesenpieper auf ihrem zögernden Flug zu beobachten und hoch oben schwingen sich die Feldlerchen mit einem fröhlichen Zwitschern durch die Lüfte.

Der Anstieg zum Great Moss ist lang, aber leicht zu bewältigen und leitet auf dem alten Foxhunter's Path zur breiten Schulter des Carn Ban Mor. Halten Sie von Zeit zu Zeit an und genießen Sie die Aussicht, die sich über die ganze Länge des Glen Feshie hinweg zum Ben Alder, zum Creag Meagaidh und sogar bis zum Ben Nevis erstreckt. Die kleinen Seen auf den unteren Hängen des Glen Feshie sehen aus, als hätte jemand mit weißen Konfettis um sich geworfen. Wenn Sie sich dem breiten Gipfelkamm des Carn Ban Mor nähern, werden Sie von der weitläufigen Szenerie, die sich auftut, überrascht sein. Das Great Moss breitet sich wie eine hochgelegene Tundra aus. Sie ist die Heimat unzähligen Rotwilds, von Mornellregenpfeifern und Schneehasen und ein beliebtes Jagdrevier der Steinadler. Vor Ihnen erscheint der Lochnagar, der sich zwischen dem Cairn Toul und dem Monadh Mor erhebt und die wuchtigen, steilen und hohen Schluchtwände des Braeriach wirken fast unheimlich.

Ihre Route führt geradeaus über das Great Moss, wobei sie dem

Allt Sgairnich zum Loch nan Cnapan folgt. Sie sollten jedoch einen kurzen Abstecher nach Nordosten machen, um den Blick hinab in das langgestreckte Glean Einich zu genießen. Tief unten in der Schneise, bewacht von den steilen Rippen und Pfeilern des Sgorankamm auf der einen Seite und den Felsen des Braeriach auf der anderen Seite, liegt der Loch Einich.

Steigen sie von hier aus auf den Felsflanken des Cairn Toul, die man auch als „Rückseite“ dieses herrlichen Berges bezeichnet, hoch. Der Cairn Toul gilt als schönster aller Cairngorms, was von diesem Blickwinkel allerdings kaum nachvollziehbar ist. Auch sein Name, Scheunenberg, legt alles andere als einen wohlgestalteten Berg nahe. Doch von Braemar und den östlichen Cairngorms aus gesehen wirkt der Cairn Toul mit seinen Zwillingsgipfeln weitaus attraktiver und hebt sich eindeutig von den anderen, eher kuppelförmigen Cairngormbergen ab.

Sein Name weist zudem darauf hin, daß er von den Menschen, die in seinem Westen lebten, benannt wurde. Sicherlich waren es die Viehhirten der ehemaligen, hochgelegenen Sennereien auf dem Great Moss. Das unfruchtbare arktische Ödland des Ostmassivs dagegen schien nicht besiedelt gewesen zu sein, sonst hätte der Cairn Toul mit Sicherheit einen wohlklingenderen Namen erhalten.

Doch er ist nicht nur der Scheunenberg, sondern auch ein großartiges Massiv. Er umfaßt insgesamt drei Schluchten: die Coire an t-Saighdeir (Soldatenschlucht), die Coire an t-Sabhail (Scheunenschlucht) und die Coire an Lochan Uaine (Schlucht des grünen Tümpels). Sein Gipfel läuft spitz zu, was in den Cairngorms ungewöhnlich ist und die Sicht auf die großen und breiten Flanken des Ben Macdui ist einzigartig.

Sie müssen jetzt auf dem Kamm weiterwandern. Ein Felshang bringt Sie weg vom Cairn Toul und auf die Hänge des Sgor an Lochan Uaine, der Teil der Schlucht des grünen Tempels ist. In Anlehnung an den Devil's Point im Süden wird dieser Berg auch Angel's Peak (Engelsgipfel) genannt. Während des Abstiegs werden Sie im oberen Abschnitt der Schlucht große Schneefelder, die in diesem Jahrhundert nur zweimal geschmolzen sind, sehen. Wenn der ganze Schnee in der An Garbh Coire schmilzt, stirbt — einem alten Sprichwort zufolge — einer der Grants of Rothiemurchus.

Die Höhenwanderung auf dem Schluchtrand werden Sie genießen. Inmitten des Gerölls sehen Sie wuchernde Leimkrautmatten und Sie werden vom Gesang der Schneeammern begleitet. Bald

kommen Sie an kleinen, grünen Bächen, den Quellströmen des Dee, vorbei. Hoch oben, auf dem Dach Schottlands sozusagen, lassen diese kleinen Bäche den Fluß entstehen, der über den Rand der An Garbh Coire stürzt und schließlich bei Aberdeen in die Nordsee mündet.
Von der sturmumbrausten Gipfelpyramide des Braerich können Sie das langstreckte, einsame Glen Dee überblicken. Dahinter erkennen Sie den Macdui und den langen Kamm des Carn a'Mhaim. Aus der zerklüfteten Schlucht erheben sich wuchtige Granitpfeiler und - rippen, die bis weit in den Sommer hinein schneebedeckt sind.
Die Route, die Sie zurück ins Glen Feshie bringt, ist relativ leicht zu bewältigen, kann bei Nebel allerdings einige Schwierigkeiten mit sich bringen. Gehen Sie Richtung Einich Cairn (auf der OS-Karte eingezeichnet) und folgen Sie dann den oberen Rändern der Schluchten zurück zum Great Moss. Es ist eine lange Wanderung, die aber meist auf trockenem Torf verläuft. Vom Great Moss begeben Sie sich wieder zum Carn Ban Mor und nehmen dort den Pfad ins Glen Feshie.

Grampion Region

26 Das Herz der Cairngorms

Roger Smith

Entfernung: 32 km (20 Meilen)
Anstieg: 1200 m (4000 ft)
Ausgangs- und Endpunkt: Parkplatz am Linn o'Dee
Karte: OS 1:50.000, Blatt 43 und 36

Kurzbeschreibung: Die Wanderung beginnt und endet auf soliden Wegen. Der Hauptteil verläuft auf Bergpfaden und rauhem Untergrund. Die Steilhänge des Beinn Mheadhoin sind relativ leicht zu bewältigen.
Sehenswürdigkeiten: Kieferwald im Glen Derry; 8 m hohe Felskuppe auf dem Gipfel des Beinn Mheadhoin; großartige Aussicht vom Beinn Mheadhoin und vom Derry Cairngorm-Kamm; Alpenschneehühner; riesige Rotwildherden im Glen Derry.

Es ist schwer in Worte zu fassen, was viele Wanderer immer wieder zurück in die Cairngorms zieht. Der großartige Bergzug, der gleichzeitig der flächenmäßig größte Landstrich über 4000 ft (1290 m) Höhe in Großbritannien ist, wird Sie nicht enttäuschen. Die wundervollen Täler mit ihren Kieferwäldern, die Lochs in den Hochtälern oder in den einsamen Bergschluchten, die großartigen Felsen, die diese Lochs umgeben und die einzigartigen Berggipfel bilden eine der schönsten Berglandschaften. Und nirgendwo kommen die Größe und die Pracht der Cairngorms deutlicher zur Geltung als am Loch Avon und den Bergen seiner Umgebung. Dieser Anblick erwartet Sie auf der folgenden Wanderung.

Vor die Wahl gestellt, wäre es empfehlenswerter, die Cairngorms von der Braemarseite anzugehen als von Aviemore aus. Die Route aus dem Norden hat durch die Eingriffe von Menschenhand an Attraktivität verloren. Die Straßen, Neubauten und Skizentren, die einen großen Touristenansturm nach sich zogen, haben den Bergen etwas von ihrer Faszination genommen. Auf der Braemarseite sieht das anders aus. Der Besucherandrang hält sich in Grenzen und die Landschaft wurde nicht durch irgendwelche Tourismuszentren verschandelt, so daß ihr wilder Charakter erhalten blieb. Ob das gegenwärtige Naturschutzgesetz die Beibehaltung dieses Zustandes gewährleisten kann, ist fraglich.

Doch zurück zur Wanderung, die Sie ins Herz der Cairngorms bringt. Über einen der schönsten Pässe des Gebiets führt sie Sie auf einen Gipfel, dessen Besteigung einige Kondition erfordert. Auf dem Rückweg haben Sie einem großartigen, langen Kamm zu folgen.

Die Tour beginnt am Parkplatz im Osten des Linn o'Dee, der 9,5 km (6 Meilen) von Braemar entfernt ist. Der Linn selbst ist äußerst sehenswert: ein sprudelnder, schäumender Strom, der unter der alten Brücke durchrauscht. Wenn die Schneeschmelze einsetzt und er Hochwasser führt, scheinen seine Kräfte nicht zu überbieten sein. Während der Laichzeit können Sie die Lachse und Forellen, die stromaufwärts schwimmen, bei ihrem Kampf gegen die Strömung beobachten. Mit etwas Glück können Sie sogar einen Fischotter entdecken.

Vom Parkplatz gehen Sie auf der Straße ca. 400 m nach Osten. Dort beginnt der Pfad, der in nördlicher Richtung zur Derry Lodge leitet. Auf der 6,5 km langen Strecke läßt sich herrlich wandern, wenn auch der Genuß etwas von der Tatsache getrübt wird, daß inzwischen viele der alten Kiefern gefällt wurden, was

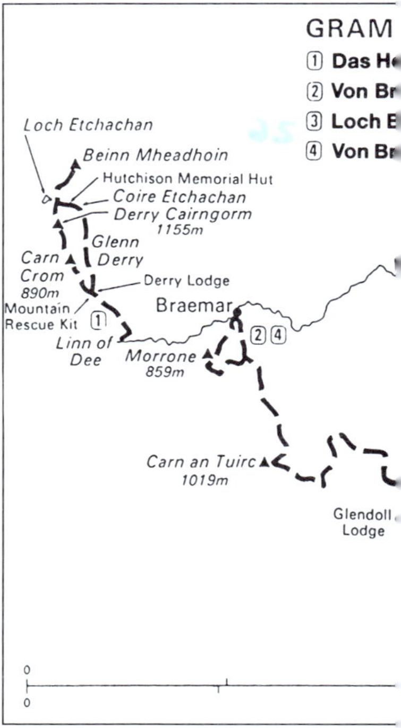

auch die Aufforstungen nicht mehr gut machen können. Die Ebenen des Glen Derry zählen zu den Lieblingsplätzen des Rotwilds und Sie werden hier Herden, die aus zwei- bis dreihundert Tieren bestehen, sehen.

Nach ca. einer Stunde erreichen Sie die prächtigen alten Kiefern, die die Derry Lodge umgeben. Das Gebäude aus dem Viktorianischen Zeitalter, das den Jagdgesellschaften diente, ist inzwischen fast verfallen und gibt ein

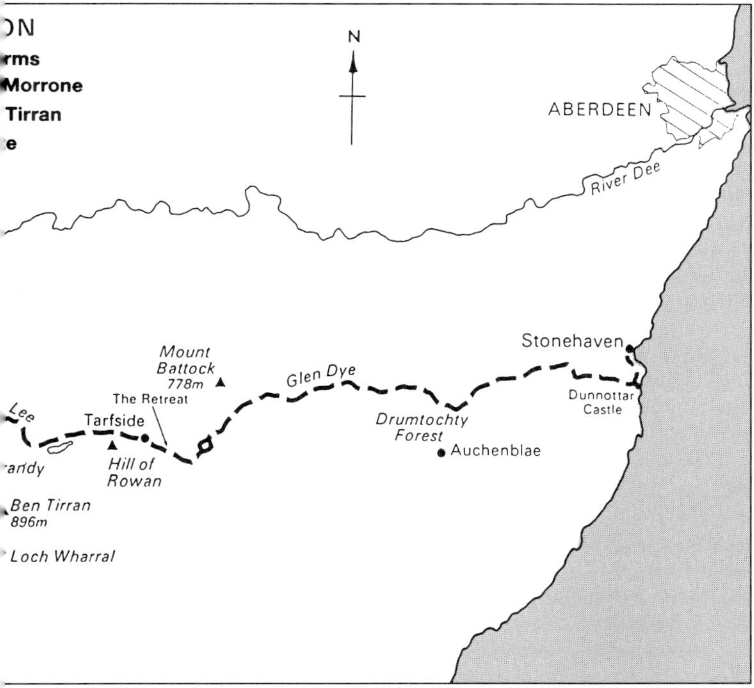

Die Karte zeigt folgende 4 Wanderungen: das Herz der Cairngorms (S. 177), von Braemar auf den Morrone (S. 183), Loch Brandy und Ben Tirran (S. 188) und von Braemar zur Küste (S. 192).
Die 32 km lange Wanderung durch das Herz der Cairngorms verläuft auf guten Pfaden mit einigen unwesentlichen Steigungen.
Auch der Anstieg auf den Morrone bereitet keinerlei Schwierigkeiten.
Die 16 km lange Rundwanderung zum Loch Brandy und Ben Tirran verläuft auf Bergpfaden und unwegsamen Grund. Green Hill und Ben Tirran sind herrliche Aussichtspunkte.
Gleich am ersten Tag werden auf der 109 km langen Drei- bis Viertageswanderung von Braemar zur Küste mehrere Gipfel über 1000 m Höhe bestiegen. Am zweiten Tag führt die Tour durch eine Berg- und Hochtälerlandschaft, um am dritten Tag an Höhe zu verlieren. Die Wanderung endet bei einem herrlichen Schloß.

ziemlich trauriges Bild ab. Eine Zeitlang hatte es der Cairngorm Club angemietet und letztendlich wäre es das Beste, wenn es wieder benutzt würde.
Gleich hinter dem Haus befindet sich eine Hütte, an deren Außenwand ein öffentliches Telefon angebracht ist. Es dient natürlich in erster Linie dazu, die Bergwacht zu rufen, was aber nichts daran ändert, daß es völlig deplaziert wirkt.
Einige Meter von hier entfernt führt eine Brücke über den Derry. Vor Ihnen liegen das Glen Derry und der Lairig an Laoigh-Pass und die Berge warten darauf, erobert zu werden. Im Westen sehen Sie den anderen großen Paß durch die Cairngorms, den Lairig Ghru. Es ist nicht verwunderlich, daß hier ein inoffizieller Campingplatz entstand.
Ihre Route führt Sie über die Brücke und durch die Kiefernpracht im unteren Glen Derry. Das ganze Gebiet steht unter der Obhut des Cairngorms Nature Conservance Council. Die Wanderung durch die Kiefern läßt Sie erahnen, wie herrlich der alte Caledonian Forest gewesen sein muß. Abgezäunte Gebiete weisen auf Regenerationsexperimente hin und es ist zu hoffen, daß irgendwann auch auf den oberen Hängen des Glens wieder Bäume zu sehen sind. Natürlich herscht hier reges Vogelleben und Sie werden sicherlich eine Kolonie schwarzer Raben entdecken.
Nach ca. 2,5 km kommen Sie aus dem Baumbestand heraus. Begeben Sie sich auf dem Steg, der 1959 vom Nature Conservance Council (NCC) angebracht wurde, wieder ans andere Bachufer.
Das Landschaftsbild wird jetzt von dem reizvollen Kontrast zwischen den sanften Ebenen des oberen Glens und den wilden und rauhen Bergen darüber geprägt. Der Beinn Mheadhoin, Ihr Hauptziel, und seine unverkennbaren Felskuppen sind schon deutlich auszumachen.
Etwa 3 km weiter oben im Tal gelangen Sie an eine Weggabelung. Viele Wandersleute werden geradeaus gehen, um über den Lairig an Laoigh (Viehpaß) zum Glenmore zu wandern. Obwohl der Pfad auf den Hängen des Bynack Mor eine Höhe von über 750 m (2500 ft) erreicht, diente er in früheren Zeiten als Viehtreiberroute in den Süden.
Ihre Route zweigt am Lairig nach links ab und führt in die kahle Coire Etchachan, die sich 300 m zu ihrem Loch hochzieht. Er ist der höchstgelegene Loch in den Cairngorms und in eine wunderschöne Landschaft eingebettet. Auf halber Höhe der Schlucht steht die Hutchison Memorial Hut, eine einfache Berghütte, die 1954 errichtet wurde und seither vielen Wanderern Schutz vor dem

tückischen und launenhaften Cairngormwetter geboten hat.
Beim Loch hüpfen Sie über den Bach, der ihm entspringt, und wenden sich dann nach Norden, um mit der Besteigung des Beinn Mheadhoin zu beginnen. Der Name ist eines jener gälischen Silbenrätsel, die sich ganz einfach auflösen lassen. Er bedeutet nichts anderes als „der mittlere Berg“. Wenn Sie sich die Karten genau anschauen, werden Sie entdecken, daß es in Schottland viele Berge mit ähnlichem Namen gibt. Doch keiner davon ist derart faszinierend wie dieser eine und keiner reicht an seine Gestalt und seine Lage heran.
Der erste Teil des Anstiegs ist steil, aber die Landschaft wird Sie sowieso zu vielen Pausen veranlassen. Jenseits des Loch Etchachan erheben sich steil die mehrere hundert Fuß hohen Felsen des Carn Etchachan. Zu deren Linken sehen Sie die Hänge des Ben Macdui, des zweithöchsten Berges in Großbritannien und jenseits des Loch Avon (von hier aus noch nicht zu sehen) liegt der Cairn Gorm. Es ist ein typisches, ja pures Cairngormbild. Jeder, der mit diesem Gebiet einigermaßen vertraut ist, könnte mit verbundenen Augen hierher geführt werden und würde nach dem Abnehmen der Augenbinde sofort wissen, wo er ist. Der blaßrote, rauhe Granit ist unverkennbar. Ebenso unverkennbar ist das merkwürdige Geräusch, das man zwischen einem Husten und einem Rülpsen einordnen könnte und das Sie in diesen Bergen zu jeder Jahreszeit begleitet. Es ist das Krächzen des Alpenschneehuhns, des Bergvogels par excellence.
Das Plateau des Beinn Mheadhoin zeichnet sich durch seine blanken Felsen und eigentümlichen Kuppen aus. Es ist aber keineswegs unfruchtbar und Sie können, vor allem im Sommer, alpine Pflanzen entdecken. Jahr für Jahr schafft es der Steinbrech, einige Wochen auf der dünnen Bodenschicht zu überleben. Vom Südwestgipfel des Berges haben Sie den ersten vollen Blick auf den Loch Avon. In ihm lebt angeblich das Each Uisge, ein Wasserpferd, das nichtsahnende Menschen in seine Tiefen hinabzieht. Die Lage des Lochs tut nichts, um solche Geschichten unwahrscheinlich zu machen.
Über mehrere Felskuppen erreichen Sie schließlich die eigentliche Gipfelkuppe, die 8,5 m hoch ist und zunächst unbezwingbar aussieht. Eine Rinne auf der Nordseite ermöglicht jedoch die Besteigung. Sie können den Beinn Mheadhoin nicht in Ihre Munrosammlung aufnehmen, bevor Sie diesen Aufstieg nicht hinter sich gebracht haben! Die Felskuppen bestehen aus Granitgestein, das solider und wetterresistenter ist als der Granit der Um-

gebung. Wahrscheinlich entstanden Sie in einer Zeit, in der ein wärmeres und feuchteres Klima herschte als heutzutage. Am Gipfel breitet sich die ganze Cairngormlandschaft vor Ihnen aus.
Gehen Sie auf der Route, auf der Sie gekommen sind, zum Loch Etchachan zurück. Dort überqueren Sie wieder den Bach und wandern auf dem deutlich vor Ihnen erkennbaren, mit Steinpyramiden versehenen Pfad weiter. Nach ca. 400 m, dort wo er eine Rechtskehre macht, um zum Ben Macdui zu leiten, verlassen Sie ihn wieder und steigen links hoch, um den „Gipfel" der Creagan a'Coire Etchachan zu „bezwingen". Der Derry Cairngorm liegt direkt vor Ihnen und obwohl der letzte Abschnitt des Anstiegs über ein unwegsames Feld von Granitbrocken führt, ist er ohne wesentliche Schwierigkeiten zu bewältigen. Sogar im Sommer liegt auf dem Paß noch Schnee – ein Zeichen dafür, welch arktisches Klima in den Cairngorms herrscht.
Vom Gipfel des Derry Cairngorm haben Sie eine weitere großartige Aussicht, vor allem nach Süden, also auf die Strecke, die Sie noch vor sich haben. Der Südkamm dehnt sich weit in die Ferne aus und das Glen Derry bildet eine malerische Kulisse. Rechterhand sehen Sie den Ausläufer des Macdui, den Carn a'Mhaim, der neben seinem massiven Nachbarn, der mit 1014 m (3328 ft) zu den drei höchsten der schottischen Dreitausender zählt, geradezu winzig aussieht.
Der Südkamm des Derry Cairngorm zieht sich in einer Länge von 3 km vom Gipfel weg und weist einige kleine „Buckel" auf, die dem Abstieg eine zusätzliche Würze geben. Nehmen Sie sich Zeit für die Wanderung. Das Landschaftsbild ändert sich fortwährend. Im Osten sehen Sie das Glen Derry und im Westen können Sie jenseits des Macdui und des Carn a'Mhaim den Braerich, den Carn Toul und den Devil's Point erkennen.
Man muß sich immer wieder fragen, wie lange uns dieses unverfälschte Landschaftsbild noch erhalten bleibt. Da ein Großteil privater Grundbesitz ist, muß jederzeit mit der Errichtung von Tourismuszentren gerechnet werden. Die Rechte des National Nature Reserve sind ziemlich eingeschränkt und basieren mehr oder weniger auf vagen Übereinkünften und Kompromissen, die ihm letztendlich keine Handlungsfreiheit zugestehen. Im Grunde genommen müßte das ganze Gebiet zum Nationalpark erklärt werden. Der Aufkauf des Landes würde zwar in die Millionen gehen, doch gemessen am Erhalt der herrlichen Landschaft wäre die Summe unerheblich.
Angesichts einer recht heilen Natur sind es nur die rauhen und

naßkalten Elemente, die die Wanderung auf dem Südkamm des Derry Cairngorm zum letzten Gipfel, dem Carn Crom, trüben könnten. Übrigens gibt auf seiner Ostflanke einen schönen kleinen Pfad, der vom Berg zum Rand der Kieferwälder leitet und dann durch ein abgezäuntes Gebiet (ein Zauntritt ist vorhanden) zurück zur Brücke an der Derry Lodge führt.
Wenn Sie hier eine Pause einlegen, werden Sie von weniger exotischen Vögeln als den Alpenschneehühnern umgeben sein. Für die Buchfinken bedeuten Menschen Krümel und Abfälle und sie sind so zutraulich wie die Vögel in den Stadtparks, was sie aber nicht weniger attraktiv macht.
Sie haben jetzt nur noch die Wanderung zurück zum Linn o'Dee-Parkplatz zu bewältigen. Sicherlich werden Sie häufig anhalten, um einen Blick auf die großartigen Berge, die Sie bestiegen haben, zu werfen.

27 Von Braemar auf den Morrone

Roger Smith

Entfernung: 11,5 km (7 Meilen)
Anstieg: 600 m (2000 ft)
Ausgangs- und Endpunkt: Dorfzentrum von Braemar
Karte: OS 1:50.000, Blatt 43

Kurzbeschreibung: Anstieg auf einer kleinen, befahrbaren Straße und einem soliden Weg, Abstieg auf einem Bergpfad.
Sehenswürdigkeiten: Gipfel der Morrone-Wetterstation, phantastische Aussicht.

Diese Wanderung könnte sehr kurz beschrieben werden: Klettern Sie auf den Berg im Südwesten von Braemar, genießen Sie das Panorama und steigen Sie wieder ab. Doch damit würde man der Wanderung nicht gerecht werden. Sie zählt zwar nicht zu den schwierigsten Touren in diesem Führer und ist an einem halben Tag zu bewältigen, doch sie ist außerordentlich reizvoll.
„Morrone“ oder „Morven“ erscheint häufig als Bergname auf den Schottlandkarten. Es sind meist kegelförmige Berge — zumindest sehen Sie von einem bestimmten Blickwinkel so aus — und sie liegen immer in der Nähe von Städten oder Dörfern. Der

Name selbst bedeutet „der große Berg“ (ist also eine Variante von Ben More), was sagen will: der große Berg, der von der Stadt aus zu sehen ist.
Ihre Gestalt und ihre Lage machen diese Berge oft zu phantastischen Aussichtspunkten und der Morrone von Braemar ist darin keine Ausnahme. Mit 850 m (2815 ft) überragt er eindeutig die Berge seiner Umgebung. Schon vor seiner Besteigung können Sie herausfinden, welches Wetter an seinem Gipfel herrscht. Auf dem Morrone befindet sich nämlich eine Wetterstation, die regelmäßig Meldungen herausgibt, die auf einer Tafel an der Hauptkreuzung in Braemar, ganz in der Nähe des Postamts, nachzulesen sind.
Verlassen Sie Braemar auf der Cluniebank Road, die dem Clunie an seinem Westufer folgt. Nach einiger Zeit erreichen Sie den Braemar Golf Club. Der größte Teil des Golfplatzes wurde auf dem herrlichen Gelände im Osten der Straße angelegt. Der stopplige, borstige Creag Choinnich (Moosfels) im Nordwesten verleiht ihm eine malerische Umgebung. Wenn Sie den ersten Abschlagplatz erreichen, sollten Sie sich vorsehen — die Schlagrichtung geht über Ihren Kopf!
Nach etwa 1,5 km kommen Sie aus dem Dorf heraus und kurz danach lassen Sie auch den Golfplatz hinter sich. Die kleine verkehrsarme Straße durchläuft eine wunderschöne Landschaft und bringt Sie zum Beginn des Anstiegs. Am Balintuim wurde vor kurzem ein großer Fichtenwald angelegt. Die Bäume scheinen von Hand und ohne Hilfe der großen Pflüge eingeplanzt worden zu sein, wodurch die häßlichen Furchen, die durch die letztere Methode entstehen, vermieden wurden.
Jenseits des Baches verläuft die „Jock’s Road“, die durch das Glen Clova leitet. Sie verlassen die Straße am Ende des Wildzauns und begeben sich auf den Pfad zur Rechten, um mit der Besteigung des Morrone zu beginnen. Der befahrbare Weg, der für den Bau der Wetterstation angelegt wurde, fügt sich gut in die Landschaft ein und wurde im Lauf der Jahre von Heidekaut und anderen wuchernden Pflanzen umrankt.
Im Sommer herrscht hier ein reges und artenreiches Vogelleben. Die Austernfischer mit ihren langen, orangefarbenen Schnäbeln kreisen mit schrillen Schreien über dem Bach. Auf den unteren Hängen sind Kiebitze zu sehen und beim Aufstieg werden Sie von Steinschmätzern, die sich durch ihre weißen Bürzel auszeichnen, begleitet.
Der Weg macht zunächst eine große Schlaufe und führt dann nördlich der Coire na Meanneasg zum Kamm hoch. Schon jetzt

Der Gipfel des Marrone

kommt der Funkmast auf dem Gipfel des Morrone in Sicht. Einen Moment lang sieht es aus, als ob der Pfad direkt von Ihrem Ziel wegführt, doch der Richtungswechsel dient nur dazu, den Steigungswinkel etwas zu mindern und bald läuft der Pfad wieder auf den Gipfel zu. Wenn Sie auf dem Höhenrücken ankommen, können Sie die erste Fernsicht genießen. Im Westen zeigt sich das Deetal und im Süden das Glen Ey. Der Carn Bhac und die beiden Beinn Iutharns, der Mor und der Beag, können mit Hilfe der Karte ausgemacht werden.

Ein flacher, felsiger Paß führt Sie zum letzten „Buckel" vor dem Gipfel. In dieser Höhe ist die Bodenschicht sehr dünn und die Vegetation spärlich, so daß der ausgetretene Pfad deutlich zu erkennen ist. Nach fünf Minuten haben Sie den Gipfel des Morrone erreicht. Der Funkmast und die dazugehörenden Gebäude sind nicht gerade attraktiv, doch die Meteorologie der schottischen Berge ist derart unterwickelt, daß man die Wetterstationen auf einigen wenigen Gipfeln in Kauf nehmen sollte. Bessere Wettervorhersagen können Leben retten.

Doch zur Aussicht. Gleich im Norden sind die Felskuppen des Ben Avon und das ausgedehnte, flache Gipfelplateau des Beinn a'Bhuird zu erkennen. Im Osten können Sie das Deetal überblikken und südlich davon sehen Sie die faszinierende Berggruppe um den Lochnagar sowie den Cairnwell. Im Südwesten erscheint die dramatische Kluft des Glen Tilt, durch die eine alte, aber auch heute noch häufig benutzte Route läuft. Im Westen sehen Sie das obere Deetal und den wilden und einsamen Landstrich, der von den Quellflüssen des Feshie und des Tarf durchzogen wird.

Im Nordwesten breitet sich eine wahrhaft majestätische Landschaft aus. Das großartige Hauptmassiv der Cairngorms ist nicht nur beeindruckend — seine Pracht ist geradezu überwältigend. Der Beinn Mheadhoin, der Derry Cairngorm, der Macdui, die tiefe Schneise der Lairig Ghru, der Devil's Point, der Cairn Toul und der Braeriach: Es gibt einfach keine Worte, um ihre Schönheit zu beschreiben. Es ist ein unbezahlbares Erlebnis, in diese Bergwelt einzutauchen.

Im Winter können Sie auf dem Gipfel des Morrone in heftige Schneestürme geraten, doch Sie finden Schutz im Windschatten der Gebäude. Eine Wintertour kann aber bei einigermaßen annehmbarem Wetter durchaus reizvoll sein, zumal die Aussicht auf die schneebeckten Berge phantastisch ist.

Bevor Sie mit dem Abstieg beginnen, sollten Sie die Inschrift der Hinweistafel an der Grenze des Morrone Birchwood National Nature Reserve lesen. Sie beschreibt den Wald als „...den wahrscheinlich schönsten hochgelegenen Birkenwald in Großbritannien. Im Unterholz und zwischen dem Buschwerk gedeiht Wacholder. Der Boden ist kalkhaltig und es gibt Flächen, auf denen sich Hochlandgras und Moor abwechseln und die von zahlreichen Bächen durchzogen werden. Das ganze Gelände gleicht den hochgelegenen Birkenwäldern Norwegens.“ Auf die Birken, von denen hier die Rede ist, treffen Sie jedoch erst etwas weiter unten auf dem Hang.

Der Pfad, der Sie zurückleitet, ist deutlich auszumachen und läuft in nordöstlicher Richtung vom Gipfel weg. Obwohl er einen ziemlich konstanten Neigungswinkel hat und nirgendwo zu steil ist, geht der Abstieg ziemlich in die Knie. Doch nach einem Drittel des Wegs bietet sich eine Gruppe von fünf großen Findlingen (vermutlich als Markierung für diejenigen, die den Berg von dieser Seite besteigen, gedacht) für eine Rast an. Ein weiterer Grund anzuhalten, ist der Blick auf Braemar, das sich jetzt unter Ihnen ausbreitet.

Braemar liegt etwas über 305 m (1000 ft) hoch und ist damit eines der höchstgelegenen Dörfer Schottlands. Da es zudem zwischen zwei große Täler eingebettet ist, ist es eine „notorische Frosthöhle“. Tatsächlich wurde hier in jedem Monat des Jahres Frost verzeichnet. Im Januar 1982 wurde mit -28° C die niedrigste Wintertemperatur Großbritanniens gemessen. Während dieser extrem kalten Periode ging eine berühmt gewordene Photographie durch die schottische Presse. Sie zeigte einen Hirsch, der sehnsüchtig in das Schaufenster der Braemarer Schlachterei blickte!

Doch über Braemar scheint auch die Sonne. Seine Einwohner hoffen vor allem am ersten Septemberwochenende auf gutes Wetter. Dann findet nämlich in der Arena im Dorfzentrum das weithin bekannte Braemar Gathering statt. Das Festival wird traditionell von der königlichen Familie besucht, die sich zu dieser Jahreszeit im nahegelegenen Balmoral aufhält.

Etwas weiter unten erreichen Sie den Birkenwald, der sich vor allem auf der linken Seite des Pfades ausdehnt. An der Weggabelung gehen Sie nach links. Sie kommen zu einem Aussichtspunkt, der auf das Deetal und die dahinterliegenden majestätischen Berge blicken läßt. Folgen Sie jetzt dem Pfad rechts hinab. Er leitet Sie durch die prächtigen alten Birken, führt an einem kleinen Ententeich vorbei und bringt Sie zu der Straße, auf der Sie zurück nach Braemar wandern.

28 Loch Brandy und Ben Tirran

Roger Smith

Entfernung: 16 km (10 Meilen)
Anstieg: 700 m (2300 ft)
Ausgangs- und Endpunkt: Parkplatz in Clova
Karte: OS 1:50.000, Blatt 44

Kurzbeschreibung: Bergpfade und unwegsamer Grund. Der letzte Teil der Wanderung verläuft auf einer schmalen Straße. Langer Anstieg zum Green Hill, dem der lange Abstieg vom Ben Tirran entspricht.
Sehenswürdigkeit: Loch Brandy und Loch Wharral. Beide Seen liegen in Hochtälern und sind von Felswänden umgeben. Der Green Hill und der Ben Tirran sind großartige Aussichtspunkte.

Diese Wanderung leitet in zwei prächtige Hochtäler und auf ein Hochplateau, das eine gewaltige Aussicht gewährt, die Sie für die mühevolle Besteigung tausendfach entlohnen wird.
Schon die Anfahrt zum Ausgangspunkt hat ihren Reiz. Nachdem Sie Kirriemuir, den Geburtsort vom Schöpfer Peter Pans, J.M. Barrie, verlassen haben, fahren Sie 24 km (15 Meilen) durch das Glen Clova, das zu den Perlen unter den wunderschönen schottischen Tälern zählt. Je höher Sie ins Glen kommen, desto näher rücken die Berge, die jedoch nie erdrückend wirken. An einer Kreuzung erreichen Sie den kleinen Weiler Clova. Die Straße führt noch 6,5 km weiter zur Jugendherberge. Doch Ihr Ziel bzw. Ausgangspunkt ist der Parkplatz in Clova, das in einer malerischen Landschaft, die zum District Council gehört, liegt.
Nehmen Sie den Pfad rechts des Clova Hotels. Dieses Hostel (früher hieß es Ogilvy Arms) ist für seine Gastfreundlichkeit bekannt. Es ist vor allem bei Wanderern und Bergsteigern sehr beliebt, da es sowohl über einen einfachen Schlafsaal verfügt als auch den Komfort eines Hotels bietet. In den schottischen Bergen gibt es eine Reihe ähnlicher Einrichtungen, die dem Naturliebhaber das Leben versüßen.
Der Pfad bringt Sie zu einem ehrwürdigen Eisentor, das mit einem der typischen Wegweiser der Scottish Rights of Way Society versehen ist. Schilder an dem gut ausgetretenen Pfad weisen darauf hin, daß freilaufende Hunde in den Bergen erschossen werden: Es ist das Land der Schafe. Sie

sollten die Warnung ernst nehmen!
Die Pracht, die Sie hoch oben erwartet, ist von hier aus noch nicht zu sehen. Im Sommer liegt der frische Duft des Farnkrauts in der Luft und im Herbst erfreut das Heidekraut das Auge. Beide, die gemeine und die edle Spezie (Erika), sind in diesen Bergen vertreten. Bald teilt sich der Pfad. Es ist ziemlich egal, für welchen davon Sie sich entscheiden, da beide am Loch Brandy, Ihrem ersten Ziel, enden.
Der Loch liegt über 600 m (2000 ft) hoch. Während Sie sich ihm nähern, werden Sie Schießstände sehen, die im August und September für die Hühnerjagd benutzt werden. Der Hühnerbestand ist in den letzten Jahren stark zurück gegangen. Inzwischen wurde eine Untersuchungskommission eingesetzt, die die Ursachen klären soll. Was man auch immer von der Schießerei halten mag, sie sichert den Kommunen ein beträchtliches Einkommen und die Jagdzeit sollte von den Wandersleuten respektiert werden. In einer Höhe von 460 m (1500 ft) läßt die Steigung der Hänge nach und die großartigen Felswände, die den Loch umgeben, kommen in Sicht. Die Lage des Loch Brandy könnte nicht schöner sein. Hoch über einem faszinierenden Glen gelegen ist er der Glanzpunkt der dramatischen Landschaft. Der See liegt vollkommen ruhig — wie es in dieser Höhe nicht anders zu erwarten ist. Zusammen mit den massiven Felsen, die sich vor allem im Westen des Lochs erheben, läßt er eine unvergeßliche Szenerie entstehen.
Wenn Sie den linken Pfad gewählt haben, steigen Sie jetzt auf dem Snubkamm hoch. Sollten Sie sich für den rechten entschieden haben, befinden Sie sich auf dem Hang östlich des Lochs. Auf beiden Wegen kommen Sie zum Green Hill, wo eine Schönheit der anderen die Hand reicht. Von der unmittelbaren Umgebung wird das Auge zum Horizont gezogen, wo sich Gipfel an Gipfel abzeichnet: Das ganze Ostmassiv der Grampians stellt sich Ihnen zur Schau.
Im Nordwesten beherrscht der Meikle Pap des Lochnagar, der sich fast ungestüm in den Himmel drängt, die Szene. „Meikle“ bedeutet „groß“ und groß sieht er auch aus — obwohl sein Gipfel weit unter dem Hauptgipfel des Lochnagar, dem Cac Carn Mor, liegt. Im Nordosten ist der Mount Keen, der sich klar über seine Nachbarberge erhebt, zu erkennen. Er ist Schottlands östlichster Munro und relativ leicht zu bezwingen, da eine der alten „Mounth Roads“ vom Glen Esk direkt über seinen Gipfel zum Deeside leitet.
Sie befinden sich in einer Landschaft, in der es von klingenden

Namen nur so wimmelt: Easter Watery Knowe, Benty Roads, Cairn Lick, The Witter — alle liegen ganz in der Nähe. Sie wenden sich jetzt jedoch dem Ben Tirran zu, der 2,5 km weiter östlich, jenseits eines prächtigen Moosplateaus, liegt. Zunächst folgen Sie einem deutlich erkennbaren Pfad. Achten Sie aber darauf, ihn rechtzeitig zu verlassen, da er nicht auf den Ben Tirran führt, sondern irgendwann eine Kehre macht und zurück ins Glen Clova läuft.

Der Blick ins Glen Clova ist einzigartig und bei klarem Wetter können Sie von hier aus sogar das Meer sehen. Das Plateau ist ein Magnet für alle, die Schottland von Küste zu Küste durchwandern. Doch Ihr gegenwärtiges Ziel ist der Gipfel des Tirran, der leider noch hinter den Hängen verborgen ist. Der Weg ist jetzt von kleinen Steinpyramiden gekennzeichnet und bringt Sie zu einem kleinen See. Bevor Sie weiter gehen, sollten Sie mit Hilfe eines Kompasses Ihre Wegrichtung ausmachen. In Landschaften mit runden und sanften Hügeln, von denen einer wie der andere aussieht, kann man sich sehr leicht verlaufen. Man sollte also immer auf Entfernung und Anstieg achten.

Wenn Sie Glück haben, können Sie im Frühjahr und im Sommer Mornellregenpfeifer beobachten. Außer auf diesem Hochplateau brüten sie nur an wenigen anderen Plätzen in Großbritannien. Brachvögel, Schneehühner und Feldlerchen teilen sich die Lüfte und bereichern die Wanderung. Im Sommer sehen Sie wahrscheinlich kleine Gruppen von ein oder zwei Hirschkühen mit ihren Kälbern.

Der Gipfel des Tirran ist leicht zu bezwingen, doch wie bei so vielen anderen dieser Berge, ist die Strecke länger als es auf der Karte aussieht. Er ist von einem OS-Pfeiler gekennzeichnet und es breitet sich dasselbe weitreichende, phantastische Panorama wie auf dem Green Hill aus. Wandern sie nun in südwestlicher Richtung zum Vorgipfel des Tirran, der ca. 750 m entfernt ist. Von dort müssen Sie zum Loch Wharral absteigen, der ebenso schön und faszinierend wie der Loch Brandy ist. Auf der OS-Karte ist nur ein Pfad eingezeichnet. Es gibt jedoch mehrere, so daß man nur raten kann, sie alle zu ignorieren und sich am Bach, der aus dem Loch fließt, zu orientieren.

Wenn es überhaupt etwas gibt, das schöner ist als der Loch Brandy, dann ist es der Loch Wharral. Er ist zwar kleiner, sieht aber irgendwie freundlicher aus. Wie der Loch Brandy ist er von großartigen Felswänden umgeben.

Trotz ihrer Höhe haben diese Lochs ein artenreiches Fischle-

ben — sogar Hecht wurde hier geangelt. Im Loch Brandy finden sich leuchtend orange Kieselalgen, die nirgendwo sonst in Schottland zu sehen sind.
Von nun an geht es nur noch bergab! Nehmen Sie am Bach den Pfad, der links hinableitet. Auf halber Strecke stößt er auf einen breiten Weg, der zweifellos für Jagdzwecke angelegt wurde und vom Rough Crag kommt (auf der OS-Karte eingezeichnet). Der Weg führt Sie an dem Bach, der in einer kleinen Schlucht im Osten entspringt, weiter abwärts.
Unter sich sehen Sie die Adielinn Plantation. Kurz bevor Sie sie erreichen, wenden Sie sich nach rechts, überqueren den Bach, gehen durch ein Tor und wandern am Rand der Anpflanzung bergab. Zwischen den Bäumen werden Sie einzelne Rehe entdecken. In der ganzen Umgebung wimmelt es von Raben und im Sommer können Sie Brachvögel, Kiebitze und möglicherweise sogar Schnepfen sehen.
Am Fuße des Berges gelangen Sie durch ein Tor auf die Straße. Von dort bringt Sie ein gemächlicher, 3 km langer Spaziergang zum Parkplatz in Clova zurück. Im Sommer ziehen über Ihnen die Austernfischer ihre Kreise. Ihre orangegefärbten Schnäbel und ihr lautes Geschrei sind unverkennbar. Sie sind nicht gerade die leisesten Vögel. Fast auf der ganzen Strecke, vor allem in der Nähe des Inchdorie House, ist die Straße von Birken umsäumt und bildet einen angenehmen Abschluß der Wanderung.

29 Von Braemar zur Küste

Roger Smith

Entfernung: 109 km (68 Meilen)
Anstieg: 2750 m (9000 ft)
Ausgangspunkt: Braemar
Endpunkt: Dunnottar Castle, Stonehaven
Karten: OS-Blätter 43, 44, 45

Zusammenfassung: Herrliche Wanderung von den Bergen zur Küste; mehrere 3000ft-Berge am ersten Tag. Unterschiedlichste Wegarten, anfangs in den Cairngorms über Granit, am Ende auf Nebenstraßen. Sehenswürdigkeiten: Erster Tag in den East Grampians, bergig, interessante Vogelwelt. Zweiter Tag in Bergen und Hochtälern. Dritter Tag in flacheren Gefilden, die Wanderung endet bei einem geschichtsträchtigen Castle. Abschließend kurzer Gang in eine Küstenstadt mit Hafen.

Der Landstrich zwischen Braemar und der Nordsee bietet hervorragende Möglichkeiten, um Drei- oder Viertagestouren zu unternehmen. Unterschiedlichste Szenerien wechseln einander ab und sogar ein ausgesprochener Höhepunkt läßt sich einplanen, wenn Sie die Wanderung einige Kilometer südlich von Stonehaven beenden. Dort liegen hoch oben auf einer Felsklippe die Ruinen von Dunnottar Castle, das zu den schönsten Schlössern Englands zählt.

Vielleicht kann Sie jemand in Braemar absetzen. Sollte das nicht möglich sein, können Sie von Aberdeen aus mit dem regelmäßig verkehrenden Bus fahren. Die Wanderung endet an der Hauptbahnlinie, die entweder nach Aberdeen zurück oder Richtung Süden führt. Übernachtungsmöglickeiten sind in Braemar zu finden, sogar eine Jugendherberge ist vorhanden. Auch am Ende des ersten Tages kann man im Glen Doll in einer guten Jugendherberge absteigen. Natürlich sind sowohl Camping als auch „Bed & Breakfast“ möglich, je nach Bedarf.

Am besten plant man vier Tage für die Route ein. Selbstverständlich können Sie bereits am 3. Tag in Stonehaven eintreffen, es wird nur ein langer Tag werden. Von den hohen Hügeln der East Grampians geht es abwärts zum welligeren, kultivierten Gebiet an der Küste.

Die Wanderung hält unzählige Wegvarianten bereit. Sie sind also nicht unbedingt auf die folgende Beschreibung angewiesen. Außerdem ist man in dieser Region sowieso nicht an beschriebene Touren gebunden. Sie können sich je nach Lust und Laune entscheiden, solange Sie sich nur Richtung Osten halten.

Invermark Castle im Glen Lee

1. Tag

Trotz der eben angegebenen Richtung, verlassen Sie jetzt Braemar nach Süden. Die erste Etappe hat Auchallater zum Ziel. Machen Sie vom Wegerecht Gebrauch, das vor langer Zeit eingeführt wurde, und schlagen Sie den als „Jock' Road" bekannten Pfad ein. Entweder folgt man ihm ca. 3 km die A 93 entlang oder auf der anderen Seite des Clunie Water über die Nebenstraße (in der Morrone-Wanderung beschrieben). Noch bis vor kurzem war die zweite Strecke nicht möglich, aber durch eine Flußbrücke über den Bach ist sie gut erreichbar und sicher auch der schönere Weg aus der Stadt heraus.
In Auchallater begeben Sie sich auf den vom Scottisch Rights of Way Society markierten und ausgeschilderten Weg. Die uralte Straße benutzten einst Fliegende Händler und manchmal auch wilde Tiere. Ganz zu schweigen von den Whisky-Schmugglern, die den Steuereintreibern nicht in

die Hände fallen wollten. Erst das Jahr 1823 brachte den Schotten eine akzeptable Legalisierung. In der Zwischenzeit blühte der Handel auf eigenen Wegen und natürlich boten die Berge genügend Möglichkeiten, dem Londoner Gesetz zu entgehen.

Niemand weiß genau, wer jener „Jock“ war, trotzdem folgten Tausende seinen Fußspuren. Der Wert dieser Strecke offenbart sich spätestens, wenn Sie jemanden gefunden haben, der Sie in Braemar absetzt und im Glen Doll wieder einsammelt. Ihr Fahrer muß gut 80 km (50 Meilen) zurücklegen und Sie nur 24!

Die Wanderung das Glen Callater hinauf, zu beiden Seiten von Bergen eingeschlossen, ist angenehm, und bis zum See und einer alten Hütte befinden Sie sich 5 km (3 Meilen) lang auf einem gut ausgebauten Pfad. Dann eröffnen sich Ihnen verschiedene Routenvarianten. Sollen Sie auf der „Jock's Road“ bleiben, um geradeaus zum Glen Doll hinüber zu wandern? Oder nach links gehen und den Carn an Sagairt Mor (hoher Priesterberg) erklettern? Oder wie hier vorgeschlagen, den Anstieg zur Rechten in Angriff nehmen. Denn sind Sie erst einmal auf den Hügeln, befinden Sie sich auf einem Plateau und können ohne größere Anstrengungen eine Handvoll Munros besteigen.

Die hier beschriebene Route zur Rechten überquert den Bach bei seinem Austritt aus dem See — ideal für eine kleine Pause — und folgt dann über den rechten Abzweig einem Weg, der nicht viel Federlesen macht. Er steigt einfach steil einen Kamm hinauf und gewinnt schnell an Höhe. Bevor der erste Gipfel des Tages erreicht ist, muß aber noch doppelt so viel an Höhe erklettert werden. Ernsthafte Munro-Sammler können hier bis zu zehn Munros bezwingen. Fünf oder sechs bereiten keine allzu große Mühe. Der Cairn an Tuirc (Wildschweinberg) ist der erste, leicht einnehmbare Munro. Der Weg vom See hinauf geht über in einen Pfad, der sich bis zum Plateau mit der auffallenden Mulde Corrie Kander fortsetzt. Sein See wird weiter unten zur Linken sichtbar. Der Cairn an Tuirc befindert sich ganz am Ende des Plateaus. Obwohl der letzte Hang sehr sanft anmutet, scheint es ein weiter Weg zu sein. Von der Spitze erhalten Sie einen wunderbaren Ausblick. Zurückblickend sieht man Braemar und im Hintergrund die Cairngorms sowie die klar erkennbaren Felskuppen des Ben Avon.

Eine leichte Wanderung führt vom Cairn an Tuirc zum Cairn of Claise. Man verliert nur wenig an Höhe. Cairn Claise bedeutet „Höhlenhügel“, wobei unklar bleibt, welche Höhle gemeint ist. Auf dem Gipfel steht ein winzig kleiner Felsunterstand, in den

man sich bei heftigem Wind zurückziehen kann.
Der 3. Munro der Gruppe heißt Glas Maol (kahler, grauer Berg), liegt aber etwas abseits. Man sollte ihn daher außer acht lassen. Wesentlich leichter läßt sich der Gipfel vom Skigebiet bei Cairnwell über die A 93 erreichen. Am Cairn of Claise angekommen, wird es Zeit, sich nach Osten, Richtung Meer, zu wenden. Obwohl der Weg von dem hohen Plateau bis zur Küste zu diesem Zeitpunkt noch ziemlich weit scheint.
Wandern Sie einige Kilometer nach Osten, erreichen Sie Munro 3 und 4, Tolmount und Tom Buidhe. Zwei wirklich einfach zu erobernde Gipfel. Das Gebiet gehört zu den wenigen Brutplätzen der Mornellregenpfeifer, die Ende des Frühjahrs nisten. Sie haben eine braune Krone auf dem Kopf, weiße Wangen und breite, weiße Streifen auf der Brust.
Mornellregenpfeifer leben vorwiegend in Regionen über 900 m (3000 ft). Während der gesamten Strecke werden Sie aber höchstens auf 10 Paare treffen. Durchschnittlich brütet jedes Paar über Jahre nicht mehr als ein Junges aus. Sie ernähren sich von Insekten und Beeren.
Läßt man den Rucksack stehen, können Tolmount und Tom Buidhe (Gelber Berg) in einer halben Stunde erreicht werden. Zum Glen Doll gibt es zwei Möglichkeiten: entweder nach rechts über Mayar und Driesh oder nach links über Cairn Bannoch und Broad Cairn. Besser ist die letzte Route, denn sie kreuzt die „Jock's Road" an ihrem höchsten Punkt, dem Crow Craigies und schwingt sich Richtung Norden nach Fafernie. Vorher gelangt man über eine kurze Kletterpartie auf den Cairn Bannoch (der Name kann eine Kuchenart bedeuten oder einfach nur Hügelspitze).
Vermutlich handelt es sich um den kleinsten Munro Schottlands. Seine Gipfelkrone steigt nur ca. 30 m vom Plateau an, nichtsdestotrotz ist er ein gut proportionierter Gipfel. Die Wanderung wird Richtung Süden zum Cairn of Gowal fortgesetzt. Sie schwenkt dann scharf nach Osten zum Broad Cairn, einem trügerischen großen Berg mit unwegsamem Fels in Gipfelnähe. Von hier oben ist die Aussicht eine Freude. Unten sieht man den Loch Muick (Schweinesee), Teil des königlichen Anwesens von Balmoral und heutzutage Naturreservat mit einem kleinen Besucherzentrum, liegen.
Am Ende des Sees liegt Glas-allt-Shiel, umgeben von einem Kiefernwald. Das Haus wurde 1868, sieben Jahre nach dem Tod Prinz Alberts, für Queen Victoria gebaut. Sie liebte diese Region und unternahm selber eine Expedition, die der Ihrigen sehr ähnlich ist. Die Wanderung fand im Oktober 1861 statt, nur zwei Monate

vor dem Tod Alberts und war gleichzeitig ihr letzter gemeinsamer Ausflug. Aus dem Tagebuch der Queen erfährt man:
„Während wir zum Cairn Tuirc hinauf wanderten, sahen wir unter uns wild und dunkel Loch Canter liegen. Wir wanderten, liefen weiter zum äußersten Punkt des Cairn Glaishie (Cairn of Claise), auf dem eine Steinpyramide errichtet wurde. Wir wollten uns das wunderschöne Panorama ansehen, das ausgebreitet vor uns lag. Es war herrlich klar und wirklich ausgesprochen interessant, so weit über die Highlands zu blikken."
Die Gesellschaft machte beim Caenlochan Rast und kehrte auf ihren abgehärteten Ponies nach Glenshee zurück.
Ihr Weg führt über die rauhen Hügel des Broad Cairn hinab und zu einer kleinen Hütte. Hier trennen sich die Wege. Ein Pfad (durch seine von oben sichtbare Kurvenführung als „Flash of Lightning" bekannt) biegt nach links ab und verläuft abwärts zum Loch Muick. Ihr Weg geht steil nach rechts ab in Richtung des schönen Kiefernwaldes von Bachnagairn. Eine Brücke, in Gedenken an Roy Tait, einem Liebhaber dieser Hügel, errichtet, quert den Bach und trifft auf den Pfad, der ins Hochtal hinunterführt.
Das Tagesende kommt in Sicht. In der Nähe der Moulzie Farm überquert der Weg erneut den Bach, der jetzt wesentlich breiter ist. Man muß hindurchwaten, was normalerweise keine Probleme bereitet. Die flache Furt kann sogar von Fahrzeugen passiert werden. Der Weg verläuft dann ca. 1,5 km durch Wald, macht eine scharfe Rechtskurve und erreicht nach etwa 750 m die Glen Doll Jugendherberge, ein altes Gemäuer mitten unter Bäumen. Falls Sie campen möchten, kann die Erlaubnis dazu in der Forestry Commission ganz in der Nähe eingeholt werden.

Zweiter Tag

Die für den zweiten Tag vorgeschlagende Route ist recht kurz, aber durchaus lohnend. Zunächst kehren Sie wieder in das Waldgebiet Richtung Moulzie Farm zurück, verlassen den Pfad aber dann, um den Capel Mounth-Weg, der hangaufwärts führt, einzuschlagen. Er bringt Sie zum Spittal of Glen Muick.
Der Weg steigt steil durch Bäume an und wird auf dem freiliegenden Hügel noch steiler. Auf dem Bergkamm angekommen, folgen Sie dem Pfad nicht weiter, denn er quert den Kamm und führt wieder bergab. Sie bleiben jedoch bis zum Ferrowie-Gipfel auf dem Kamm.
Der nächste Teil der Route ver-

langt bei Nebel besondere Vorsicht, denn die Hügel ähneln einander sehr. Das Gelände besteht aus heidebewachsenen Kuppeln, die sich einige hundert Meter über kleinen, kaum unterscheidbaren Hochtälern erheben. Genaue Kompaßarbeit und gutes Orientierungsvermögen werden notwendig.

Von Ferrowie wandern Sie Richtung Norden zum Watery Hill (etwa 750 m). Jetzt müssen Sie sich nach Osten wenden, den Berg, bekannt als Murley, queren und die nächste Erhöhung, Knowe of Lee, ersteigen. Die Gesamtentfernung liegt unter 3 km (2 Meilen). Vorausgesetzt Sie behalten Ihre Richtung bei, bereitet der nächste Abschnitt keine Schwierigkeiten. Haben Sie den Knowe of Lee erst einmal verlassen, fällt das Gelände nach Osten steil ins Glen Lee ab. Selbst wenn Sie den Weg verlieren sollten, müssen Sie nur, auf einem steileren Abhang angekommen, anstatt nach Osten in nordöstlicher Richtung weitergehen.

Das klingt vielleicht alles kompliziert, ist es aber keineswegs. Man kann sogar sagen, daß dieses Gebiet ein kurzes Stück lang einfach ziemlich eintönig wird.

Verlassen Sie den Knowe of Lee nach Nordosten, um auf den Pfad, der ins Glen Lee hinabführt, zu treffen. Er bahnt sich in ein steilwandiges Hochtal und trifft weiter unten auf den Weg vom Muckle Cairn und verbreitert sich. Dort, wo der Pfad einen Bogen nach rechts (Süden) beschreibt, tauchen die eindrucksvollen Felsspitzen des Craig Maskeldie vor Ihnen auf. Ein Seitenweg leitet Sie zu den Falls of Unich (Wasserfälle) hinauf. Sie sind besonders nach einem Regenguß sehr schön und rechtfertigen den kurzen Umweg.

Etwa 1,5 km weiter gelangen Sie zum Loch Lee. (Queen Victoria beschrieb ihn als „einen wilden, aber kleinen See, eingeschlossen von Bergen, mit einem Farmhaus und einigen Hütten an seinem Ufer.") Die East Grampian Deer Management Group hat am See ein Hinweisschild aufgestellt, das den Besucher über die Pirsch informiert und über die Notwendigkeit aufklärt, bestimmte Routen während der Gipfelpirsch-Saison einzuhalten.

Bei Inverness Castle folgen Sie dem Pfad, der vom Glen Mark herüberkommt. Hierbei handelt es sich um eine weitere alte Mounth Route, die den Mount Keen, den östlichsten Munro, in ihrem Verlauf zum Glen Tanar und Aboyne quert (eine lange Wanderung). Unsere königliche Reisende nahm ebenfalls diesen Weg, machte zum Trinken Halt an „einem sehr klaren Brunnen namens White Well". Jetzt heißt er „Queens Well" und wurde mit einer Art Dach versehen.

Nur noch wenige Kilometer lie-

gen vor Ihnen. Sie befinden sich am Eingang zum Glen Esk: Der Abfluß des Loch Lee und der Water of Mark sind zum River North Esk zusammengeflossen. Er erreicht die Nordsee auf direkterem Weg als Sie. Ihr nächstes Ziel heißt Tarfside. Sie gelangen nicht über die Straße, sondern auf einem alten Bergpfad dorthin.
Vorbei an einem Parkplatz und der Landstraße nach Auchronie, biegen Sie in den nächsten Weg ein, der links Richtung Westbank verläuft. Folgen Sie ihm 1,5 km weit, vorbei an dem Farmhaus zu Ihrer Linken und weiter über einen bewachsenen Pfad an der Nordseite des Hill of Rowan. Auch diese Strecke gehört zu den ehemaligen Whisky-Routen. Sie werden auf einen sehr alten Stein treffen, in den ein Kreuz eingemeißelt ist. Keiner weiß warum und wieso.
Der Pfad trifft bei einer scharfen Kurve wieder auf die Straße, wo eine Brücke über den Water of Tarf führt (eine Bezeichnung, die auch im Atholl-Gebiet, südwestlich von Braemar, vorkommt). Unmittelbar darauf stoßen Sie zu Ihrer Linken auf das Tor zur Parsonage. Dieses Paradies war viele Jahre lang ein „Geheimtip" unter Wanderern.
Die Gastlichkeit Mrs. Guthries ist geradezu legendär. Darum wundert man sich auch nicht über folgende Eintragung im Gästebuch: „Höhepunkt der Überquerung — einen Steinadler zu sehen. Tiefpunkt — das Parsonage zu verlassen."

Dritter Tag und eventuell vierter Tag

Nach einer Nacht im Parsonage erwachen Sie am nächsten Morgen fit und zu allen Taten bereit. Die Küste kann von hieraus in einem Tag erreicht werden. Doch der Weg ist 48 km lang, relativ viel Strecke davon verläuft auf geteerten Straßen.
Marschieren Sie ca. eine Stunde auf der Straße. Sie kommen am Retreat vorbei, einem Heimatkundemuseum, dessen Besuch sich lohnt. Allerdings ist es fraglich, ob das Museum gerade dann geöffnet ist, wenn Sie vorbeikommen. Zu Ihrer Rechten fließt der Fluß. Sie werden merken, daß die Berge, je weiter Sie nach Osten kommen, an Höhe verlieren.
In Gernybank, unmittelbar nach der Telefonzelle, schlagen Sie links den Farmweg ein. Durch Mill of Aucheen nehmen Sie den rechten Abzweig und ein langer, kontinuierlicher Anstieg in die Berge beginnt. Angenehme Wanderbedingungen umgeben Sie: saubere Luft, Heidehügel und eine interessante Vogelwelt.
Werfen Sie einen Blick auf die

Karte, um zu sehen, wohin Sie gehen. Sie laufen Richtung Glen Dye, und die Route scheint geradeaus zu führen. Sicher nicht schwierig, aber der aufgezeichnete Pfad, der Ihre Hügelseite mit der anderen verbindet, kann leicht verpaßt werden. Der kurze Zwischencheck lohnt durchaus. Sie befinden sich auf einem Weg, der stetig zum Hill of Turret ansteigt. Sie müssen nun, bis die Wasserscheide gequert ist und das Glen Dye vor Ihnen auftaucht, in nordöstlicher Richtung bleiben.

Sollten Sie sich fit genug fühlen, könnten Sie nach Norden einen kleinen Umweg von einigen Kilometern machen und dabei Mount Battock, Schottlands östlichster 2500ft-Berg, besteigen. Ins Glen Dye kehren Sie über den Lochnaween Hill und den Pfad am Burn of Baddymicks zurück. Genau im Süden liegt Bonnyfleeces. Der Name hört sich so an, als würde er von einem Schäfer abstammen, dem es hier sehr gut erging.

Sind Sie erst einmal im Glen Dye angekommen, führt eine lange Strecke durch Waldgebiet. Das Glen Dye muß früher einmal dicht besiedelt gewesen sein. Heute stehen hier nur Bäume und gelegentlich trifft man auf Waldarbeiter.

Beim Spittal Cottage erreichen Sie die Straße zum Cairn o'Mounth und müssen sich entscheiden. Auf direktem Weg sind es bis zur Küste nur noch 24 km (15 Meilen). Liegen Sie gut in der Zeit, könnte es sein, daß Sie Ihre Energien auf den Endspurt konzentrieren und den Weg auf sich nehmen. Sollte dies nicht der Fall sein, müssen Sie überlegen, wo Sie übernachten wollen und wie man dorthin kommt.

Leicht ist die Wahl nicht. Vor Ihnen auf der anderen Straßenseite die Berge, die auf der Karte nicht besonders schwierig aussehen. Aber Sie werden sich einige Stunden wirklich durcharbeiten müssen. Einer der Berge etwas im Norden heißt Heathery Hill. Die Bezeichnung beschreibt sie alle und somit auch Ihr Problem. Nicht nur, daß sie heidebewachsen sind, vielmehr steht die Heide so dicht, daß Ihnen schwieriges und langsames Laufen sicher ist. Übernachtungsmöglichkeiten finden Sie in Auchenblae und wahrscheinlich auch in Glenbervie oder Drumlithie. Sollten Sie campen wollen, steht Ihnen ein ganzer Wald zur Verfügung.

Der beste Weg führt direkt bachaufwärts auf den Hill of Gothie und zum höchsten Punkt des Waldes. Eine steile Felsrinne leitet zu einem der Bäche hinab, die in den Bervie Water fließen, und nach ca. 400 m kreuzt ein Waldweg diesen Bach.

Bleiben Sie am Nordufer des Bachs (d.h. wenden Sie sich auf dem Weg nach „links"). Schlagen Sie die andere Richtung ein, werden Sie unweigerlich in unzählige Kurven und Biegungen getrieben, denn der Weg umrundet eine Reihe von Berghängen. Sein nördlicher Ausläufer bereitet Ihnen hingegen eine angenehme 5 km (3 Meilen) lange Wanderung und tritt bei Corsebauld aus dem Wald.

Die Route verläuft jetzt geradeaus. Sie gehen aus Chapelton heraus und auf der Nebenstraße nach links. Falls Sie wegen Ihres Übernachtungsquartiers abbiegen, sollten Sie sich am nächsten Morgen wieder auf diese Straße begeben. Von dieser Stelle an spricht eigentlich niemand mehr von einer „Route". Die Wanderung geht über Nebenstraßen — es gibt zu wenig und weit entfernte Fußwege in diesem Gebiet — weiter.

Vielleicht passieren Sie Glenbervie und Drumlithie. Fast 800 Jahre lang war die Familie Arbuthnott hier Gutsbesitzer. Der Ort, der ihren Namen trägt, liegt einige Kilometer weiter im Süden und besitzt eine kleine Kapelle aus dem 13. Jhd. Außerdem befindet sich dort das Grab des Schriftstellers Lewis Grassic Gibbon. Aber Sie können auch auf der Straße, die nach Stonehaven führt, etwas weiter nach Norden wandern. Man kommt durch Orte wie Quithel, Elfhill und Nether Wyndings.

Haben Sie sich für die letzte Strecke entschieden, verlassen Sie die Straße bei Tewel, um den Carron Water zu überqueren und gehen durch die drei Orte namens Toucks. Die Küste ist schon ganz in der Nähe und Tanggeruch liegt in der Luft. Sie müssen jetzt auf Dunnottar Mains an der A 92 zuhalten, das sich ein paar Kilometer südlich von Stonehaven befindet.

Sie treffen auf einen Parkplatz und ein Pfad führt zum Dunnottar Castle, hoch oben auf einer Felsklippe. Es entspricht der klassischen Vorstellung einer Festung. Auch seine Geschichte enttäuscht keineswegs. Mitte des 17. Jhd. wurde sie von Truppen der Cromwellanhänger belagert. Zu jener Zeit hatte man die Kronjuwelen und andere Schätze aus Sicherheitsgründen nach Dunnottar ausgelagert. Sie wurden unter Frauenkleidern rausgeschmuggelt und zu einem Boot geschafft, das unterhalb der Klippen wartete.

1865 diente der Bau als Gefängnis für zahlreiche Presbyterianer — über 150 Menschen waren im Hochsommer für mehrere Wochen in einer kleinen Spalte zusammengepfercht. Die Überlebenden dieser Prüfung und Tortur verschiffte man in die Quäkerkolonie von East New Jersey in Amerika. Der Presbyterierstein am Castle hält das Ereignis fest und eben dieser Stein inspirierte Sir Walter Scott zu seiner Novelle „Old Mortality".

Viele Geschichten ließen sich erzählen, aber genießen Sie das Castle und beachten Sie den Fels, auf dem das Schloß steht, ein massiver roter Sandsteinklotz.
Von Dunnottar verläuft ein guter Fußweg an den Klippen bis nach Stonehaven. Über den Downie Point gelangen Sie in den historischen Teil der Stadt, bekannt als „Old Steenie". Das Gelände im Norden von Carron Water wurde im 18. Jhd. unter Robert Barclay of Ury bebaut und wird von einem schönen, großen Platz geprägt. Hier erinnert eine Gedenktafel an Robert Thomson, den Erfinder des pneumatischen Reifens.
Die Barclays gehörten zu einer der größten Familien dieser Region. Für Sie wird Captain Robert Barclay-Allardice von Interesse sein. Er war ein berühmter Fußgänger des 19. Jhd. Damals wettete man astronomische Summen auf athletische Leistungen. Seine größte Glanzleistung vollbrachte er 1809 in Newmarket, als er an einem Stück 1000 Meilen in 1000 Stunden ging. Seinem Gewinn von 1000 Guineas standen 42 Tage ohne normalen Schlaf gegenüber. Sie sind zwar keine 1000 Meilen gelaufen, doch zumindest haben Sie einen Eindruck vom East Grampian-Gebiet und den Mearns of Kincardineshire erhalten.

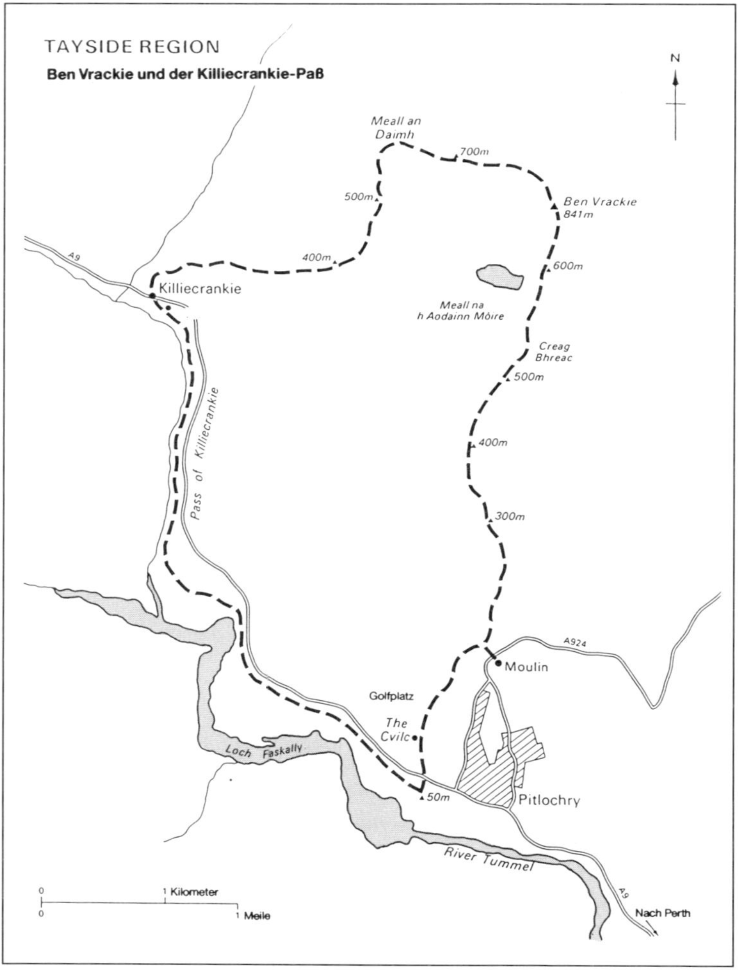
TAYSIDE REGION
Ben Vrackie und der Killiecrankie-Paß
N
Meall an Daimh
700m
500m
Ben Vrackie 841m
400m
A9
600m
Killiecrankie
Meall na h Aodainn Mòire
Creag Bhreac
500m
Pass of Killiecrankie
400m
300m
A924
Moulin
Golfplatz
The Cvilc
Loch Faskally
50m
Pitlochry
River Tummel
0
1 Kilometer
0
1 Meile
A9
Nach Perth

Tayside Region

30 Ben Vrackie und der Paß von Killiecrankie

Roger Smith

Entfernung: 19 km (12 Meilen)
Anstieg: 900 m (3000 ft)
Ausgangspunkt/Endpunkt: Parkplatz in Pitlochry
Karte: OS 1:50.000 Blatt 52 und 43
Anfahrt: Pitlochry liegt an der Glasgow/Edinburg – Inverness-Bahnlinie

Kurzbeschreibung: Anstieg zum Ben Vrackie auf gut angelegten Wegen. Hauptteil der Wanderung über unwegsames Gelände. Endstrecke auf angenehmen Bachuferwegen.
Sehenswürdigkeiten: Ben Vrackie (herrlicher Aussichtspunkt); Killiecrankie (Schlachtplatz, NTS Besucherzentrum, beeindruckende Schluchtlandschaft); Loch Faskally (Kraftwerk, Naturpfad).

Auf dieser Wanderung werden Sie sowohl einen der berühmtesten Aussichtspunkte Perthshires als auch eine begehbare Schlucht miteinander verbinden können. Sie werden zu jeder Jahreszeit einen abwechslungsreichen und fesselnden Tag erleben, obwohl die Wanderung im Herbst durch die Laubfärbung in Killiecrankie besonders reizvoll sein kann.
Starten Sie in Pitlochry, das im Sommer trotz der Umgehungsstraße A 9 nach Inverness ein geschäftiger Touristenort geblieben ist. Pitlochry zählt zu den Ortschaften, die vor 100 Jahren im Zuge des Eisenbahnbaus entstanden: zuvor war Moulin, an dem Sie auf Ihrer Wanderung vorbeikommen, von größerer Bedeutung. Gehen Sie die Straße nach Lardwood hoch (ausgeschildert mit Cuilc und Golfplatz).
Die Straße windet sich steil bergauf und wird zur Golfplatzstraße. In einer Straßenkurve treffen Sie auf einen kleinen See namens Cuilc. Direkt hinter dem See liegt ein hübscher Seerosenteich und gleich darauf erreichen Sie die

weiten Hänge des Golfplatzes. Die Straße aufwärts – jetzt zu einer schmalen Landstraße geworden – geht es weiter Richtung Moulin. Der Ben Vrackie taucht klar vor Ihnen auf. Als ausgezeichneter Ausblickspunkt gilt auch der bewaldete Hügel zu Ihrer Linken, der Craigower. Von diesem sogenannten „beacon hill“ (Leuchtfeuer-Hügel), sandte man in nationalen Krisenzeiten oder bei triumphalen Ereignissen Signale (weithin sichtbare Feuer). Seit 1947 ist der Craigower im Besitz des National Trust for Scottland.

Heute scheint Moulin eher ein Außenbezirk von Pitlochry zu sein. In Blütezeiten hingegen fungiert dieser Ort als Reisestation und der Pferdewechsel für die lange und ermüdende Kutschfahrt von Inverness nach Edinburgh fand im Moulin Inn statt. An der T-Kreuzung nehmen Sie den linken Abzweig (nach Ben Vrackie ausgeschildert).

Bitte richten Sie unbedingt ein Augenmerk auf die drei Häuser zur Rechten. Sie heißen der Reihe nach Craigview, Benview und Hillview!

Nach 400 m biegen Sie auf den ausgeschilderten Weg rechts neben dem Bach ab. Im Frühling blüht hier herrlicher Rhododendron und der Ginster steht in voller Pracht. Dafür entfachen die Bäume im Herbst wahre Leuchtfeuer, und im Sommer spenden Birken wohlverdienten Schatten. Vom Wald steigt der Pfad steil an, quert an einem Zauntritt eine Rotwildfährte und verläuft weiter bergauf. Mühelos läßt sich diesem Weg überall hin folgen, sicherlich ein Grund für die große Beliebtheit, derer sich die Wanderung erfreut. Bald ist ein Sattel erreicht, von dem man weit über das Tay Valley und zum Dunkeld Gap im Süden blicken kann. Außerdem erkennen Sie nun, warum die Route unter strategischen Gesichtspunkten von so großer Bedeutung ist: Es ist nur ein Weg möglich. Nicht hindurch kam jedoch an diesem Bergsattel ein junger australischer Flieger, der vermutlich hier in der Blüte der Jugend sein Leben ließ. Die Gedenkinschrift: „In memort of Terence Toole, RAAF, 1947 – 1972“ erinnert an ihn.

Haben Sie eine weitere Fährte gekreuzt, gelangen Sie zum Loch a'Choire. Ein wunderschöner Platz zum Rasten, bevor Sie das letzte Stück zum Ben Vrackie in Angriff nehmen. Blicke nach Nordwesten zum Glen Garry eröffnen sich. Zwar befinden Sie sich mittlerweile auf einer Höhe von 500 m (1700 ft), aber harte 300 m müssen noch erklettert werden! Eigentlich erreicht man den Ben Vrackie-Gipfel ohne nennenswerte Schwierigkeiten, trotzdem ist Vorsicht angesichts des stellenweise ausgetretenen Weges geboten. Noch ein Hin-

Die Gipfelsäule auf dem Ben Vrackie

weis: Es besteht kein Grund zur Eile, mit jeder Pause können Sie die Umgebung von neuem entdecken.
Der Pfad schlängelt sich ein wenig nach rechts, kehrt dann zurück, um den letzten Anstieg zur Gipfelsteinpyramide und dem OS-Triangulationspfeiler zu bewältigen. Bedenken Sie beim Anblick dieser Pfeiler, welch enorme Arbeitskräfte beim Transport des Materials benötigt wurden. Heutzutage werden Hubschrauber eingesetzt, aber früher mußten Menschen (gelegentlich Ponies, falls der Hügel entsprechend beschaffen war) alles hinaufschleppen. Auf der Steinpyramide neben dem Pfeiler ist ein Fernglas angebracht.
Hervorragende Panoramablicke werden frei. Im Nordwesten überragt die herrliche, geduckt wirkende Beinn a Ghlo-Gruppe das Glen Tilt. Nach Westen wandern die Augen vorbei am Loch Tummel und Loch Rannoch über das Rannoch Moor zu den westlichen Hügeln. Wieder erscheint Schiehallion, der Feengipfel, klar erkennbar im Süden. Am nördlichen Horizont reiht sich ein Berg an den anderen, sie schwingen sich vom abgerundeten Monadhliath bis zum großen Massiv der zentralen Cairngorms und hinauf zum Ben Avon, dessen charakteristische

Felskuppen selbst aus dieser Entfernung herauszufinden sind.
Die Wanderung setzt sich in nordwestlicher Richtung auf dem klar erkennbaren Kamm zum Ben Vrackie-Ausläufer Meall an Daimh fort. Sollten Sie genug von der Wanderung haben, können Sie über den Außenpfad nach Pitlochry zurückkehren, allerdings hat die Reststrecke noch einiges zu bieten und außerdem liegt der schwierigste Anstieg bereits hinter Ihnen. Die Route hinüber zum Meall an Daimh ist herrlich, besonders weil nur wenige Mitmenschen, die den Ben Vrackie erklettert haben, die Tour weiter fortsetzen. Lediglich der Verkehr auf der A 9 stört die Ruhe, aber nur am Rande.
Ein kurzer und leichter Anstieg führt zur kleinen Steinpyramide, die den Gipfelpunkt des Meall an Daimh kennzeichnet.
Vom Meall an Daimh-Gipfel kehren Sie zum flachen Paß unterhalb der Spitze zurück und halten sich in südwestlicher Richtung, um einen gut erkennbaren Weg auf der Bergflanke aufzunehmen (auf der OS-Karte nicht verzeichnet). Sie bewegen sich weiter bergab auf zwei kleine, deutlich sichtbare Wasserbecken zu. Mehrere Wege führen hinab und müssen nicht näher beschrieben werden. Im Sommer werden Sie sicherlich Brachvögel begleiten.
An den Wasserbecken wenden Sie sich nach rechts, begeben sich direkt auf den unebenen Pfad, der dem Wasserwerk als Anstieg dient, und folgen ihm hinab bis zu einer schmalen Landstraße. Kehren Sie hier nach links und laufen Sie bis unterhalb der A 9. Dort sehen Sie auf dem Gatter des Old Faskally Hauses ein wunderschönes Steinadlerpaar. Die Landstraße folgt der alten A 9 zum Besucherzentrum des National Trust. Ein Besuch lohnt sich. Sie können sich über die Geschichte der Region kundig machen und außerdem die Toiletten und den Teeladen aufsuchen. Willkommene Annehmlichkeiten zu diesem Zeitpunkt! Das Besucherzentrum ist jeden Tag von Anfang April bis Ende Oktober geöffnet.
Nehmen Sie die Wanderung am ausgeschilderten Weg vom Nordende des Zentrums wieder auf und laufen zum River Garry und dem Bergjoch hinab. Killiecrankie ist nicht nur ein schöner Ort, sondern auch von historischer Bedeutung. In naher Reichweite liegen Fluß, Pfad, Straße und Eisenbahnlinie. 1689 fand hier während der turbulenten Zeiten, als die Jacobiter gegen die mächtigen Kräfte, die William von Orange unterstützten, versuchten, die Stuart-Linie auf dem Thron zu halten, eine Schlacht statt. Am 27. Juli 1689 trieb eine von John Graham of Claverhouse, Viscount Dundee, geleitete Jacobiter Armee, eine Bande von Williamge-

treuen unter Major-General Makkay hier hin. Der Sieg war hart erkämpft: „Bonny Dundee“, wie man ihn nannte, fiel im Kampf. Seine Männer mußten einen Monat später unter Colonel Cannon bei Dunkeld zu den Schwertern greifen. Die Stuart-Rebellion setzte sich bis zum Desaster von 1746 bei Colloden fort. Ausführliche Informationen über den Part von Killiecrankie können Sie im Besucherzentrum erhalten.

Eine andere schöne Wanderung führt nach Pitlochry zurück. Sie folgen einem Pfad am Flußufer, der im ersten Abschnitt keineswegs flach ist. Kurz nach dem Start passieren Sie einen ausgezeichneten Eisenbahnviadukt, entworfen von Joseph Mitchell und 1863 fertiggestellt. Dem Aussehen nach wird das Bauwerk leicht das nächste Jahrhundert überstehen. Bald trifft der Pfad auf den Loch Faskally. Die ganze Strecke über erfreut sich das Auge am Zusammenspiel von Bäumen und Wasser, und der See scheint eine natürliche Ausdehnung des Flußes zu sein. Tatsächlich stimmt das nicht, denn er wurde erst kürzlich angelegt und ist Teil eines Generalplans zur Elektrizitätsverteilung durch Hydrokraft. Das Kraftwerk Clunie kommt bald darauf in Sicht.

Der Pfad führt dann um den Loch Dunmore, wo ein Naturpfad zu einer angenehmen kurzen Umleitung führt und Ihnen zwei Möglichkeiten bietet, den Weg fortzusetzen. Entweder gehen Sie links die Straße hoch und direkt in die Stadt zurück oder aber nach rechts über die Clunie-Fußbrücke zur Südseite des Sees und des Flußes. Der letzte Weg ist vermutlich der angenehmere.

Sind Sie unterhalb der A 9-Umgehungsstraße angekommen, erreichen Sie eine weitere Brücke und können den Damm und eine Fischleiter besichtigen. Eine hervorragende Ausstellung dokumentiert die Geschichte des Wasserkraftsystems dieser Region — schon für sich ein faszinierendes Thema — und das Leben der Salme. Wenn Sie Glück haben, können Sie die Fische beobachten, wie sie die speziell für sie konstruierte Leiter passieren.

Über einen kurzen Spaziergang gelangen Sie vom Damm aus in das Zentrum von Pitlochry. Hier findet man, wie nicht anders zu erwarten in einer tourismusorientierten Stadt, viele Lokale, in denen Sie sich ausruhen und über die zurückliegende Wanderung reflektieren können.

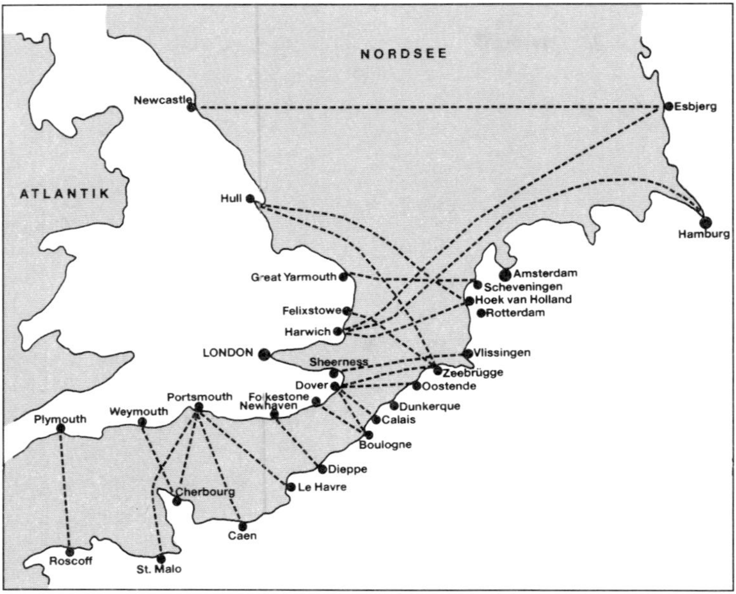

Fährverbindungen nach Großbritannien

Anhang

Informationen von A – Z

Anreise

Fährverbindungen

Von der BRD besteht keine direkte Fährverbindung nach Schottland. Die meisten Fähren vom Kontinent laufen Südengland an, d. h. Sie müssen eine längere Fahrt mit dem PKW oder der Eisenbahn durch England in Kauf nehmen. Für Reisende aus dem norddeutschen Raum bietet sich unter Umständen die zwar sehr lange (ca. 21 Std.) Fährverbindung vom dänischen Esbjerg zum bereits recht nördlich liegenden Newcastle an, von dem aber Schottland rasch erreicht ist.
Über die Britische Zentrale für Fremdenverkehr können Sie ein aktuelles Verzeichnis „Autofähren nach Großbritannien und Irland" erhalten, das jährlich neu aufgelegt wird. Auskünfte erteilen auch die bekannten Automobilclubs und zahlreiche Reisebüros.

Bus

Eine relativ wenig beachtete, aber gerade für den Wanderer geeignete Anreisemöglichkeit stellt die Fahrt mit einem der schnellen Europabusse dar. Mehrmals wöchentlich während der Sommersaison fahren Busse von München, Nürnberg, Stuttgart, Mannheim, Frankfurt und Köln nach London-Victoria Coach Station, wo einige britische Unternehmen für hiesige Verhältnisse preiswerte Busfahrten zu zahlreichen Städten in Schottland anbieten (u.a. Glasgow, Edingburgh, Aberdeen). Auskünfte erhalten Sie bei:

Deutsche Touring GmbH
Am Römerhof 17
6000 Frankfurt 90

Bahn

Von Frankfurt, Wien und Zürich bestehen tägliche Zugverbindungen nach London/Victoria Station. In wenigen Stunden haben Sie von London aus mit modernen Intercitylinien Schottland erreicht.

Falls Sie Glasgow als Zielort anpeilen, müssen Sie in London an der Euston Station losfahren, falls Sie nach Edingburgh oder Aberdeeen möchten, fahren Sie an der Kings Cross Station los.

Flugzeug

Mittlerweile verbinden zahlreiche Direktflugverbindungen Schottland mit dem Kontinent. Da ständig neue Flugverbindungen von der Schweiz, Österreich und der BRD nach Schottland eingerichtet werden, sollte man sich rechtzeitig beim nächsten Flughafen oder bei Reisebüros erkundigen. Ansonsten fliegen Sie nach London Heathrow oder Gatwick, wo Sie problemlos nach Galsgow, Edingburgh und Aberdeen den Flug fortsetzen können.

Die wichtigsten Direktflugverbindungen:
Frankfurt – Glasgow
München – Glasgow
Düsseldorf – Glasgow
Düsseldorf – Edinburgh
Berlin – Glasgow

Apotheken

Apotheken (Pharmacy) sind durch ein weißes Schild mit einem grünen Kreuz gekennzeichnet. Falls Sie ein von einem Arzt verschriebenes Rezept einlösen wollen, zahlen Sie die gleiche Gebühr wie britische Patienten, zur Zeit 2 Pfund.

Ärztliche Versorgung

Für Angehörige von EG-Staaten ist die ärztliche Versorgung durch den britischen Gesundheitsdienst (National Health Service) im Notfall kostenlos. Für Behandlungen bei Zahnärzten und bei Krankenhausaufenthalten muß eine Gebühr entrichtet werden, die in der Regel von der heimischen Krankenkasse bei Vorlage der Rechnung erstattet wird. Die Behandlung nach Unfällen ist ko-

stenlos. Besorgen Sie sich vor Reiseantritt bei Ihrer Krankenkasse das Formular E 111, das die Abwicklung im Krankheitsfall wesentlich erleichtert.
Angehörige von Staaten, für die das EG-Sozialversicherungsabkommen nicht gilt, wie Schweizer und Österreicher, sind gezwungen, eine private Auslandskrankenversicherung abzuschließen, soll vermieden werden, daß Rechnungen für ärztliche Behandlung aus eigener Tasche bezahlt werden müssen.
Im Notfall können Sie ärztliche Hilfe unter der Notrufnummer 999 (kostenlos) anfordern.

Banken

In der Regel sind die Banken in Schottland werktags von 9.30 bis 15.30 Uhr geöffnet, zahlreiche Banken auf dem Land haben zwischen 12.30 und 13.30 Uhr eine Pause. Feiertags und an den Wochenenden sind alle Banken geschlossen. Donnerstags sind vielerorts Banken nach einer kurzen Pause von 15.30 bis 16.30 Uhr bis 17.30 Uhr geöffnet.
Außerhalb der regulären Banköffnungszeiten ist es oftmals möglich, in Wechselstuben oder größeren Hotels Geld zu wechseln, allerdings sind die Wechselkurse häufig bedeutend ungünstiger.

Diplomatische Vertretungen

Generalkonsulat der Bundesrepublik Deutschland
16 Eglington Crescent
Edinburgh EH12 5DG
Tel.: 031-3372323

Konsulat der Schweiz
6 Moston Terrace
Edingburgh EH9
Tel.: 031-6672386

Konsulat Österreichs
33/34 Charlotte Square
Edingburgh EH9
Tel.: 031-6672386

Einreisebstimmungen

Für Schottland gelten die Einreise- und Zollbestimmungen der Europäischen Gemeinschaft. Reisende aus der BRD benötigen einen gültigen Reisepaß oder Personalausweis, Kinder unter 16 Jahren einen Kinderausweis oder einen Eintrag im Familienpaß. Ohne weitere Formalitäten ist der Aufenthalt bis zu 6 Monaten erlaubt.

Schweizer brauchen nur einen gültigen Personalausweis, Österreicher dagegen einen Reisepaß. Angehörige dieser beiden Staaten müßen bei der Einreise ein Formular ausfüllen (Visitor's Card).

Für Autofahrer ist die Mitnahme von Führerschein (es genügt der national gültige) und Kraftfahrzeugschein notwendig. Die Internationale Grüne Versicherungskarte ist nicht mehr vorgeschrieben, aber empfehlenswert.

Angehörige aus EG-Staaten dürfen einführen: 300 Zigaretten oder 400 g Tabak, 5 Liter Wein plus 1,5 Liter Spirituosen über 22 Vol. % Alkohol (oder 3 Liter Spirituosen unter 22 Vol. % Alkohol), andere Waren im Wert bis zu 250 £.

Staatsbürger der Schweiz und Österreichs dürfen einführen: 200 Zigaretten oder 250 g Tabak, 2 Liter Wein plus 1 Liter Spirituosen über 22 Vol. % Alkohol (oder 2 Liter Spirituosen unter 22 Vol. % Alkohol), andere Waren im Wert bis zu 32 £.

Ein- und Ausfuhr von Zahlungsmitteln (Banknoten, Schecks etc.) unterliegen keinen Beschränkungen.

Feiertage

Neujahr (1. und 2. Januar), Karfreitag, der erste Montag im Mai (May Day) und Weihnachten.

Weitere bedeutende Festtage sind: 25. Januar (Geburtstag von Robert Burns), 31. Oktober (Hallowe'en — vergleichbar zu unseren St. Martinstagen), 30. November (St. Andrews Day — Tag des Nationalheiligen) und Silvester.

An den Bankfeiertagen (Bank Holidays — 26. Mai, 4. und 25. August) wird in ganz Schottland nicht gearbeitet, auch die Geschäfte sind geschlossen.

Geschäfte

Schottland kennt kein festes Ladenschlußgesetz. Allgemein sind die Geschäfte von 9.00 bis 17.30 Uhr geöffnet, in kleineren Orten wird zur Mittagszeit eine Stunde geschlossen. In ländlichen Regionen und kleineren Städten werden die Läden einmal nachmittags geschlossen. Mit Ausnahme von Supermärkten und großen Einkaufszentren sind die Geschäfte samstags nur bis in den frühen Nachmittag geöffnet.

Haustiere

Planen Sie nicht, Ihre Haustier in den Urlaub nach Großbritannien mitzunehmen. Bevor Sie eine Erlaubnis dazu erhalten, muß das Tier einer monatelangen Quarantäne unterzogen werden. Bei Zuwiderhandlungen werden extrem hohe Geldstrafen verhängt.

Maße und Gewichte

In Großbritannien gilt seit Jahren das metrische Maß- und Gewichtssystem, dennoch werden gerade auf dem Land oft noch die alten Maßeinheiten benutzt:

Längenmaße:
1 inch = 2,54 cm
1 foot (pl. feet) = 30,48 cm
1 yard = 91,44 cm
1 mile = 1,61 km

Flächenmaße:
1 square yard = 0,84 qm
1 acre = 0,40 ha
1 square mile = 2,59 qkm

Hohlmaße:
1 gill = 0,142 Liter
1 pint = 0,57 Liter
1 gallon = 4,54 Liter

Gewichte:
1 ounce = 28 g
1 pound = 453 g

Post

Die größeren Postämter in den Städten sind von 9.00 bis 17.30 Uhr durchgehend geöffnet, kleinere Poststellen sind während der Mittagspause und entweder dienstags oder mittwochs geschlossen. Samstags schließen die Postämter um 12.30 Uhr.

Stromspannung

In ganz Großbritannien sind 220 Volt üblich, jedoch trifft man immer wieder auf unterschiedliche Steckdosenarten. Aus diesem Grund sollte man sich einen Zwischenstecker (Adapter) mitnehmen, der in jedem Elektrohandelsgeschäft erhältlich ist.

Tankstellen

In der Regel schließen Tankstellen in Schottland um etwa 18.00 Uhr. Besonders im ländlichen Bereich sind Tankstellen am Wochenende, vor allem am Sonntag, meistens geschlossen. Autofahrer sollten bei längeren Fahrten dementsprechend den Bedarf an Benzin berücksichtigen.

An vierspurigen Schnellstraßen und Autobahnen sind die Tankstellen länger geöffnet.

Im Gegensatz zu England gibt es in Schottland nur wenige Tankstellen, die bleifreies Benzin anbieten, diese sind vor allem in den großen Städten zu finden. Um Schwierigkeiten bei der Beschaffung von bleifreiem Benzin zu vermeiden, sollte daher beim Scottish Tourist Board oder bei einem heimischen Automobilclub eine Liste mit entsprechenden Tankstellen angefordert werden.

Verkehrsvorschriften

In Großbritannien wird im Gegensatz zum europäischen Festland immer noch Linksverkehr praktiziert. Berücksichtigen Sie beim Fahren, daß gerade in kritischen Situationen Anpassungsprobleme entstehen können. Um zu vermeiden, daß sie entgegenkommende Fahrzeuge blenden, müssen Sie bei gebräuchlichen asymetrischen Autoscheinwerfern den entsprechenden Bereich abkleben.

In geschlossenen Ortschaften gilt als Höchstgeschwindigkeit 30 Meilen pro Stunde (etwa 48 km/h), auf Landstraßen 60 Meilen pro Stunde (etwa 97 km/h) und auf Autobahnen 70 Meilen pro Stunde (ca. 113 km/h).

Für Fahrer und Beifahrer besteht Anschnallpflicht, Kinder unter 12 Jahren dürfen nur auf dem Rücksitz mitfahren, Motorradfahrer müssen einen Schutzhelm tragen. Beachten Sie, daß Kreisverkehr Vorfahrt hat. Die Schilder mit den Aufschriften „Stop“ und „Give Way“ zeigen an, daß Sie Vorfahrt gewähren müssen.

Währung

Währungseinheit ist in Großbritannien das Pound Sterling (£). Das Pound ist unterteilt in 100 Pence (p). Im Umlauf sind Banknoten zu 1, 5, 10, 20 und 50 £, Münzen zu 1, 2, 5, 10, 20, 50 Pence und 1 £. Im Gegensatz zu England ist in Schottland die 1£-Note noch gebräuchlich, die jedoch außerhalb Schottlands nicht mehr als Zahlungsmittel akzeptiert wird. Sie können schottische 1£-Noten allerdings in jeder britischen Bank eintauschen.
Neben den in ganz Großbritannien üblichen Banknoten der Zentralbank von England sind in Schottland drei weitere Banknotenreihen im Umlauf. Diese Besonderheit ist auf die Tatsache zurückzuführen, daß die drei größten Banken Schottlands, die Bank of Scotland, die Royal Bank of Scotland und die Clydesdale Bank, berechtigt sind, eigene Noten zu drucken. Da diese Noten außerhalb Schottlands nur wenig bekannt sind, ist es ratsam, diese vor Abreise umzutauschen.

Literatur

Reiseführer und Bildbände auf deutsch finden sich in jeder Buchhandlung, so daß eine Auflistung der zahlreichen Titel wenig sinnvoll ist.
Reisende, die mehr Wert auf kurze Spaziergänge und leichte Tageswanderungen legen, sind mit folgendem Titel gut beraten: „Richtig wandern, Schottland" von Frederike und John Poziemski, Du Mont Buchverlag, 1989 (28,00 DM).

Sehr detaillierte Informationen sind in den englischsprachigen Publikationen des Scottish Mountaineering Trust zu finden.

In der Reihe „District Guide Books" sind folgende Titel erschienen:

- Southern Uplands
- Central Highlands
- Nothern Highlands
- Islands of Scotland
- Southern Highlands
- Western Highlands
- The Cairngorms
- Islands of Skye
- W.H. Murray's The Scottish Highlands

Aus der Reihe „Climber's Guide Books":

- Climber's Guide to the Cairngorms
- Climber's Guide to Ben Nevis
- Climber's Guide to Arran
- Climber's Guide to Approchar
- North-East Outcrops
- Climber's Guide to the Northern Highlands, Vol. I
- Climber's Guide to the Northern Highlands, Vol. II
- Creag Dubh and Craig-A-Barns
- Rock and Ice Climbs in Lochaber and Badenoch
- Rock and Ice Climbs in Glencoe and Glen Etive
- Rock and Ice Climbs in Skye

Das Standardwerk für Munrobegeisterte:
The Munros, The Scottish Mountaineering Club Hillwalkers' Guide

Die Publikationen des Scottish Mountaineering Trust können bestellt werden bei:

Cordee
3a DeMontford St.
Leicester LE1 7HD

Übersichtskarten

Wer es ganz billig haben möchte, bestellt beim Scottish Tourist Board eine kostenlose Schottlandübersichtskarte, die erstaunlich detailliert Sehenswürdigkeiten, Straßen etc. darstellt.
Am häufigsten im heimischen Buchhandel sind folgende Blätter von Ordnance Survey im Maßstab 1:250.000, die im Umschlag von Kümmerly + Frey vertrieben werden, anzutreffen:

Blatt 1: Orkney – Shetland – Wester Isles
Blatt 2: Northern Scotland
Blatt 3: Western and Central Scotland
Blatt 4: Central Scotland and Northumberland

Empfehlenswert sind ebenfalls die Blätter aus dem RV-Verlag im Maßstab 1:253.440:

Großbritannien Blatt 7 Südwestschottland
Großbritannien Blatt 8 Südostschottland
Großbritannien Blatt 9 Nordwestschottland
Großbritannien Blatt 10 Nordostschottland

Index